전라도의 탄생 2

생업의 현장

전라도의 탄생 2 생업의 현장

초판 1쇄 인쇄   2020년 2월 14일
초판 1쇄 발행   2020년 2월 28일

저 자   김덕진
발행인   윤관백
발행처   ▨도서출판선인

등 록   제5-77호(1998.11.4)
주 소   서울시 마포구 마포대로 4다길 4 곳마루 B/D 1층
전 화   02) 718-6252 / 6257
팩 스   02) 718-6253
E-mail   sunin72@chol.com

정 가   28,000원
ISBN   979-11-6068-362-2 94910
         979-11-6068-228-1 (세트)

· 잘못된 책은 바꿔 드립니다.

전라도의 탄생 2

생업의 현장

김덕진

 도서
출판 선인

郷)이나 충신 · 열사를 많이 배출한 의향(義鄕)으로써 전라도가 조선 · 근현대 때 한국사회의 쟁점을 선도했던 지역으로 파악되기도 했다.

필자는 기존의 전라도 역사 서술에서 미진하고 부족한 것이 많다고 느껴왔다. 우선, 그동안 대부분의 학자와 시민들이 사건과 인물 및 유물 · 유적을 중심으로 전라도 역사를 연구하고 알고자 했던 점을 들 수 있다. 그로 인해 잘 모르거나 잘못 알려진 것들이 깊이 있게 드러나거나 명확하게 밝혀졌지만, 어떤 구조와 토대 위에서 사건이 발생하고 인물이 활동했고 유물 · 유적이 탄생했었는가에 대해서는 체계적으로 다루어지지 않았다. 그리고 각 자치단체에서 편찬한 지역사는 자기 지역의 역사만을 다루었기 때문에 전라도 역사에 대한 전체적인 이해를 갖기가 쉽지 않았다. 시중 판매가 아니어서 한정 배포에 그칠 뿐만 아니라 분량이 두껍고 난해한 문체 때문에 일반인들이 이해하기에 어려움이 많은 것도 사실이다.

결국 이 같은 상황에서 전라도 역사를 체계적이고 올바르게 이해하기가 힘들다는 데에 필자의 생각이 이르게 되었다. 그 생각은 '전라도 통사' 편찬이 시급하면서도 중요한 문제라는 데에까지 이어졌다. 하지만 필자에게는 그만한 여건이 주어지지 않아 우선적으로 그동안 자주 다루어지지 않고 체계화되어 있지도 않은 점을 『전라도의 탄생』이라는 이름 아래에 2권으로 엮어 보았다. 제1권에서는 '생활의 터전'이라는 부제 아래에 전라도가 어떤 과정을 거쳐 형성 · 변화되었고, 도를 통치하는 감영 · 병영 · 수영의 구조와 역할은 무엇이었고, 도 아래에 있는 군현이 어떻게 형성되어 어떤 모습으로 존재했었는가, 마지막으로 면 · 리 · 섬의 여러 모습과 특징은 어떠했는가 등을 담아 보았다. 그리고 제2권에서는 '생업의 현장'이라는 부제 아래에 전라도는 인구 · 농지가 많아 최대 곡창지대였던 점, 도자기 · 종이 · 부채 등 명품의 생산지였던 점, 최초로 발생한 장시에서 공연예술이 발달한 점, 어업과 항해의 달인이 많았다는 점 등을 담아 보았다.

한 마디로 『전라도의 탄생』은 고대에서 현재까지 전라도가 어떤 터전 위에서 어떤 생업으로 생활해왔는가를 정리한 것이다. 독자들은 본서가 기존의 책과 비교하여 크게 다르다는 점을 발견할 수 있을 것 같다. 일반 대중 역사서에서 주목하지 않은 주제를 좀체 시도되지 않은 문체로 그다지 활용하지 않은 삽화와 함께 실었기 때문이다. 역사학자로서의 짧지 않은 시간 동안의 연구와 독서의 산물이자 수년간 붙잡고 몸부림친 결과물이다. 자문에 응해주고, 원고를 읽어주고, 간행을 해주신 모든 분들에게 정중하게 고맙다는 인사를 올린다.

2020년 2월
김덕진

" 목차 "

서문

『전라도의 탄생』 2(생업의 현장)은 전라도 사람들의 '생업의 현장'을 생산활동의 영역에 따라 크게 농업·세금, 광공업, 상업, 해운업·어업으로 나누어 정리한 것이다. 그런 점을 여기에서는 크게 네 장으로 구성해 보았다.

제1장에서는 전라도의 농업과 세금 및 저항에 대해 알아보았다. 여기에는 최고 밀도의 인구, 최대 면적의 농토, 논농사를 바탕으로 한 남도문화, 최다 부담의 세금, 수탈에 대한 농민의 저항 등 크게 다섯 가지가 수록되어 있다. 이는 우리나라의 경제구조 속에서 차지하는 전라도의 위상, 그에 대한 작용·반작용으로 파생된 민속의례와 저항정신을 정리한 것이다.

제2장에서는 전라도의 특산품에 대해 알아보았다. 여기에는 시장의 명품이 된 직물, 산업의 기본이 된 작물, 도자기 산업을 불러일으킨 차, 대나무로 만든 부채와 참빗, 출판문화를 선도한 종이, 전국적 점유율을 지닌 광물 등 여섯 가지가 수록되어 있다. 이는 전국적 명성을 지닌 전라도 특산품

으로 무엇이 있었고 그것이 우리나라 산업사에서 어떤 의미가 있었는가를 정리한 것이다.

제3장에서는 전라도의 상업을 장시를 중심으로 정리했다. 여기에는 전라도에서 최초로 장시가 탄생한 점, 지역의 중심지 역할을 한 장터, 5일마다 열린 장날이 시위하기 좋은 날로 알려진 점, 장에서 거래되었던 특산품, 장과 상품을 홍보하기 위한 장꾼들의 장타령 등 다섯가지가 수록되어 있다. 이는 장시가 전라도의 생산기반을 어느 정도 반영하고 있었고, 공연예술에 어떤 영향을 미쳤는가를 알아보는 것이다.

제4장에서는 전라도 사람들의 항해술과 어염업에 대해 알아보았다. 여기에는 항해의 달인이었던 선원, 경제와 문화의 중심지였던 포구, 전국 최대 생산액을 차지하는 어업, 남도의 음식문화를 만든 굴비와 홍어 등 네 가지가 수록되어 있다. 이는 외국 선진문화를 일찍 받아들이고 이웃과 늘 소통하였던 전라도 사람들의 항해술·조선업·포구, 그리고 남도의 생활문화에 영향을 미친 갯벌·물고기·소금·가공업·양식업 등을 정리한 것이다.

이렇게 살펴본 바, 전라도는 온난한 기후에 산세가 수려하여 사람이 거주하기에 매우 적합한 곳이다. 그 때문에 거주 인구가 많아 조선시대 통계에 전국 수위의 인구 밀도를 보였다. 또한 비옥한 평야가 넓게 펼쳐져 있어 우리나라 농업의 중심 지역이었다. 논에서 나오는 쌀은 전 국민을 먹여 살렸고 국가재정을 책임졌다. 밭에서 자란 옷감작물, 고구마, 담배, 인삼, 약재, 유자, 귤, 차는 우리의 삶을 풍요롭게 만들어주었다. 산에서 자란 대나무는 부채·참빗으로, 닥나무는 종이로 가공되어 한류문화를 이끌었다. 특히 누에고치·목화가 낳은 섬유산업, 차가 낳은 도자기산업, 종이가 낳은 출판산업, 옥돌이 낳은 공예산업은 민족경제를 선도했던 분야였다. 그리고 양질의 갯벌과 어장 및 많은 포구를 토대로 수산업과 해운업이 발달한 곳이기도 하였다. 수산업은 전통음식의 개발로 이어졌고, 조선업과 결부된 해운업은 국토수호의 원동력이 되었다. 인구가 많고 생산물이 풍부하다 보니 자연히 유통경제가 발달할 수밖에 없어 장시가 우리 역사상 최초로 탄생했고 그 분포 또한 전국에서 가장 높았다. 장꾼은 민중예술의 공연자 역할까지 했고, 장터와 장날은 일제 때 독립운동의 현장이 되었다. 이렇듯 국가경제와 민족문화의 중추적 역할을 담당한 곳이 바로 전라도였다.

아쉬운 점이 한 두 가지가 아니다. 미처 발견하지 못한 것도 있을 것이다. 특히 향토기업의 역사, 산업의 지역사, 산업과 문화의 관계사 등에 대해서는 제대로 정리해야 한다고 하면서도 단편적인 선에서 그치고 말았다. 후일을 약속하고, 후학을 기대한다. 그리고 전국적 명성을 얻었던 전라도의 특산품 가운데 상당수가 20세기에 사라져버렸고, 그 존재감을 타지로 넘겨준 것도 적지 않다. 지금이라도 재발굴하여 지역민의 자존심을 회복하고 지역산업의 동력으로 키워야 할 것이다.

1장

넓은 평야로
전국을 먹여 살리다

1장
넓은 평야로 전국을 먹여 살리다

전라도는 온난한 기후와 수려한 산세로 인해 사람 살기 좋은 곳이다. 그 때문에 거주 인구가 많아 인구 밀도로는 전국 수위였다. 또한 비옥한 평야가 넓게 펼쳐져 있어 우리나라에서 농토가 가장 많은 곳이다. 특히 드넓은 갯벌을 막은 간척지 공사는 농토에 있어서 타의추종을 불허하게 하였다. 그러한 농토를 잘 관리하기 위해 전라도 사람들은 벽골제 같은 최대 규모의 수리시설을 건설하였고, 농서를 쓰고 수차를 만들었다. 넓은 농토는 전라도 사람들로 하여금 16세기 사림정권 수립에 기여하게 하였고, 19세기말~20세기초 근대기업가로 발돋움하게 하였다. 넓은 농토로 인해 전라도는 국가재정을 책임지는 곳이었지만, 너무 많은 세금과 권력층의 수탈을 이기지 못하여 저항할 수밖에 없었다. 개항 이후에는 일본인 지주가 들어와 땅을 넓히는 바람이 전라도 농민들은 가난한 신세로 살았고, 그 여파는 해방 이후 좌우 대립으로 나타나 민족의 비극을 낳게 하였다.

1. 인구, 최고의 밀도

· 경상도의 각 고을은 대체로 사람은 많고 땅은 좁으며, 또 무술년 가뭄 재해로 인하여, 전라의 순천·낙안·광양·구례 등지로 이동하여 가서, 거기에 땅이 넓은 것을 좋아하여, 안심하고 모여 살며, 호적까지 붙여 넣었으니, 다 생생한 희망을 갖게 되었습니다. 이제 반드시 본고장으로 돌려보낸다면, 백성이 살 곳을 잃고 탄식하게 될 것이요(『세종실록』1년 7월 28일).

· 이 해에 평안·함길·강원·황해 등 각 도에 굶주림이 심하여 백성들이 살 수 없으므로, 전라도와 경상도에 풍년이 들었다는 말을 듣고 늙은이와 어린애를 이끌고 식량을 구하러 가는 사람이 길에 줄을 이어 끊이지 않고, 서북 지방의 백성들이 거의 모두 남방으로 옮기어 가게 되매, 감사와 수령이 그들의 옮겨가는 것을 금지하기를 청하나(『세종실록』4년 윤12월 28일).

위 기사는 경상도 사람들이 전라도의 순천 등지로, 평안·함길·강원·황해도 사람들이 경상·전라도로 옮겨갔다는 사실을 말해주고 있습니다. 기근이 들어 먹을 것이 없어 그랬다는 말인데, 왜 그러했을까요? 전라도는 먹을 것이 많아 굶주린 배를 채울 수 있고, 땅이 넓어 농사를 지을 수 있어 그랬을 것입니다. 그러면 그 결과는 어떠했을까요? 인구밀도가 높아졌을 것 같네요.

1) 호적대장-어디로 갔을까?

전라도는 기후가 온화한 곳으로써, 연간 강수량도 많은 편이다. 또한 전라도는 오래 전부터 오늘날까지 우리나라 농업의 중심 지역이다. 만경강, 동진강, 영산강 유역을 중심으로 넓은 들녘이 펼쳐져 있기 때문이다. 그리고 전라도는 일찍부터 선진 농업기술이 보급되어 여러 종류의 농산물이 풍부하게 생산되었다.

이는 다음의 사실을 통해 알 수 있다. 전라도 안에서 신석기 시대의 조·기장·수수·콩·쌀 등의 탄화 곡물과 돌·뼈로 만든 칼·낫·보습·괭이 등의 농기구가 출토되었고, 나주 가흥리 저습지에서는 3천 5백년 전의 벼꽃가루가 검출되기도 하였다. 청동기 시대의 다양한 농기구가 발굴되고 있다. 초기 철기 시대에 김제 벽골제와 같은 거대한 저수지가 축조되었고, 무안 양장리 유적에서는 볍씨를 비롯한 박씨·복숭아씨 등의 씨앗류들이 다량으로 검출되었다. 논농사에서는 선진농법으로 알려진 모내기법이 고려 말 조선 초에 한반도 남부 지방에서 처음 실시되었다.

우리나라 역사에 대한 가장 빠른 기록은 중국 사서이다. 그 가운데 후한의 역사책『후한서』에 "마한 사람들은 농사와 양잠을 할 줄 알며, 길쌈하여 베를 짠다"고 적혀 있다. 마한 사람들이 농사와 양잠 및 길쌈을 단순이 할 줄 아는 정도가 아니라 매우 잘하고 있기 때문에, 중국 사람들이 이렇게 적었을 것 같다. 마한은 지금의 경기도~충청도~전라도에 있었던 연맹왕국이다. 그렇다면 전라도는 아주 일찍부터 농사, 양잠, 길쌈이 발달한 곳이었던 셈이다. 한마디로 전라도는 풍요로운 땅이었다.

그렇기 때문에 전라도는 생활이 풍족하여 인구가 다른 지역에 비해 많을 수밖에 없었다. 우리나라의 인구와 토지 등에 대한 전국 통계치는 조선왕조에 들어와서부터 남아 있다. 따라서 그 이전에 어떠했느니 하는 말은 후대를 염두에 두고서 추정한 것에 불과하다. 그런 사정에도 불구하고 대부분의 학자들은 고대 때부터 전라도는 풍요로운 곳이었다고 말하고 있다.

먼저, 인구에 관한 점부터 알아보겠다. 요역, 군역, 공물을 부과하기 위해서는 호구조사가 제대로 이루어져야 했다. 그래서 호구조사는 고대국가

때부터 실시되었다. 그 결과로 남아 있는 것이 신라장적이다. 고려시대의 경우 자(子), 묘(卯), 오(午), 유(酉)가 들어가는 해에 3년마다 한 번씩 실시되었다. 이런 주기는 조선시대에도 계속되었다. 절차는 민가에서 자기 호의 인구 현황을 적은 문서(이를 호구단자라고 한다)를 관에 제출함으로써 시작된다. 호구단자를 수합한 관에서는 다산 정약용이 말한 것처럼, 핵법(覈法)이라고 하여 한 사람 한 호도 누락됨이 없이 철저하게 조사하는 방법, 또는 관법(寬法)이라고 하여 할당액을 기준으로 호구를 맞추는 방법을 써서 고을의 호구 현황을 면·리·통·호별로 정리했다. 그리고서는 가로·세로 50㎝ 내외되는 종이에 다시 적어 장부를 작성했다(이를 호적대장이라고 한다). 호적대장은 보통 3부 작성되어 본읍, 감영, 서울에 각각 1부씩 보관되었다.

김제 호적고

청산진 호적고

이리하여 호적대장은 세대별 호구관계를 정리한 것이어서 오늘날의 주민등록에 가까운 문서였다. 각 군현에서는 호적대장을 보관하기 위해 호적고(戶籍庫)라는 문서고를 두었다. 가령, 김제 고지도를 보면, 호적고가 동

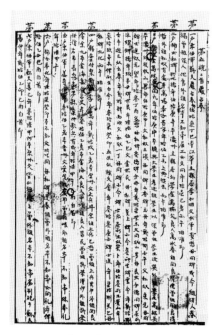

해남 호적대장(서울대). 어느 면 어느 마을의 제5통 소속의 일곱 호의 가족관계가 적혀 있다.

헌 뒤에 그려져 있다. 청산진에도 호적고가 있음이 고지도에 그려져 있다. 소송 준비나 과거 응시 등에 입증 자료가 필요한 사람이 오면, 각 군현에서는 호적고에서 호적을 꺼내어 등사해 주었다(이를 준호구라고 한다). 그래서 준호구에는 수령의 수결이 쓰여 있거나 관아의 도장이 찍혀 있다. 준호구는 오늘날의 주민등록 등본이나 초본에 해당되는 것이어서 법적인 효력이 있는 문서였다. 이런 점 때문에 오늘날 여러 집안에 준호구가 많이 남아 있는 것이다.

그런데 동학농민운동 때에 호적대장이 많이 불탔고 나머지도 이후 이리저리 유실되고 말았다. 예를 들면 순천의 경우, 1898년에 작성된 『순천군각장중기』를 보면 1894년 것은 영저리 집에 잠시 보관 중 난리로 소실되었지만, 1681년 것부터는 호적고에 남아 있었는데 현재는 존재를 알 수 없다고 적혀 있다. 그리하여 현재 전라도 고을 가운데 호적대장이 온전하게 남아 있는 곳은 한 곳도 없다. 다만 고창·곡성·해남 등의 것이 부분이지만 남아 있을 뿐이다. 참고로 현재 경상도의 대구부, 단성현, 산음현 것이 비교적 온전하게 남아 있어 다양한 연구자료로 활용되고 있다.

2) 인구밀도-전국 최고

신분제 사회였기 때문에 호구조사 때마다 세금이나 징병의 의무가 없는 여자 · 아동 · 노비 등은 상당수 누락되었다. 그래서 그때의 조사 숫자는 실제보다 더 적을 수밖에 없다. 그렇지만 그 현상은 전국적이었기 때문에 호구조사 결과는 전체적인 현황을 파악하는 데에는 손색이 없다. 참고로 일제 강점기 1925년부터 현재까지는 0과 5가 끝자리에 있는 해를 기준으로 5년마다 실시되고 있다. 용어도 일제 때의 '조선국세조사'에서 해방 이후의 '인구센서스' 또는 '인구주택총조사' 등으로 변화해오고 있다.

조선시대에 들어와서 첫 번째 인구 통계는 태종 때부터 나오지만, 일부 지역이 누락되어 있어 불완전한 편이다. 세종 때에 비로소 전국 수치가 보이는데, 그에 의하면 전라도 인구는 경상도, 평안도, 충청도 이어 전국 4위에 불과하고 전국의 13%를 차지하는 데에 그쳤다. 고려 말에서 조선 초에 이르는 시기에 왜구가 서남해에 자주 침략하여 사람들이 대거 떠나버렸기 때문이다. 하지만 정부의 강경책[쓰시마 정벌]과 회유책[교역 허용]에 의해 왜구 침략이 뜸해지면서 전라도 바닷가 지역의 인구는 회복되기 시작했다. 그리하여 성종 때부터는 타지로 떠났던 원주민이 속속 고향으로 돌아오면서, 전라도 인구는 급격한 증가를 보였다. 때마침 기근이 들면서 타도 사람들 수만 호가 토지와 식량이 있는 전라도로 유입되기도 했다. 특히 강원도와 평안도 사람들이 많이 들어왔다. 이와 때를 같이하여 전라도의 농토도 크게 늘어났다.

이후 통계는 임진왜란 때의 자료 소실로 알 수 없고, 1648년(인조 26) 이후부터 다시 남아 있다. 그에 의하면 우선 경상, 전라, 충청 3도가 조선 전체 인구의 50% 이상을 차지했다. 그 가운데 전라도 인구는 18~19세기의 경우 최고 125만 명에 이르렀고, 20세기 초 광무호적 때에는 최고 244만 명까지 이르렀다. 도별 순위를 보면, 전라도가 간혹 1위와 3위를 차지한 적도 있지만, 나머지는 모두 경상도에 이어 부동의 2위를 기록했다. 그리고 전국 점유율은 28%를 정점으로 하여 15% 대까지 떨어진 적도 있었다. 이렇게 보면 조선시대에 전국에서 인구수가 가장 많은 곳은 경상도이고 그 다음이 전라도였다.

그러나 인구밀도에 있어서는 전라도가 경상도를 앞서 단연 전국 최고였다. 1㎢당 인구수를 계산한 바에 의하면, 전라도는 55.23명으로 가장 높았고, 그 다음으로 충청도 47.63명, 경기도 46.11명 순이었다. 일제가 조사한 1929년 1방리 당 평균인구 수를 보아도, 전북이 가장 많은 2천 502명이고, 그 다음이 경남 2천 460명, 경기 2천 371명, 전남 2천 366명이었다. 이러한 통계는 농업중심 사회에서 경작지 분포와 밀접한 관계가 있는 것으로써, 농지가 많고 생산물이 풍요로운 전라도의 인구수가 많고 인구밀도가 높았던 것은 당연한 결과였다.

조선시대 각 도별 인구수(단위 : 천명)

	전체	서울 경기	강원	충청	전라	경상	황해	평안	함경
1648년	1531	177	54	174	① 432(28)	② 425	55	146	69
1657년	2290	214	72	287	② 522(23)	① 763	138	185	110
1678년	5247	721	271	714	②1000(19)	①1005	455	707	374
1753년	7299	816	391	931	③1193(16)	①1662	540	②1268	498
1837년	6709	862	318	846	②1093(16)	①1501	547	853	690
1852년	6919	877	325	881	②1068(15)	①1536	673	869	692
1907년	9782	1068	628	1142	②1448(15)	①2333	901	1289	973
1910년	12919	1338	775	1407	②2448(19)	①2896	963	1832	1261

※① ② ③은 순서.

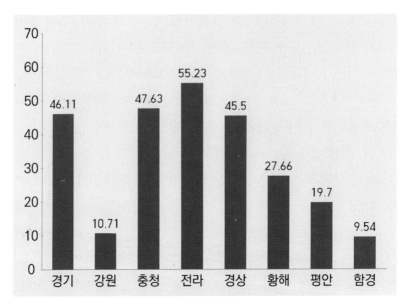

조선후기 각 도별 인구밀도

3) 공업화-사람들 떠나다

조선의 인구는 기근이 들면 복지시설이 잘 갖추어진 서울이나 풍년이
든 지역으로 이동한 적이 있었지만, 그리 큰 규모는 아니었다. 그러나
일제 강점기 때부터 인구가 대규모로 이동했고, 이때부터 전라도 인구는
줄어들기 시작했다. 특히 경기도의 인구가 증가 일로에 있었다. 그리고
일제 말기 대륙 침략을 위한 병참 기지화 정책의 일환으로 추진된 북부
지역 공업화 계획에 따라 이때부터 북부 지방의 인구 비율이 증가했고,
그와 함께 전라도는 반대로 하락했다. 가령 전라남도의 경우 11.2%(1920
년) → 10.9%(1930년) → 10.6%(1940년) → 10.5%(1944년)으로 계속 하
락했다. 전라북도의 경우도 6.9%(1920년) → 7.0%(1930년) → 6.4%(1940

「도세일반」(1933). 일제가 전남의 제반 현황을 조사하여 수록하였다.

년) → 6.3%(1944년)으로 동일한 현상이었다. 일제가 1933년에 작성한 전남 「도세일반(道勢一般)」을 보면, 외국인을 포함한 전체 인구가 228만 명으로 나와 있다.

해방 이후 1946년 9월 남한 인구조사를 보면, 어수선한 해방 정국이라 통계가 다소 부정확할 수 있지만, 경상도가 636만 명(전체의 32%), 전라도가 496만 명(26%), 충청도가 302만 명(16%)이었다. 경상도와 전라도 인구가 압도적으로 많았다. 그래서 이후 치러진 이승만 정권의 탄생과 연장을 위한 선거에는 경상·전라 두 도의 지지표가 큰 도움이 되었다. 북쪽과 남쪽 또는 도시와 농촌으로 나뉘어져, 남쪽과 농촌 지역이 이승만을 지지한 결과였다.

그런데 박정희 정권 등장 이후 산업화 정책이 추진되면서 농촌지역 인구가 도시 공업지대로 이동하기 시작했다. 이 현상을 '이촌향도(離村向都)'라고 한다. 그 결과 전남의 인구는 1970년 393만 명을 정점으로 이후 계속 감소하여 2015년에 190만 명에 이르렀고 여기에 광주 인구 147만 명을 더하여도 적지 않게 줄어든 셈이다. 그리고 전북은 1966년 252만 명을 정점으로 이후 계속 감소하여 2015년에 186만 명에 이르렀으니, 50년 만에 4분의 1이 줄어든 셈이다. 이는 전라도가 산업화에서 소외되어 도내 농촌인력이 타 지역의 대도시나 공업지대로 유출되었기 때문이다. 그러하니 전라도의 전국 인구 점유율도 갈수록 축소될 수밖에 없었다. 그래서 1980·90년대 일부 대선 주자들은 영호남 지역색을 선거 전략으로 써왔던 것이다. 1997년 대선 당시 경상도 인구는 남한 전체의 28.2%였지만 전라도 인구는 11.8%에 불과했지만, 김대중 후보는 DJP 연합으로 충청도의 지지를 받아 대통령에 당선되었다. 최근에는 충청도 인구가 전라도를 앞지르는 사태까지 벌어지고 말았다. 인구 증감은 흔들리는 선거구도를 계속 이어지게 하고 있다.

전라도 부자, 집을 크게 짓다

　전라도의 부잣집은 대지가 넓고 채가 많은 특징을 지닌다. 그리하여 전라도 지역은 우리나라 전통 주거건축 문화의 보고로 불린다.

　전라도 내 마한 주거지를 분석한 연구에 의하면, 서부지역은 사주식(四柱式) 사각형 집이, 동부지역은 원형 집이 많았다고 한다. 집의 규모는 특정할 수 없지만, 적어도 철기 시대까지만 해도 평야지대와 산간지대의 집 형태가 서로 달랐음을 알 수 있다. 그러나 아쉽게도 조선중기 이전까지의 것은 드물고 대부분이 18세기 이후의 것들이다.

　계곡 주변은 물론이고, 바닷가에 인접하여 표고가 낮고 경사가 완만한 저평지 들판에 발달해 있다는 점을 18세기 이후 전라도 주거건축의 특징으로 꼽고 있다. 그리고 다른 지역에 비해 상대적으로 대지가 넓고 가옥이 많은 채를 이루었으며, 간살이가 넓고 부재가 굵어 우람하고 수장 공간이 넓은 특징도 지니고 있다. 또한 지붕이 더 발달하고 더 높을 수밖에 없는 점도 빼놓을 수 없는 특징이다. 이는 비가 더 많이 오고 날씨도 더 더운 기후적 요인 외에, 넓은 농경지를 갖고 간척지를 개간한 지리적 요인에서 비롯된 결과이다. 그러한 나머지 양반집 또는 대농집의 전형은 솟을대문인 문간채에서 사랑마당을 거쳐 사랑채를 지나고 다시 중문간채를 거쳐 안채로 들어가도록 되어 있다. 다소 폐쇄적인 ㅁ자형 배치를 지니고 있는 다른 지역과 대비되는 구조이다. 더불어 곡간이 크게 건립되어 있는 것도 여타 지역과 다른 모습이다. 〈천득염, 「호남지방의 전통주거에 나타난 건축적 의미」〉

2. 농토, 최대의 면적

임진왜란 때 참전한 명나라 장수는 "호남은 나라의 근본이다"고, 유형원(柳馨遠, 1622~1673)은 "우리나라 조세 중에서 호남에서 나오는 것이 전체의 절반을 차지한다"고, 우하영(禹夏永, 1741~1812)은 "나라의 쓰임은 오로지 삼남에 있고 삼남 가운데 전라도가 최고인데, 흙 성질이 기름지고 물 맛이 담박해서다."고 했다.

이상은 전라도는 들판이 넓고 세금을 많이 내는 곳이라는 말 입니다. 전라도가 조선 경제의 중심지, 그래서 나라의 기둥이었다는 말로 해석됩니다. 왜 그랬을까요? 농업중심 사회에서 기름진 농지가 많아서 그랬겠죠? 당연히 세금을 많이 냈을 것입니다. 그러다 보면 고통도 컸을 것 같고, 끝내는 저항도 하지 않았겠습니까?

1) 양전-최대 논밭

선사시대에 전라도 사람들은 밭은 물론이고, 경사면을 따라 단을 이루면서 구획된 계단식 논이나 습지퇴적을 개간한 논에서 농사를 지었다. 습지 논은 홍수가 가져온 펄에 매몰되었다가 오늘날의 발굴에 의해 드러났다. 논의 형태는 방형이 많았으니, 지구는 사각형이라는 생각을 이때부터 가졌던 것 같다. 이랑과 고랑을 치고 저수지와 수로를 만들어 농사를 지었다. 뼈, 돌, 나무, 쇠로 괭이, 삽, 따비 등의 농기구를 만들어 사용했다. 우족 흔적이 있으니 소를 이용했음을 알 수 있다. 논둑 흔적은 사유재산에 의한 경계였음에 분명하다. 특히 영산강 유역에 위치한 광주 신창동 유적에서 출토된 다양한 목제 농기구와 많은 벼는 당시 이 지역에서 벼농사가 발달했음을 알려주는 생생한 증거가 된다.

선사시대 농지규모가 어느 정도인지에 대해서는 알 수 없다. 토지조사 사업을 양전(量田)이라고 한다. 양전은 삼국이나 고려 시대에도 행해졌지만, 그 통계 수치는 전하지 않아 알 수 없다. 조선왕조는 20년마다 양전을 실시한다고 법으로 규정했다. 하지만 워낙 경비가 많이 들어 법대로 하지는 못했다. 토지대장을 양안(量案)이라고 한다. 양안은 3부 작성되어 호조, 감영, 본읍에 각각 보관되었다. 순천의 경우 서청(書廳)이라는 곳에 '무진대장(戊辰大帳)', 즉 무진년에 작성한 토지대장 36권이 보관되어 있었다. 현재 전라도의 양안으로는 18세기에 작성된 전주, 고산, 임실, 남원, 화순, 능주, 순천의 것이 서울대 규장각에 소장되어 있다. 경제와 지리 그리고 소유와 경작에 이르기까지 많은 정보가 들어 있으니, 누군가 양안을 연구하면 좋을 성 싶다.

조선시대에 지역별 농지 규모 기록은 건국 직후인 1404년(태종 4)부터 보이기 시작한다. 그것과 『세종실록 지리지』(1454년)의 기록을 종합해 보면, 전라도는 경상도나 충청도·평안도 다음으로 많은 토지를 보유하고 있었다. 그러니까 15세기에는 전국 3위 정도의 농지를 전라도에서 지니고 있었던 것이다. 왜구 침입으로 고향을 떠난 사람들이 아직 돌아오지 않아 이러했을 것 같지만, 당시 농사법도 작용했을 것이다. 전후 관계를 잘 모르는 사람들은 아주 오래 전부터 전라도는 농토가 많은 곳이라고 말하지만, 사실 여부는 확인할 수 없고 후대를 토대로 미루어 짐작한 수준에 불과하다.

그러나 16세기부터는 상황이 확실하게 달라지기 시작했다. 쉬지 않고 농사짓는 연작법, 모를 길러 옮기는 모내기법, 1년에 2회 농사짓는 2모작 등과 같은 새로운 농사기술이 보급되면서 농지 개간이 활발히 전개되었다. 그와 짝을 이뤄 토지 현황을 파악하는 양전사업 또한 활발해졌다. 그리하여 조선의 전체 경작지가 분명하게 늘어나게 되었다. 특히 전라도의 농지가 크게 증가했다. 전라도 사람들이 도내에 있는 많은 야산과 저습지 및 갯벌을 개간한 결과였다. 농사짓기에 유리한 전라도의 자연환경이 사람들로 하여금 그러한 노력을 하도록 했을 것임은 두말할 필요가 없을 것이다. 그 결과 전라도는 16세기부터 경상도를 제치고 전국에서 가장 넓은 면적의 논밭을 보유하게 되었다. 예를 들면, 임진왜란이 발발하기 직전 1591년에 전라도는 44만 2천 결로 전국 최대였고, 그 다음은 경상도로 31만 5천 결이었다. 영역에 있어서는 경상도를 따라갈 수 없지만, 농지 규모에 있어서는 전라도가 단연 전국 1위였다.

조선시대 도별 농지규모(단위 : 결)

	1404년	1454년	1591년	1646년	1719년	1769년	1807년	1893년	1901년
경기도	140,142	207,119	141,970	21,839	101,256	51,007	52,107	41,446	68,249
충청도	223,090	236,300	252,503	124,625	255,208	123,861	120,833	102,700	133,146
전라도	③173,990	③277,388	①442,189	①200,437	①377,159	②199,220	①204,740	①202,320	①251,684
경상도	234,629	301,147	315,026	189,574	336,778	199,527	201,533	186,699	218,501
황해도	90,922	104,772	106,832	44,238	128,834	69,824	68,289	76,130	87,258
평안도	6,648	308,751	153,009	47,561	90,804	83,507	84,902	86,030	104,636
강원도	59,989	65,916	34,831	8,256	44,051	11,408	11,569	10,402	20,255
함경도	3,271	130,413	63,831	46,806	61,243	62,489	66,545	52,360	101,382

※① ② ③은 순서.
※『조선토지지세제도조사보고서』.

　　전라도 전체에 대한 이야기는 이 정도에서 그치고, 농가당 농지 규모는 어느 정도였는지에 대한 주제로 넘어가보자. 18세기 중엽에 발간된 『여지도서』에는 각 고을의 농지와 호구가 기록되어 있다. 이를 분석한 연구에

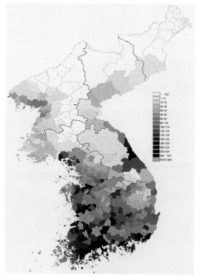 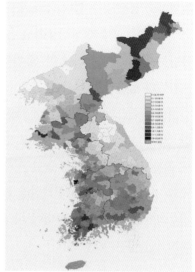

읍별 농지 보유 면적　　　　　　호당 농지 보유 면적

※허원영, 「18세기 중엽 조선의 호구와 전결의 지역적 분포」.

의하면, 전라도의 호당 가족수가 낮게 나타난다. 대가족에서 분가한 독립
가호가 많았다는 말로 들린다. 독립해서도 먹고 살 수 있었기에 그랬을 것
같다. 그런가 하면 호당 농지면적은 전라도가 전국에서 가장 높은 수치를
보인다. 위 사실은 매우 중요한데 무엇을 의미할까? ①우선 전라도 전체의
농지가 8도 가운데 가장 많다는 점에서 전라도의 경제력이 전국에서 제일
높았음을 알 수 있다. ②호당 보유 농지가 가장 많다는 점에서 전라도 각
가정의 경제력이 전국에서 제일 높았음을 알 수 있다. ③호당 가족 수가
가장 적었다는 점에서 전라도 사람들 개개인의 소득 수준이 전국에서 가장
높았음을 알 수 있다. ④가족이 되었건, 개인이 되었건 간에 전라도 사람들
의 든든한 주머니 사정은 궁극적으로 무엇을 가져왔을까? 문화적 수요를

높였다고 생각할 수 있다. 섬유제품과 죽세공품 같은 질 좋고 다양한 수공
업품의 개발, 판소리와 남종화 같은 창의적인 예술, 그리고 다른 지역보다
유난히 큰 추석 송편이나 한 상 가득 산해진물을 올린 남도 밥상이 전라도
사람들의 높은 경제력에 상응해서 나타난 현상이 아닐까 한다.

그런데 최근의 재정자립도에 대한 조사결과를 보면, 지금까지 필자가 말
한 것과 정반대 현상이 나타나고 있다. 2018년 광역자치단체의 경우 전남
이 최하위라 하는데, 가장 높은 서울의 1/4에 불과한 수준이다. 기초자치단
체의 경우 전남 구례가 최하위라 한다. 재정자립도가 낮다는 말은 지방세
징수액이 작고, 그만큼 산업이 미약하다는 뜻이다. 국토 균형발전을 위한
본질적인 접근이 필요하다.

2) 간척-사림의 물적기반

1904년의 토지조사에서 전국에서 가장 토지가 많은 3도를 보면, 전라남도
147,161결(전체의 14.8%), 경상북도 122,455결(12.3%), 전라북도 102,511결
(10.3%)로 나타났다. 역시 전라남도와 전라북도가 전국의 25.1%를 차지한
다. 조선 8도 가운데 전라도 한 도가 전국 농지를 무려 1/4이나 차지한 것
이다. 이 통계를 통해 전라도와 타도와의 격차가 이전보다 더 벌어졌음을
쉽게 확인할 수 있다.

이는 전라도의 넓은 갯벌에 대규모 간척지를 조성한 결과였다. 이제 이
이야기를 하고자 한다. 18세기 후반에 나온 『호구총수』나 1912년에 나온
『구한국지방행정구역명칭일람』을 보면, 전라도 마을 이름으로 언항(堰項),
언포(堰浦), 언촌(堰村) 등이 바닷가 지역 곳곳에서 발견된다. 둑으로 바다
를 막아서 새로 생긴 땅에 들어선 마을의 이름이다. 톱니처럼 들쑥날쑥한

전라도 바닷가에는 넓은 갯벌이 펼쳐져 있다. 그래서 오래전부터 전라도 사람들은 바다에 둑을 쌓고 바닷물을 막아 갯벌을 농토로 만들었다. 갯벌을 막아서 만든 농토를 보통 언전(堰田)이라고 하는데, 전라도에 특히 많았다. 그래서 전라도의 발전사는 갯벌의 개간사로 보아도 크게 틀리지 않을 성 싶다.

전라도에 간척지가 본격적으로 조성되기 시작한 때는 현재 16세기부터 확인되고 있다. 일반 서민들이 생계 차원에서 바닷물이 일 년에 한두 번 들어오는 황무지 같은 갯벌을 적은 노력을 들여 농토로 만들었다. 그렇지만 지역의 힘 있는 양반들이 제법 큰 규모로 넓은 간척지를 만드는 일을 펼치기도 했다. 예를 들면, 광주사람 송제민이 영광에 간척지 공사를 벌였다. 갯벌을 막는 데에 소요되는 소나무 1백여 주를 허가 없이 샀다가 전라우수사에게 적발되고 말았다. 소나무 벌목 단속권이 있는 해남 우수영에 불려가 포목 1천 필을 벌금으로 물게 될 형편이었다. 송제민은 하는 수 없이 당고모부 유희춘에게 찾아가 구해줄 것을 청했고, 유희춘은 우수사에게 벌금을 모면해 달라는 편지를 보내어 해결해 주었다. 이 사례를 통해 간척지가 16세기에 전라도 사림(士林)이 성장하는 데에 큰 물적 기반이 되었을 것 같다는 생각을 할 수 있다. 사실 16세기 문인은 죄다 전라도에서 배출되었다고 이구동성으로 말했다. 예를 들면, 허균은 중종 때 전라도 출신의 인재로 현달한 자, 학문이나 문장으로 세상에 알려진 자가 매우 많았다면서 눌재 박상부터 제봉 고경명까지 17인을 들었다(『성소부부고』).

"중종 때에는 호남 출신의 인재로서 드러난 자가 매우 많았다. 박상, 최산두, 유성춘·유희춘 형제, 양팽손, 나세찬, 임형수, 김인후, 임억령, 송순, 오겸 같은 사람은 그중 가장 두드러진 이들이다. 그

후로도 박순, 이항, 양응정, 기대승, 고경명이 학문이나 문장으로 세
　　상에 알려졌다."

　그리고 이수광은 선조 치세 때에 시인은 전라도에서 많이 나왔다면서
박상, 임억령, 임형수, 김인후, 양응정, 박순, 최경창, 백광훈, 임제, 고경명
등을 들었다.

　전라도에서 간척 문서를 대량으로 남긴 대표적인 집안은 해남에 세거해
온 해남윤씨 가문이다. 그들은 일찍이 바다 경영에 눈을 떴다. 그리하여
보길도, 청산도, 소안도, 평일도, 진도 등지
에 간척지를 두었다. 특히 윤선도(尹善道,
1587~1674)는 현재의 진도군 임회면 굴포리
에 3백 미터 제방을 쌓아 2백 정보를 간척했
다. 먹고 살게 해주어 고맙다고 주민들이 사
당을 지어 제사지내고 유적비를 세워 오래
기억하고자 했다. 현재의 방조제는 1940년
에 다시 쌓은 것이니, 윤씨가에서 쌓은 제
방이 3백 년 동안 마을 사람들을 먹여 살린
것이다. 그리고 해남윤씨는 진도 맹골도를
매입하여 그곳 특산물 미역, 김, 톳을 확보
했다.

　순천 양반들은 남쪽 바다 긴 만의 좁은
목 입구에 둑을 막았다. 둑은 별량면과 하사
면 사이를 연결하는 도로가 되었다. 둑 중간
에 다리[검석교] 역할을 하는 판문(板門)을

검석교(『강남악부』). 간척지 공사
를 완공하니 넓은 농토와 검석교
란 수문이 생겼다는 내용이다.

설치했다. 바닷물이 들어오기 전에 판자문을 열어 민물이 나가게 하고, 바닷물이 들어오려고 하면 문을 닫아 들어오지 못하게 했다. 이리하여 둑 안쪽은 기름진 벌판이 몇 십리 뻗어 있고, 바닷물이 철썩이는 바깥에는 장사배가 와서 정박했다. 갯벌 둑 하나로 세 가지 효과를 보고 있었다. 18세기 순천 사람 조현범이 지은 『강남악부』에 실려 있는 내용이다.

나주의 나주임씨 집안도 강가, 바닷가, 섬 지역에 간척으로 조성한 농지를 꽤 두었다. 그곳 경작자들은 명절 때 선물을 20세기 들어와서도 한 참 동안 보냈다고 어르신들은 전한다. 그러면서 이는 가훈에서 비롯되었다고 귀띔해주었다.

"곡수(穀數)는 주는 대로 받아라"
"곡수(穀數)를 받으러 가지 말아라"

있으면 줄 것이고, 알아서 줄 것이니 억지로 더 주라 하지 말고 받으러 가지 말라는 말로 해석된다. 그 집의 가훈 청고근졸(淸高謹拙, 깨끗하고 높은 뜻을 지니고 삼가고 겸손하게 행동하라)에서 유래함을 알 수 있다.

이렇게 양반들은 간척지를 만들고서 향교나 서원에 제공하여 그곳 운영비에 충당하도록 했다. 가령, 나주 향교는 나주목 소속의 자라도에 간척지를 두고서 72석의 보리와 나락을 경작료로 받아왔는데, 그곳 사람들이 소송을 제기하여 19세기 중반에 섬으로 소유권이 귀속된 적이 있었다. 나주의 경현서원은 반월도와 박지도에 토지가 있었는데, 이 역시 현지인들과 소유권 갈등을 겪었다. 16세기 대학자 기대승을 모시는 광주의 월봉서원에 대해 전라감사 김계휘가 강진의 간척지 30석락지(1석락지=20두락지)를 부속시켰고, 뒤 이은 정철도 노비와 전답을 추가 지원한 바 있다.

3) 피란민과 한센인도

갯벌 개간은 힘 있는 양반뿐만 아니라, 빈약한 양반과 서민들에게도 새로운 활력소였다. 17세기 이후 종법제도의 정착으로 재산상속에서 소외된 양반 방계들에게 바닷가는 주목 대상이었다. 특히 양란 때부터 섬으로 들어가는 사람이 늘어나고, 그들이 펼친 간척지 공사는 섬의 위상을 높여주기에 충분했다. 신안 비금도의 경우 이주민들의 간척에 의해 17~18세기에 14개의 부속도서가 없어져버렸다. 매립하여 하나로 만들었다는 말이다. 이와 때를 같이하여 궁방이나 아문 같은 권력기관들도 자신들의 재원을 마련하기 위해 전라도 갯벌을 간척하는 데에 뛰어 들었다. 가령, 1820년대에 용동궁이 부안 서도면에 방조제를 막아 '삼간평'이라는 들녘을 조성했다. 들녘 규모는 최대 200섬지기로써, 그곳에 세 개의 마을이 새로이 들어섰다. 부안에는 간척한 곳이 이 외에도 더 있어 '원논', '언독', '배논' 등 간척 관련 지명이 많이 남아 있다.

임진왜란이 끝난 후 침략군으로 들어온 왜군 가운데 고국으로 돌아가지 않고 조선에 잔류한 사람이 적지 않았다. 또한 17세기 전반에 후금이 요동을 점령하자 그곳 사람들이 대거 조선으로 망명해 들어왔다. 청나라가 중국을 완전히 차지하자 명나라 사람들은 배를 타고 탈출하여 조선으로 향했다. 이들을 모두 향화인(向化人)이라고 하는데, 그 가운데 상당수가 조선 정부의 정착 정책에 의해 각지에 터를 잡았다. 전라도의 경우 고창·영광·영암·해남 등지에 정착하였던 것으로 확인되고 있다. 이들은 바닷가에서 어로 생활을 하면서 갯벌을 막아 토지세 면세 혜택이 있는 간척지를 만들어 농사를 지으며 살았다. 망명자의 정착지를 주인 없는 갯벌에 정해 준 꼴이다.

이러한 난민 정착 정책은 해방 이후에도 계속되었다. 6 · 25 전쟁 이후 정착한 월남인들이 간척지를 개간한 사례가 발견되고 있다. 전쟁 때 황해도 피란민들이 군 수송함을 타고 서해안을 따라 목포로 이동하였다. 그 가운데 일부는 장흥군 대덕에 터를 잡은 후 '난민정착사업'이라는 정부 정책의 지원 아래 공유수면을 매립하는 대규모 간척지 공사를 추진했다. 그들은 현지인들과 함께 '흥업회'라는 단체를 만들어 넓은 간척지를 만들어 분배까지 완료했다. 준공식 때는 박정희 대통령이 방문했고 언론에서 크게 보도하기도 했다. 분배를 받은 피란민 가운데는 땅을 팔고 그곳을 떠난 이도 있다.

오마도(고흥). 간척지 공사로 섬은 육지가 되어 있고, 갯벌은 넓은 농토로 변하였다.

장흥 출신의 이청준이 쓴 소설『당신들의 천국』은 한센인을 동원한 간척지 공사를 배경으로 한다. 군인 출신의 소록도병원장이 그곳 한센인을 동원하여 1962년부터 고흥 오마도에 간척지를 조성했다. 한센인 정착촌을 만든다는 목적이었지만, 맨 손으로 돌을 깨서 등짐으로 날라 바다에 던지는 가혹한 노역이었으며 임금도 제대로 받지 못했을 뿐만 아니라 인사 사고까지 났으며 땅마저 육지 사람들 손으로 넘어가고 말았다. 이는 5·16군사정부가 '난민정착사업'을 계승하여 "자립자활을 촉진하고 유휴농경지를 개척"한다는 미명하에 농지를 조성하고 사회를 장악하기 위해 '개척단'을 결성하게 한 데서 비롯되었다. 군사정부는 고아, 걸인, 부랑아, 한센병 완치자를 구성원으로 하여 개척단을 결성하게 했다. 개척단은 폭압적으로 운영되었다. 공사는 1980년대에 들어와서야 완공되었다. 국가인권위원회는 2005년에 이 사업으로 인한 한센인의 인권 침해를 지적하였다. 이렇게 보면, 조선시대 및 근현대 간척지 답사도 좋은 역사여행이 되지 않을까 한다.

4) 최초의 유역 변경식 댐

간척지 공사는 한말에 새로운 차원으로 접어들었다. 최고 권력층이 뛰어들었고, 이전과는 달리 대형화되었기 때문이다. 이는 1948~1953년 여순 사건·한국전쟁을 다룬 조정래의 대하소설『태백산맥』의 이야기 근원이 된다. 소설 속의 격렬한 계층 간의 갈등 주범은 일제 때 형성된 토지 소유의 불평등이었고 거기에 간척지 공사도 일조를 하였다. 일본인 나카지마가 벌교에서 순천만에 이르는 갯벌에 20리 이상의 둑을 막아 대단위 간척지를 개간한 것이 소설에 제시되어 있다. 현부자(玄富者)처럼 한국인도 일제의 비호를 받아 갯벌을 막아 대지주가 되었다. 토지 부익부 현상은 해방이 되

없어도 그대로였다. 그래서 좌익 좌자도 모르는 어느 여자가 내뱉었다.

"남정네덜이라고 무신 죄가 있다요? 사람이 사람맹키로 공평허게
사는 시상얼 맹글겄다고 나선 사람들인디, 고것이 워찌 죄겄소"

지주와 소작인의 문제가 해결되지 않는 한 빨갱이 문제도 해결되지 않을 것이라는 말로 해석된다.

만경강 하구의 하천부지와 갯벌에 친일파 거두 이완용과 민씨척족 민영익이 수십 km의 제방을 쌓았는데, 그 제방을 '이완용 둑'과 '민영익 둑'이라고 구전되어 온다. 이완용은 일제로부터 1907년에 고종 강제퇴위와 '한일신협약' 대가로 10만 원을 받았고, 1910년에는 '한일합병조약' 대가로 15만 원(현재 30억 원 가치)을 받았고, 국유 미간지·임야를 무상 대부받아 제3자에게 매각하여 차익을 챙겼다. 이렇게 모은 돈으로 군산, 김제, 부안 일대의 비옥한 논을 집중적으로 매입했는데, 일제 초기 규모는 1천 309필지(여의도 1.9배)에 이르렀다. 그의 땅에 우리나라 최초의 수리조합 '옥구서부수리조합'이 설립되었다.

일제 강점기 때에는 대규모 간척지 공사가 본격적으로 추진되었다. 화약으로 바위를 발파하여 생긴 석제로 제방을 쌓았기 때문이다. 그리고 일제 당국의 편파적인 사업자 지원도 한몫했다. 이때 시작된 보성 득량만 간척지와 김제 광활면 간척지 공사로 인해 섬진강이 앓아누워 지금까지 신음하고 있다. 일제는 본국 식량을 확보하기 위한 '산미증식계획'의 일환으로 일본인이 1930년에 보성의 득량면과 조성면 사이의 바다를 막아 1939년에 1천 542정보에 이르는 '득량만 간척지'(일명 '예당 간척지')를 만들었다. 4.5 km에 이르는 방조제 공사에 간척 경험이 풍부한 김제 사람과 석재 쌓기에

능한 중국인이 동원되었다. 간척지에는 안심촌 등 5개 간척촌이 들어섰다. 간척지는 '보성흥업주식회사'에 의해 기업처럼 운영되었다. 회사는 섬진강 지류인 보성강에 '보성강 댐'(겸백면 용산리)을 쌓아 물을 가두고 2.2km의 터널을 뚫고서 농업용수가 부족한 산 넘어 반대편 득량만 간척지로 흘려보냈고, 76m나 되는 낙차가 생기자 이곳에 '보성강 수력발전소'(득량면 삼정리)도 1937년에 만들었다.

뒤에서 자세히 나오겠지만, 광활면 간척지 농업용수 확보를 위해 섬진강에 건설된 유역 변경식의 정읍 칠보 댐도 마찬가지이다. 이쪽 강물을 막아서 저쪽 간척지로 보내는 유역 변경식 댐이 우리 역사상 최초로 섬진강에 건설되었다. 문제는 이로 인해 섬진강은 물이 마른, 배가 다닐 수 없는, 해수가 역류해 들어와 민물고기가 살기 어려운 강이 되어 버렸다. 해방 이후 중장비의 발달과 대재벌의 등장은 전례 없는 대규모 간척공사를 이끌었다. 계화도 간척지도 대규모 공사였지만, 새만금 지구 간척사업은 우리나라 역사상 가장 대규모 간척사업으로 기억되고 있는 가운데 환경 침해 논란이 어디까지 갈지 주목되고 있다.

5) 근대 기업가 배출

그리고 또한 일제 강점기 대규모 간척공사는 전라도를 대표하는 사업가를 배출했다. 우선, 김연수는 1936년에 고창군 심원·상하·해리·부안면 일대의 갯벌을 매립하여 7백여 정보의 농토를 만들었다. 이 농토를 관리하기 위해 삼수사(삼양사의 전신)라는 회사를 설립하여 운영했다. 그의 형이 김성수(金性洙, 1891~1955)이다. 김씨가는 1924년 무렵에 2,000정보가 넘는 대지주로 성장했다. 그들은 그곳에서 나온 돈으로 경성방직을 설립하고, 동아일보를 창간하고, 보성전문학교(현재 고려대)를 인수했다. 그리고 영암의 현기봉은 향교 장의와 향약 도약장 등을 역임하며 물려받은 3천 섬 농지를 두 배가 넘는 7천 섬으로 증가시켰다. 현기봉의 둘째 아들 현준호 (玄俊鎬, 1889~1950)는 아버지의 재산을 물려받아 학파농장을 설립했다(학 파는 아버지의 호). 학파농장은 1930·40년대에 영암군의 미암·군서·서 호면 일대에서 바다를 막아 갯벌을 농토로 만드는 간척공사를 대대적으로 펼쳤다. 이리하여 1938년의 경우 706정보(2백 11만 평)의 농토를 보유하였 고, 여기에서 들어오는 수입은 11만 9천 원 정도였다. 이 돈으로 현준호는 호남은행을 설립하고 여러 회사를 경영했다. 현준호의 셋째 아들 현영원도 해운회사를 경영했는데, 경상도 포항 쪽 재력가 김용주의 딸 김문희(자유 한국당 김무성 의원 누나)와 결혼하여 현정은을 낳았다. 현정은은 정주영 의 아들 정몽헌과 결혼하여 현재 현대그룹 회장을 맡고 있다. 이렇게 보면, 김성수 형제와 현준호 일가의 재력은 갯벌에서 나왔다고 볼 수 있다. 그러 나 그들은 그 재력을 유지하기 위해 친일 활동을 했고, 해방 후 모두 친일 반민족행위자로 규정되고 말았다.

이러한 간척지 공사로 인해 일제 때부터 해방 이후 한참 때까지 전국 최대 부자는 대부분 전라도의 지주 출신이었다. 그들은 번 돈을 교육과 예 술에 투자하였다. 가령, "자기 땅만 밟고 강진에서 서울까지 갔다"는 전남 북 최고 땅부자인 강진 출신 김충식은 1946년에 연세대학교 의과대학에 1 억 원(현재 400억 상당)이라는 거금을 지원한 바 있다. 연세대학은 그것을 기념하기 위해 그의 호를 따서 교내에 '동은 의학 박물관'을 세웠다. 또한 소리꾼들이 어려움에 처하자 순천 출신 김종익은 1935년에 서울 중심부의 커다란 가옥 한 채를 쾌척했다. 김창환, 송만갑, 정정렬, 임방울, 박녹주 등 명창들은 그 집을 사무실로 삼아 '성악연구회'를 발족시켰다. 그 1기생 박

김종익 기념비(순천고등학교). 1938년 순천공립고등보통학교 설립에 김종익이 기여하였다.

동진이 회고한 바 있다.

"김종익 선생은 우리 국악의 전승과 희생을 도모해 주신 지사요 은인이라 할 수 있습니다."

김종익은 순천농업학교(현 순천대 전신)와 경성여자의학전문학교 등을 설립했고, 순천고등보통학교(현 순천고) 등의 설립에 기여했다. 김충식과 김종익 모두 전국에 학교를 세우는 데에 막대한 땅과 자금을 지원했음을 알 수 있다.

6) 일본인 지주 이주

개항 이후 일제는 우리나라에 대한 경제 침탈을 자행했다. 그들의 목표는 우리나라를 자국의 식량과 원료의 공급지로 만드는 것이었다. 일제는 자국의 식량 사정이 부족한 형편이었다. 부족한 식량 문제를 해결하기 위해 자국 농민을 우리나라로 이민을 보내는 정책을 폈다. 그 결과 특히 1905년 을사늑약 이후 많은 일본인 농민이 우리나라에 이주해왔다.

우리나라에 온 일본 농민 가운데는 중소농민으로 산 사람도 있었지만, 우리 민족의 토지를 헐값에 매입하거나 황무지를 개간하며 지주로 성장한 이도 적지 않았다. 1907년 11월 현재 일본인 소유 농지는 경남이 가장 많은 1천 788만 평이고, 그 다음을 전북과 전남이 차지했다. 이 때문에 애국계몽운동 단체에서 일제의 황무지 개간을 반대하는 운동을 펼쳤고, 의병들이 일본인 농장을 습격했고, 재력가들은 우리 땅을 지키기 위해 측량학교를 세웠다. 의병의 일본인 농장 습격은 전라도에서 격렬했다. 예를 들면, 의병이 광주에서 일본인 모리 농장을 습격하여 거택, 곳간, 의류, 곡물, 기타 잡품 등을 소각시켜 손해액이 2천 500여 원에 이르렀고, 김제에서는 후지모토 농장 사원 가옥을 방화하고 엽총, 현금을 탈취했다.

시간이 흐를수록 목포항과 군산항을 끼고 있고 쌀농사를 주로 하는 전남의 영산강, 전북의 만경강과 동진강 유역에 일본인 지주가 모여들었다. 1909년에 이르면, 일본인 소유 농지의 52.6%는 군산권과 목포권 거주 일본인에게 있었다. 조선 땅을 대량 소유한 일본인은 대부분 전라도에 있었던 것이다. 너무 많아 스스로 걱정까지 했다. 영산포의 한 일본인은 말했다.

"가까운 조선인은 토지 상실로 일시 생계에 크게 동요하고 있다."

김제의 한 일본인은 토지 상실로 생계가 위태로운 우리나라 사람이 혹여 자신들에게 해코지를 할지 걱정했다.

"조선인은 소작권을 상실했기 때문에 자기 지위 또는 생활의 몰락을 우려해 한을 품은 자가 자못 많다."

1908년 초에 한 일본인이 나주 방면을 여행했다. 그는 곳곳에 자국인이 개설해 놓은 많은 농장을 보며 말했다.

"영산강 기선의 항로 종점인 영산포가 있고, 이와사키[岩岐]가 침수지를 개간한 동산농장(東山農場) 수백 정의 신전이 망망히 열려 있다. 금성산 아래 나주부에는 흥농회사(興農會社), 마관농장(馬關農場), 석천농장(石川農場), 송등농장(松藤農場)이 서로 연이어 있다."

특히 전북지역이 심했다. 일본인 매수 경지가 1904년에는 40정보에 불과했지만, 1909년에는 5배 증가한 2만 정보에 이르렀고 당시 호남평야의 1/3을 일본인이 차지했다. 1910년 이전에 24개소의 일본인 농장이 전북에 설치되어 있었다. 군으로는 익산, 임피, 옥구, 김제 4군에 집중되었다. 특히 만경강 유역은 일본인의 조선 진출이 가장 활발하게 이루어진 곳이다. 전북지역 농사경영의 '선구자'로 불린 미야자키[宮崎]가 세운 궁기농장, 전북 '지주왕'으로 불린 구마모토[熊本]가 세운 웅본농장 등이 대표적이다. 그들은 농업경영에서 선진적 성격과 수탈적 특징 때문에 '전북형 지주'로 학계에 알려졌다. 만경강 유역은 수원이 부족한 곳이다. 수원 확보를 위해 강 지류에 수리조합이 집중적으로 설립되었다. 1909~1911년에 다섯 개가 있었다. 그 가운데 1908년 12월에 조선인에 의해 종래의 제언계를 개편하여 설립된 '옥구서부수리조합'은 우리나라 최초의 수리조합이었다. 1909년 2월에 일본인 후지이에 의해 설립된 '임익수리조합'은 몽리면적 3천정보, 조합원수 800명의 당시 조선 최대의 수리조합이었다. 이 이면에는 우량답을 수몰당하게 된 조선인의 저항을 일본도와 권총으로 짓밟은 아픔이 담겨 있다. 이 외에 1909년에 설립된 '임익남부수리조합', 1910년에 설립된 '전익수리조합', 1911년에 설립된 '임옥수리조합'이 있었다. 후지이는 1920년에 '임익남부'와 '임옥'을 합병하여 조합원이 2천명에 이르는 거대한 '익옥수리조합'을 탄생시켰다. 그러면 이런 수립조합 설립이 우리 농민에게 실질적인 이익을 주었을까? 고율 조합비와 가혹한 소작제로 우리 농민은 빈곤에서 벗어날 수 없었다.

동진강 유역도 일본인이 진출한 곳이었다. 일본 상인 출신의 아베 후사지로(阿部 房次郎)와 이치타로(市太郎) 형제가 1912년에 조선에 들어와서 김제 요촌리에 정착했다. 아베 일가는 1913년부터 토지 집적에 나서, 이주 4년 만인 1916년에는 무려 700여 정보에 달하는 '아베농장'을 세우기에 이르렀다. 여기에 그치지 않고 1925년에는 동진농업주식회사를 설립하여 동진강 유역의 간척사업을 벌였다. 일제 당국의 협조로 공유수면 매립허가와 국고 보조금을 받아 상덕면과 진봉면 일대 바다에 5,200칸 방조제를 막았고, 1930년대에 이르러서는 2,000여 정보의 규모로 팽창해 갔다. 새로 생긴 간척지가 얼마나 '광활'했던지, 해방 이후 그곳만을 독립시켜 광활면(廣活面)이라고 명명했다. 아베 일가는 간척지에 농업용수를 공급하기 위해 '동진수리조합'을 설립했다. 문제는 그곳 간척지를 농민들을 받아들여 경작시켰는데, 농민들이 이주해 올 때 주택비·정착비·종자대 등의 명목으로 빚을 지게 하여 이주한지 2, 3년 만에 빚이 200~300원으로 불어났다. 또 소작료 비율은 표면상 5할이었으나 실제로는 6, 7할에 달하였다. 게다가 이 당시 전라북도에서 행해지던 '경작 위탁제도(일종의 배급제)'를 적극 수용하여 이에 반대하는 이주농민들을 농장에서 퇴출시키기까지 했다. 당시 최대 간척사업은 불이흥업주식회사에 의해 군산에서 추진되었다. 13km에 달하는 제방을 만들고 주변을 매립한 결과 2,500ha의 토지가 생겨났다. '영구 소작권을 준다, 소작료를 3년간 면제한다'는 홍보문을 걸고 인부를 모집했다. 완주의 대아저수지를 만들어 65km 수로를 따라 흘러온 물을 옥구저수지에 저장했다가 농업용수로 활용했다. 불이흥업주식회사는 물길이 좋은 지역을 일본인들에게 싼 가격에 나누어 주었고, 그렇지 않은 지역은 한국인 소작농에게 농사짓게 했다. 분통터질 일이 아닐 수 없었다. 이들 간척지에서 생산된 쌀은 군산항을 통해서 일본으로 실려 갔다. 그래서 1915년 군산에는 15개의 정미소에 868명의 종업원이 있어 정미업으로 도시가 특화되고 있었다. 쌀을 메고 기차에서 내려 배로 옮겨 싣는 부두 노동자도 늘어만 갔다. 이러한 사실이 채만식의 『탁류』, 조정래의 『아리랑』에도 묘사되어 있다. 이리하여 전북에는 일본인이 대거 거주했다. 1925년 무렵, 일본인이 이리는 70%, 군산은 50%, 전주는 25% 정도였다.

한편, 우리의 전통 수리계는 일제 강점기 때에 일본인 지주에 의해 수리조합으로 변했다. 1930년대에 전남에는 15개의 수립조합이 있었다. 조합장은 한국인과 일본인이 절반씩이었다. 그 가운데 다시수리조합의 경우 조합원 11명 가운데 한국인이 6명이고, 나머지 5명은 일본인이었다. 문제는 농민들에게 수리시설 공사비와 물 사용료를 부담시켰다. 소작농의 경우 지주의 부담까지 껴안았다. 그래서 수리조합반대운동이 일어나게 되었는데, 첫 운동이 전북 익산에 있던 익옥수리조합 반대운동이다. 나주 다시에서도 수리조합 반대운동이 일어났다.

원불교와 간척지

　저축조합운동의 성공적 전개의 기반 위에서 박중빈은 8인 조합원들에게 1918년 3월 경에 길룡리 앞 바다를 막아 수전(水田)을 개척하자는 제안을 하여 동의를 얻고 간석지 개척운동에 착수하게 된다. 이 간석지 개척운동은 기록에 의하면, 1918년 4월 4일에 착수하여 약 1년여 기간 동안 진행되어 이듬해 3월 26일에 '방언(防堰)'을 준공함으로써 1차적으로 마무리되고 그 후 몇 년간 간석지의 작답과 방언보수를 위한 후속사업이 계속되었던 것으로 보인다. 그런데 1차 작답에 성공한 면적은 약 26,000여 평이었다. 간석지 개척사업의 경우 대개는 자본과 노동력의 동원이 가능한 권력층 또는 재지 지주나 사족층이 주도하는 것이 일반적이던 당시, 자본이 거의 없는 빈곤계층인 박중빈과 8인 조합원들이 다만 신앙적 결사와 공동노동, 공동출자 및 경제적 자조운동을 통하여 상당한 규모의 수전개척에 성공한 사실은 획기적인 의미를 갖는 것이었다. 오늘날 한국 역사학계의 경우 바로 이 간석지 개척 등과 같은 원불교 교단 초기의 사업이 지니는 민족운동사적 의의에 대하여는 일단 긍정적 평가를 내리고 있다는 점에서도 간석지 개척운동의 성공은 향후 원불교의 위상을 좌우할 정도의 커다란 의의를 갖는 경제자립운동이었다. 따라서 원불교의 간석지 개척운동에 대하여는 교단 안팎의 여러 학자들에 의하여 그 착수배경, 간척사업의 구체적 진행과정, 투입된 자본과 노동력의 대체적 규모, 개척면적, 간척사업이 지니는 역사적 의미 등에 대한 검토가 상세히 이루어 진 바 있다. 〈한기두,「19세기 민족종교운동연구」〉

3. 논농사, 남도문화 만들다.

임금이 호남구관당상(湖南句管堂上) 원경하를 불러 보았다. 원경하가 말하기를, "호남은 곧 국가의 근본입니다. 쌀과 무명이 오로지 여기에서 나오니, 참으로 이른바 근본인 곳이라는 것입니다."고 하니, 임금이 옳게 여겼다. 〈『영조실록』30년 5월 24일〉

전통시대에 먹고 입는 것은 쌀과 무명이 최고였습니다. 그 쌀과 무명이 전라도에서 가장 많이 나오니, 전라도가 국가의 근본이라는 것이 원경하의 말입니다. 그러면 전라도 사람들은 쌀농사를 위해 어떤 노력을 기우렸을까요? 품종을 개발하여 미질을 개량하고, 저수지와 수차를 만들어 재해를 막았을 것 같습니다. 그리고 논농사에 적합한 풍속을 유지했는데, 그러한 것으로 어떤 것들이 있을까요?

1) 논-'식토의 향'

전라도는 '食土(식토)의 鄕(향)'이라고 한다. 담양 출신 남극엽(南極燁, 1736~1804)이 지어서 정조 임금에게 올린 『농서부책』이란 농서에 들어있다. 전라도가 전국에서 식량을 가장 많이 생산하고, 농토가 가장 많이 있는 곳이라는 말이다.

전라도는 농토가 많을뿐더러 농토가 기름지기로도 유명하다. 15세기 세종 때 공법(貢法)이라는 새로운 세금 제도를 제정하면서 정부는 전국의 토질을 3등급으로 나누었다. 그때 전라 · 경상 · 충청 3도는 상등급, 경기 · 강원·황해 3도는 중등급, 함경·평안 2도는 하등급으로 각각 분류되었다. 전라·경상·충청도를 상등급으로 정한 이유는 그곳의 논은 기름진 땅이 많고 척박한 땅이 적어서였다. 특히 전라도와 경상도는 바닷가의 논에 볍씨 1~2두를 뿌려도 생산량은 10여 석에 이르고, 1결의 생산량은 많으면 50~60석이 넘고 적어도 20~30석 아래로는 내려가지 않는다고 했다. 토지가 비옥하니, 전라도의 단위 면적당 생산량이 전국 최고를 자랑할 수밖에 없다.

또한 전라도는 농토 중에서 논의 비율이 가장 높았다. 15세기에 나온 『세종실록 지리지』를 보면, 전체 농토 가운데 논의 비중이 전국 평균은 28%인데 반해, 전라도는 그보다 훨씬 높은 40%였다. 1634년(인조 12년)에 논과 밭의 면적을 조사했는데, 농토가 가장 많은 전라·경상·충청 3도 가운데 전라도의 논 비율이 가장 높았다. 전라도는 48.9%인데 반해, 경상도는 41.7%이고 충청도는 38.3%에 불과했다. 1907년 조사보고를 보면, 전국 논 면적의 30.8%를 전라도가 차지했고(전남 18.3%, 전북 12.6%), 쌀 생산량의 42.3%를 전라도가 차지했고(전남 25.1%, 전북 17.2%), 단보 당 수확량도 1.0석으로 가장 높았다.

이를 통해 전라도의 논 비중이 후대로 갈수록 증가했음을 알 수 있다. 그러한 결과 18세기 선비 우하영이 "田小畓多 以禾農爲務"라고 말한 것처럼, 전라도 사람들은 밭은 적고 논이 많아 벼농사에 힘쓰고 있었다. 그리고 "대체로 전라도의 풍토는 논농사를 가까이 하고, 밭농사를 멀리하여 벼 재배가 성행하고 보리·콩 재배는 드뭅니다."고 말한 사람도 있다.

논과 밭 가운데 논의 경제성이 더 높았다. 논에 벼를 재배하는 것이 밭에 잡곡을 재배하는 것보다 생산량이 더 높았고, 곡물 값에 있어서도 쌀값이 잡곡값보다 훨씬 비쌌다. 예를 들면, 쌀 1석이 3냥일 때, 보리쌀 1석은 그 절반도 못되는 1냥 2전이었다. 그리고 벼를 쌀로 도정하는 것이 보리를 보리쌀로 도정하는 것보다 노동량이 덜 들었다. 이러한 논의 높은 경제성 때문에 밭을 논으로 개조하는 일[번답(反畓)]은 전라도 안에서 흔히 일어나는 일이었다. 영광 출신의 진사 이대규(李大圭, 1738~?)가 말했다.

> "물이 먼 마른 건평(乾坪)은 산을 따라 사다리밭을 만들어야 하는데 수전(水田)으로 바꾸지 않은 것이 없습니다."

너무 심하게 번답을 하여 가뭄 때 농사를 완전히 망칠 우려마저 있는 논도 적지 않았다. 논이 많고 논농사가 성한 것은 그만큼 강수량이 풍부할 뿐만 아니라, 저수지가 많이 축조되고 수리시설이 발달해서였다. 그리하여 전라도에서 논농사가 고대 때부터 발달했던 것은 당연한 결과였다.

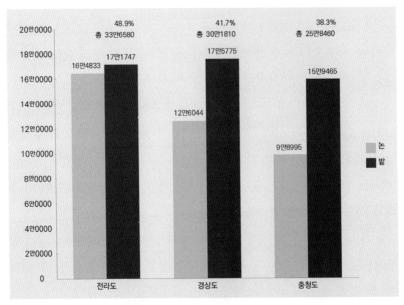

1634년 각도의 논밭 비율 (단위 : 결)

2) 미질-전국 최우수

농토가 많고 비옥함에 따라, 전라도의 곡물 생산은 자연히 많을 수밖에 없었다. 그래서 전라도를 농도(農道)라고 했다. 농업을 중심으로 여기는 사회에서 곡물 생산이 1등이었다는 것은 전라도 지역의 경제력이 그만큼 월등했음을 알려준다.

전라도는 곡물 중에서 미곡[쌀] 생산이 전국에서 단연 으뜸이었다. 그러한 점으로 인해 전라도 사람들은 쌀밥을 아주 좋아했다. 1746년(영조 22)에 수찬 이이장이 말했다.

> "호남은 논이 많고 물대기가 좋고 기름진 곳으로 알려졌습니다. 그래서 곡식이 그렇게 귀하지 않고 백성들 또한 배고픔을 참지 못합니다. 정말로 소위 '飯稻羹魚之鄕'입니다."

'반도갱어지향(飯稻羹魚之鄕)'이란 쌀밥과 고깃국을 좋아하는 곳이 전라도라는 말이다. 이는 논이 많은 결과였다. 그 중에서 전라도 만경과 옥야는 쌀이 많이 나는 곳으로 전국에 알려져 있었다. 세종 때 기사인데, 만경은 만경현을 말하고 옥야는 나중에 전주에 통합된 옥야현(현재 익산)을 말한다. 쌀의 다량 생산은 쌀을 주식으로 하는 식생활 풍토 속에서 전라도의 경제적 가치를 더해주고도 남는다. 우리는 조(租, 벼)를 도정한 것을 '쌀'이라고 말하지만, 서속(黍粟, 조)을 도정한 것을 '좁쌀[粟米]'이라고 하고, 맥(麥, 보리)을 도정한 것을 '보리쌀[麥米]'이라고 한다. 모두 쌀이라고 하지만, 그 중에서 '쌀'이 최고였던 것이다.

전라도의 쌀은 최고의 미질을 자랑했다. 조선 최고의 상인인 송상(松商),

즉 개성상인의 상품 구입대장(1876~1879년)에는 순천무명과 구례베 외에 광주쌀과 전주쌀이 기록되어 있다. 이 가운데 광주를 포함한 전남쌀은 『삼천리』란 잡지의 1940년 보도에도 나온다.

> "전남미는 양만 아니라 질에 있어서도 일본 고베 시장의 표준미로 결정되어 거래 상장미로 손가락을 꼽는다. 우선 밥쌀로 '다마금(多魔錦)' 44만 석은 품질이 가장 우수하다. 조선을 통하여 미계(米界)의 왕좌를 점하고 있다."

전라도 쌀이 일본 고베로 실려 나갔다. 당시 전주 · 김제 · 만경의 쌀은 완미(完米)라는 브랜드로 인기 높은 쌀이었다. 이를 이어 대한국민 쌀 수출 1호 기업이 군산에 있다. 그 기업은 인근에서 벼를 매입하여 쌀로 가공하여 2007년에 미국으로 첫 수출을 한 후 유럽 · 러시아 · 호주 · 아프리카 등지로 시장을 넓히더니, 2016년에는 중국에까지 수출했다.

그런데 강제 농정이 실시되던 1970년대에 전라도 농민들은 '통일벼' 재배에 앞장섰다. '통일벼' 품종은 수확량은 많지만, 맛이 떨어지는 한계가 있다. 익산 농촌진흥청에서는 '유신벼'를 개발했다. 거리에 "통일벼로 통일하고 유신벼로 유신하자"라는 구호가 붙여졌다. 그러나 이들 품종은 병충해마저 약해 유신 정권이 무너진 뒤 1980년대부터 퇴장하기 시작했다.

대신 전라도 농민들은 맛이 좋은 '아키바레'를 심었다. 그리하여 전라도 쌀은 다시 전국의 밥맛을 사로잡게 되었다. 전국적으로 2천 종이 넘는 '브랜드쌀'이 있다. (사)한국소비자단체협의회는 2003년부터 매년 고품질 브랜드 쌀을 선정하여 발표한다. 그해 상위 12개 브랜드 가운데 4개가 전라도산, 3개가 경기도산이었다. 2014년의 경우 12개 최우수 브랜드 가운데 전남과 전북이 각각 5개씩을 차지했다. 전체의 83%를 전라도가 차지한 셈인데, 이런 경향은 다른 해에도 비슷하게 나타나고 있다. 이 결과는 전남북에서 생산되는 쌀의 맛이 전국 최고라는 점을 말해주고 있다. 전라도가 쌀의 주산지라는 명성에 걸맞게 대한민국 최고의 명품 쌀 생산지로서의 입지를 확고히 굳히게 되었다.

　전라도 농민들은 최고의 미질을 유지하기 위해 풍토와 기후에 적합한 갖가지 벼 품종을 개발했다. 조선후기 학자 서유구가 지은 『행포지』를 보면, 70여 종의 벼 품종이 소개되어 있다. 그 가운데 전라도에서 많이 재배한 품종으로는 조생종으로 천상도(天上稻)와 독도(禿稻, 몰공도), 만생종으로 배탈도(裵脫稻)가 있었고, 바람과 서리에 강한 해남도(海南稻)가 있었다. 이 가운데 배탈도는 밥을 지으면 은은한 향이 젖 냄새처럼 나서 냄새를 맡으면 배탈이 난다고 하여 '배탈도'라 했다고 한다. 해남도는 해남 사람들이 기존 품종을 기후 변화에 맞게 개량한 것으로 보인다. 이 외에도 전라도 사람들이 개발한 다양한 벼 품종이 있다. 창평의 소쇄원 사람인 양제신(梁濟身, 1728~1776)은 대명도(大明稻)라는 벼를 개발하여 충청도 화양서원에 제공했다. 화양서원에서는 그것을 경작하여 서원 안에 있는 만동묘의 명나라 황제 제사상에 올렸다. 이를 여러 사람들이 보고 글에 소감을 남겼는데, 성해응은 "근래에 남녘들에 곡식 있어,

「대명도」(성해응). 양제신이 '대명도'란 쌀을 화양서원에 보내서 만동묘 제수에 사용하게 하였다.

동방에다 좋은 이름 남겼네. 봄에 갈아 가을 수확하는 날, 유민(遺民)들이 대명(大明)이라 노래하네."라고 읊었다. 이 사실은 이덕무의『청장관전서』에도 수록되어 있다.

> "남쪽 지방에 대명량(大明梁)이라고 하는 벼가 있는데, 소쇄원 양
> 산보의 후손 제신이 화양동에 글을 보내어 대명량을 파종하여서 황
> 묘(皇廟)의 제사용으로 삼게 하였다."

홍수와 가뭄에 강한 품종으로 알려진 순창도(淳昌稻) 또한 순창 사람들이 개량한 신품종인 것 같다. 전라도 출신으로 추정되는 정도성이라는 사람이 순창도를 삼남 지역에 보급하면 효과가 클 것이라고 상소하자, 정조가 정부 관료로 하여금 살펴보라고 지시한 적이 있었다. 보성 출신의 양반 박형덕(朴馨德, 1731~1813)은 거친 땅에서 잘 자라는 구황도(救荒稻)를 심으면 거두는 것이 많다고 했다. 같은 보성 사람 양익제(梁翊齊)는 높은 데 있어 물이 찬 곳이나 해변은 조도(早稻), 찬물이 괴는 논에 홍도(紅稻), 건과 습이 반복되는 곳에 수산도(水山稻), 밭 같으면서 밭이 아닌 논에 점산도(粘山稻), 진흙땅에 노인도(老人稻) 심기를 권장하였다. 이상을 보면, 전라도 사람들은 자기 고장의 풍토와 기후, 그리고 각종 용도에 맞게 벼 품종을 개량하여 맛 좋은 쌀을 생산해냈던 것이다.

3) 벽골제-수리시설 원조

논이 많고 벼농사를 주로 하였기 때문에, 모내기철에 비가 오지 않으면 전라도는 그 어느 지역보다 경제적 타격이 클 수밖에 없었다. 이는 다산

정약용이 강진에서 목격했던 참상과 그 장면을 읊은 시를 통해 확인할 수 있다. 1809년 봄 큰 가뭄이 들었다. 들에는 풀 한포기 없었고, 샘물이 말랐고, 바다에는 조개도 없었다. 애 써서 볍씨를 뿌려 어린모를 길렀는데, 물이 없어 모내기를 할 수 없었고 그러는 사이에 모가 모판에서 말라 죽어가고 있었다. 하는 수 없이 농민들은 죽은 모를 뽑아내야만 했다. 어떤 농민은 자식 셋 가운데 하나를 죽여서라도 어린모를 살렸으면 하는 심정으로 울부짖었다. 이를 목격한 정약용이 「모를 뽑으며」라는 시로 읊었다.

> 어린 자식 사랑하듯이, 아침 저녁 보살피고.
> 주옥처럼 보물로 여겨, 보기만 해도 기쁘다네.
> 우거진 우리 모를, 내 손으로 다 뽑고.
> 무성한 우리 모를, 내 손으로 죽이다니.

논이 많았기 때문에, 물을 가두고 논에 물을 대는 시설과 그 시설을 관리하는 조직이 전라도에 발달했다. 수리시설은 두 가지가 있었다. 하나는 시내에 보를 막아 냇물을 옆으로 흐르게 하는 것이고, 또 하나는 골짜기에 둑을 쌓아 저수지를 만드는 것이다.

먼저, 보(洑)를 알아보자. 냇물을 가로질러 돌을 쌓아 보를 만들었다. 천방(川防)이라고도 했다. 15·16세기에 정부의 권장책에 의해 많이 건설되었다. 당시 사람들은 '축보개답(築洑開畓)'이라 하여, 보를 쌓아 농토를 개간하고 그 봇물로 농사를 지었다. 이에 힘입어 이 때 사림(士林)이란 새로운 세력이 중소지주로 성장했다. 그들은 거기에서 나온 경제력을 발판으로 성리학을 연구하여 과거에 응시하고, 누정을 만들어 지인들과 교유했다. 예를 들면, 수양대군이 단종을 몰아내고 왕위에 오르자, 김필(金㻶)이 벼슬

한갑보(강진). 보를 막을 때 '한갑'
이란 아이를 제물로 바쳤다고 한다.

을 버리고 장흥으로 내려와서 예양강 가
운데에 어인보(御印洑)를 축조하고 물이
굽어보이는 경치 좋은 곳에 정자를 지었
다. 큰 물로 보가 자주 터지자 후손들은
산 사람을 제물로 바쳐야 한다는 도사의
말에 지나가던 거지의 아들을 돈으로 사
서 제물로 파묻었더니 둑이 터지지 않았
다는 설화가 전한다. 이런 유형의 설화가
전라도에 많다. 인근 강진의 작천 들녘을
가로지르는 냇가에 '한갑'이란 어린이를
제물로 바쳐 쌓았다는 한갑보(韓甲洑)가
지금까지 존재하며 농업용수를 대주고
있다. 면앙정을 지은 송순, 소쇄원을 조
성한 양산보 등이 다 그런 곳 출신이다.

이들과 한 시대를 살았던 양산보와 처남매부 사이인 김윤제는 소쇄원 앞
증암천에 강남보(혹은 금다리보)라는 보를 쌓아 농민들이 가뭄을 걱정하지
않고 농사를 지을 수 있게 했다.

지역 공론을 무시한 채 유력자나 수령이 임의로 보를 막고 수세(水稅)를
걷어 이익을 보면서 민원이 야기되기도 했다. 19세기 들어와서 유독 심했
다. 대표적인 것이 만석보(萬石洑)이다. 고부(현재 정읍) 농민들이 정읍천
에 쌓아 놓은 민보(民洑)가 있었다. 군수로 부임해 온 조병갑이 1893년에
민보 아래에 농민들을 강제로 징발하고 남의 산에서 수백 년 묵은 나무들
을 마구 잘라서 새 보 만석보를 만들고서 수세로 논 한 마지기에 상답에는
쌀 두 말, 하답에는 한 말씩을 거두어 모두 700여 석을 거두어 들였다. 이

에 분노한 고부 농민들이 봉기하여 만석보를 때려 부숨으로써 '동학농민운동'이 발발하게 되었다.

만석보(정읍). 고부군수 조병갑이 주민을 동원하여 쌓고 물세를 받아갔다.

이어, 저수지를 알아보자. 냇물을 가로질러 높은 둑을 올려 저수지를 만들었다. 돌을 쌓고 흙을 채워 만들어진 저수지는 천방보다 규모가 더 크다. 제(堤)나 방축(防築) 또는 언(堰)이라고 했다. 제란 시냇물을 막아서 만든 저수지를 말한다. 방축은 제와 같은 말인데, 오늘날 '방죽'이란 말이 여기에서 나왔다. 17세기 이후 모내기법이 널리 보급되면서 특히 방죽이 늘어났다. 그래서 18~19세기에 '방축리'로 불린 마을이 매우 많았다. 방죽을 막고 농토가 조성되자 새로 생긴 마을을 그렇게 불렀는가 보다. 언은 바닷물을 막은 방조제를 말한다.

일찍이 삼한시대 때 김제에 벽골제(碧骨堤)라는 거대한 저수지가 축조되었다. 때는 지금으로부터 1,700년 전이다. 한국에서 가장 오래된 저수지로 보는 것이 통설이다. 규모는 '벼 골'을 연상하게 한 것으로 보아, 한국에서 가장 큰 저수지였음에 분명하다. 『동국여지승람』에 둑의 아래 넓이는 70자, 위 넓이는 30자, 높이는 17자, 그리고 수문은 5개 있다고 기록되어 있다. 조선 태종 때 벽골제를 김방(金倣)이 수리했다. 현재는 장생거와 경장거 두 수문, 3km 정도 제방만 남아 있다. 요즘 경제사 학자들은 벽골제가 저수지인가, 방조제인가를 놓고 논쟁이다. 어떤 고대사 학자는 벽골제가 방조제로 기능을 하다가 고려후기에 들어 저수지로 기능을 바뀌게 되었다고 한다. 최근에는 기후 전공자들까지 논쟁에 참여하니 그 끝이 어디까지 갈지 예측하기 힘든 상황이다.

벽골제(김제). 삼한시대 저수지로 넓은 논에 물을 대었다.

조선시대에 들어와서도 전라도 선비들은 방죽을 쌓았다. 벽골제를 수리한 경험을 살려 김방은 광주에 경양방죽을 축조했다. 일제와 해방 이후 사

비가 제 때에 고르게 내리지 않기 때문이었다. 그래서 부득이 하게 옆으로 흐르게 하거나 밑에서 위로 퍼 올려 인위적으로 물을 논에 대어야 하는데, 이때 필요한 도구가 수차(水車)이다. 전라도는 물을 다량으로 필요로 하는 논이 많기 때문에 더더욱 수차가 필요한 곳이다. 이리하여 전라도에서 나고 자란 선비들은 일찍부터 냇가의 물을 논으로 끌어댈 수 있는 수차 개발에 관심을 가졌다.

가장 먼저 찾아진 인물로는 나주 출신의 최부(崔溥, 1454~1504)가 있다. 그는 추쇄경차관으로 제주도에 들어가 공무를 수행하던 중 부친상을 당하여 고향으로 나오다 풍랑을 만나 표류했다. 중국 해안에 표착하여 베이징을 거쳐 돌아와서『표해록』을 지었다. 그리고 성종과 연산군 때에 중국식 수차를 소개하고 직접 감독하여 만들었으며, 가뭄 때 충청도에 가서 수차 제작기술을 가르쳐 주기도 했다. 도내에 그의 제자가 많고 학문적으로 미친 영향이 큰 것으로 보아, 그의 수차에 대한 생각이 전라도 곳곳에 퍼졌을 것으로 생각된다. 이때까지의 수차는 인력으로 물을 끌어대는 기기였다.

서학(西學) 전래 이후에는 사람 힘을 쓰지 않고 수력을 이용하여 자동으로 물을 아래에서 위로 품어 올리는 서양식 수차에 대한 연구와 제작을 전라도 학자들이 전국에서 가장 활발하게 펼쳤다. 이는 우리 역사에서 매우 보기 드문 현상인데, 그들의 처한 상황과 탐구정신이 결합한 합작품이었다. 현재 4인이 찾아지고 있다.

첫째, 동복 출신의 나경적(羅景績, 1690~1762)이 자전수차(自轉水車)를 연구했다. 자전수차란 수력에 의해 스스로 프로펠러를 돌려 물을 아래에서 위로 품어 올리는 서양식 수차인 것 같은데, 문집이 남아 있지 않아 현재 그 실체를 자세히 알 수는 없다. 그는 이 원리를 응용하여 자용침(自舂砧)과 자전마(自轉磨)도 개발하여 힘 안들이고 방아를 찧고 맷돌을 돌리도록 했다. 그리고 햇빛이 없어도 천문을 관측할 수 있는 수격식 선기옥형(璇璣玉衡)을 만들기도 했다. 특히 나경적은 자신의 집을 찾아온 젊은 홍대용에게 과학적 감명을 주어 그를 나중에 조선의 최고 과학자가 되게 했던 점은 오늘날까지 널리 회자되는 미담이다.

둘째, 순창 출신의 신경준(申景濬, 1712~1781)은 수차도설(水車圖說)을 지었다. 수차도설이란 강물을 이용하는 용미차, 샘물을 이용하는 옥형차, 그리고 항승차의 제작법과 도면을 소개한 글이다. 이는 명나라에 온 이탈리아의 예수회 선교사 우르시스가 지은 「태서수법(泰西水法)」에 수록되어 있는 것을 신경준이 알기 쉽게 소개한 것이다. 아직까지 연구가 되어 있지 않아, 신경준이 어떤 수차를 만들어서 보급하려 했었는가에 대해서는 알 수 없지만, 그가 수레·선박·무기·도로·지리·지도 등의 과학기술에 정통했던 것으로 보아, 서양식 수차도 만들었을 것으로 보여 진다. 정약용은 『목민심서』에서 신경준이 여러 번 용미차·옥형차를 만들었으나, 연철법이 정밀하지 못해 끝내 효과를 보지 못했다고 했다. 용미차라는 서양식 수차를 만들었는데, 가동에 성공하지 못한 것으로 이해된다.

셋째, 강진 출신이지만 고창에서 생을 마감한 이여박(李如樸, 1740~1822)은 용미차(龍尾車)라는 양수기를 제작하여 보급하였다. 이여박은 수학책을 저술하고 천문기기를 만들고 천문도를 그리기도 했지만, 평생 심혈을 기울인 분야가 수차였다. 수차 가운데 용미차 연구에 매진했다. 「태서수법」에 수록된 용미차는 조선에 17세기 말에 소개되었는데, 이전의 수차와는 달리 강의 물을 수력을 이용하여 아래에서 위로 품어 올리는 수차이다. 강은 아래에 있고 논은 위에 있어 많은 강물이 흘러도 용수를 확보할 수 없기 때문에, 조금만 가뭄이 들어도 흉작이 드는 상황에서 용미차 보급론이 크게 일어났지만 별다른 진전이 없었다. 하지만 이여박은 기하학을 포함한 고도의 수학 지식을 토대로 「태서수법」을 보고 연구에 매진하여 마침내 용미차 개발에 성공한 후 제작하고서 작은 계곡에서 가동까지 성공리에 마쳤다. 이를 본 주변 사람들은 용미차 기술을 배우고 싶다고 했고, 그 제작법을 담은 글을 베껴가거나 빌려간 사람들도 있었다. 이여박은 서울로 올라와서 고위직에 있는 홍양호를 찾아갔다. 홍양호가 보니 이여박은 용미차의 원리를 자세하게 알고 있었다. 그래서 홍양호는 자신의 정원 작은 연못에 제작하여 설치해보라고 했다. 소라 같은 통 속에 오늘날의 기어와 같은 축(軸) 한 개와 추(樞) 두 개가 들어 있었다. 마중물을 넣으면서 손으로 돌리니 아래 물을 품어서 위로 토해냈다. 작은 노력을 들여서 넓은 농토에 물을 댈 수 있었다. 이를 본 홍양호는 자못 흥분된 상태로 말했다.

"이 제도를 나라 안에 보급하여 이용하도록 하면 쓸모없는 땅이
좋은 땅이 되고 가뭄을 만나더라도 풍년을 이룰 수 있다."

이여박은 정조 임금에게 올린 「수차설(水車說)」이라는 글에서 서양식 수차를 개발해도 우리나라에는 관련 기술을 제대로 아는 이가 없어 곧 실패한다고 하면서, 자신이 개발한 용미차를 가지고 섬진강, 영산강, 탐진강 물을 끌어올려 전라도 전역에 농업용수를 공급하는 방안을 피력한 바 있었다.

넷째, 동복(현재 화순) 출신의 하백원(河百源, 1781~1844)은 자승차(自升車)를 발명했다. 그는 일찍이 여러 문헌을 통해서 수차에 대한 전문 지식을 익혔다. 그러면서 그곳에 나오는 수차들의 단점을 하나하나 파악했다. 그 결과 아래에 있는 물을 자동으로 위로 품어 올리는 자승차(自升車)라는 신식 양수기를 발명했다. 이는 중국과 서양의 문헌들을 통해서 얻은 지식을 우리의 실정에 맞게 보완하여 독창적으로 고안한 것이다. 흐르는 물을 통

에 넣으면 날개를 돌리게 하고 그 힘에 의해 피스톤이 작동하며 물을 퍼올리는 방식이다. 전라감사로 내려온 서유구에 의해 가뭄 극복 방안으로 활용이 시도된 적이 있었다. 그 설계도가 그의 문집 『규남문집』에 실려 있는데, 농민들이 직접 보고 제작할 수 있도록 하기 위해서 수차 도해를 상세하게 그려서 수록했다고 한다. 이를 토대로 최근에 복원된 적이 있다.

자승차. 국립중앙과학관에서 하백원이 남긴 설계도를 보고 만든 축소 모형이다(규남박물관 제공).

이처럼, 전라도 선비들은 조선후기에 수력을 이용하여 물을 위로 퍼올리는 양수기 개발에 발 벗고 나섰다. 여기에는 몇 가지 공통점이 보인다. 우선, 그들은 서로 간에 연락을 하며 정보를 교환하고 있었다. ①이여박의 아버지 이의경은 나경적이 혼천의를 만들자 시를 지어 극찬하였고 황윤석의 친족인 황처호와 가깝게 지냈다. 이의경이 죽자 그의 죽음을 신경준이 조사를 지어 애도했다. ②하백원의 증조인 하영청은 동향의 나경적, 순창의 신경준, 흥덕(현재 고창)의 황윤석 등의 실학자들과 교유가 잦았다. ③신경준은 전라도를 대표하는 실학자 황윤석과 교류하였다. 이러한 정보 교환, 더 나아가 협업에 힘입어 전라도 선비들은 고난도 수차 기술을 터득해 나갔을 것이다.

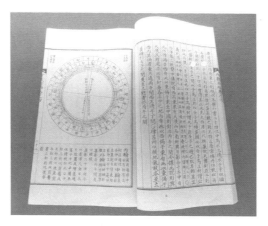

황윤석이 저술한 수학책(국립전주박물관)

또한 그들은 수학을 깊이 연구했다. ①해남 출신의 윤두서(尹斗緒, 1668 ~1715)는 중국 송나라 수학서인 『양휘산법』을 필사해 두었다. 윤두서는 조선 그림에 서양 그림의 기법을 접목시킨 사람으로 유명한데, 그가 수학책을 필사한 것도 그러한 노력의 일환으로 보여진다. ②황윤석(黃胤錫, 1729~1791)은 우리나라 수학서는 물론이고 서양 수학서까지 보고서 『산학입문(算學入門)』과 『산학본원(算學本源)』이라는 수학책을 지었다. 전자는 사칙연산, 비례, 제곱근, 방정식 등 수학의 9개 기본 주제에 대한 기초적인 내용을 소개하고 있다. 이에 반하여 후자는 직삼각형, 고차 방정식과 같은 특정 주제에 대한 심도 있는 내용을 다루고 있다. 이 두 책에서 그는 수학에 관한 자신의 견해를 피력하면서 수학적 사고와 수학적 원리를 하나하나 사례를 들어가면서 설명하였다. 특히 근대 과학의 근간인 기하학을 소개한 점은 그의 수학 식견이 높았음을 말해준다. ③이여박은 부·조부가 입수한 『기하원본』과 『동문산지』 등의 서양 수학서를 보고 연구한 결과 16권 분량의 『이수원류(理數原流)』라는 수학책을 저술했다. 그는 수학을 재정회계,

천문역상, 악기, 도량형 등 학술 일반의 기초로 생각하고 중시했다. 원본은 발견되지 않고 있지만, 남아 있는 서문과 목차를 토대로 볼 때에 그가 매우 높은 수학 식견을 지니고 있음을 알 수 있다. 그는 주변 사람들이 수차 책을 보고서도 수차를 개발하지 못한 이유를 명쾌하게 설명했다.

> "신의 집에 수차에 관한 책을 가지고 있은 지 40여 년이나 됩니다. 사람들이 베껴가고 빌려다 보고 한 적이 많았고 그대로 시험해 보는 것을 누차 보았는데 끝내 한 사람도 터득하지 못했습니다. 대개 구장구고의 법에 어두웠던 까닭입니다."

40년 동안이나 수차서를 보았으면서도 수차를 만들지 못한 것은 수학을 몰랐기 때문이었다. 이를 익히 안 그는 일찍부터 수학을 깊이 있게 연구하여 방대한 저서를 남겼던 것이다. ③장흥 출신의 실학자 위백규가 1754년(영조 30)에 지은 집안 서당 학규(學規)를 보면, 간지, 보첩, 산수 등을 가르치도록 규정하고 있다. 산수의 경우 훈장이 10세 이상의 자제들에게 수학의 풀이법을 노랫말로 표현한 수결(數訣)을 가르치게 되어 있었다.

이상을 통해 18세기 전라도 선비들 가운데 수학을 깊이 있게 연구한 학자가 적지 않았음을 알 수 있다. 실제 전라도 선비 집안에서 수학을 교양으로 간주하고 있었고, 심지어 촌부들도 수학책을 지니고 있었다. 이러한 수학 지식으로 전라도 출신 실학자들은 난해한 수차 기술을 이해했던 것이다. 하지만 서양의 자연과학에 대한 열의도 19세기에 접어들면서 시들고 말았다. 유학·신분 중심에서 과학·능력 중심으로 옮겨가던 인재 등용 정책이 세도정치로 오히려 예전보다 더 못한 과거 상태로 되돌아가고 말았기 때문이다.

5) 놀이-풍흉 예측

일찍부터 농업이 발달한 곳이었기에, 전라도에는 풍년을 기원하는 행사가 많았고 풍흉을 예측하는 활동 또한 많았을 뿐더러, 하늘을 관측하는 학문도 발달하였다. 한마디로 전라도 사람들의 천문학에 대한 관심이 높았다는 말이다. 그리고 전라도의 발달한 농업은 두레와 같은 농사단체, 농악과 같은 농사음악도 태동시켰을 뿐더러, 농사를 많이 짓는 사람들의 주택도 그에 걸맞게 지어졌다. 농업은 남도의 갖가지 문화를 만들었음을 알 수 있다.

농업이 중심인 사회에서 풍흉은 경제에서 결정적이었다. 그래서 풍년을 기원하는 행사가 전라도 안에서 많고 중요하였다. 그 대표적인 것을 들라면 남원에서 행해졌던 '용마희(龍馬戲)'란 놀이가 있다. '용말싸움' 또는 '용말놀이'인데, 언제부터 시작되었는지에 대해서는 알 수 없다. 남원의 옛 이름을 용성(龍城)이라 한 것으로 보아, 삼국시대나 그 이전 삼한시대 때부터 행해져 왔을 것으로 추정할 수 있다. 이 이야기는 조선후기의 남원 읍지인 『용성지』에 실려 있다.

> "고을 풍속에 옛적부터 악귀를 제어하고 재앙을 쫓는 외에 또 그 해의 풍년과 흉년을 점치기 위하여 용마놀음을 하였다. 고을이름이 용성인 데서 용마놀음이라 한 듯하다. 매년 섣달그믐이나 정월대보름에 그 사는 곳을 남과 북 두 편으로 나누어 각각 큰 용마를 만들어 모두 오체(五體)에 용의 무늬를 그린 뒤 외바퀴수레에 실어 거리로 나오면서 백가지 놀음으로 대진하여 승부를 겨룬다. 남쪽이 이기면 풍년이 들고, 북쪽이 이기면 흉년이 든다고 한다. 그 유래가 오랜 고로 관가에서도 금하지 아니하고 간혹 도와주기도 하더라."

용마희(남원). 춘향제 때 재현하고 있다.

이를 토대로 한 관련 이야기가 1972년에 발간된 『남원지』에 상세하게 설명되어 있다. 그에 따르면, 음력 정월 초에 남원 읍내 사람들은 남과 북 두 편으로 나누어졌다. 그들은 각기 대나무와 여러 가지 목재를 이용하여 50~100m에 이르는 거대한 용마를 만들었다. 용마는 살아 있는 것처럼 꿈 틀거리고 5색의 물감으로 화려하게 색을 치렀다. 남쪽과 북쪽 사람들은 수 백 수천 명 모여 용마를 메고 서로 싸우기 시작하는데 용을 빨리 파괴하는 쪽이 승리를 차지하였다. 그 결과로 그 해의 풍년과 흉년을 점쳤는데, 남쪽 이 이기면 풍년이 들고 북쪽이 이기면 흉년이 든다고 믿었다. 당연히 남원 사람들은 남쪽의 승리를 은근히 빌었다. 이 놀이는 19세기 끝자락에 중단 되었다가 근래 복원되어 봄 춘향제 행사 때 재현되었다.

풍년을 기원하는 행사는 도내 곳곳에서 다양한 형태로 전승되어 왔다.

그와 관련하여 김제 벽골제 쌍룡놀이, 광주 칠석 고싸움놀이 등이 있다. 나주 읍내 사람들도 정월 보름에 동쪽과 서쪽으로 나뉘어 줄다리기를 했다. 새끼줄을 추렴하여 동쪽은 여성 동아줄을 만들고, 서쪽은 남성 동아줄을 만들어 남녀노소가 죽기 살기로 당기었다. 쌀을 내어 주먹밥을 만들고 농악대가 나와 흥을 돋구었다. 여성 편이 이겨야 풍년이 든다는 다른 지역과는 달리, 나주에서는 서쪽 남성 편이 이겨야 풍년이 든다고 믿었다. 일제 강점기까지 성행했는데, 일제가 군중이 모여 단체경기를 하는 것을 꺼려 중단시켜 버린 후 맥이 끊기고 말았다.

줄다리기는 가장 널리 행해진 농사 관련 민속행사이다. 일제 때에 일본인이 줄다리기를 하고 있는 지역을 조사한 바 있다. 그에 따르면, 전남에는 전국에서 가장 많은 20곳에서 줄다리기를 하고 있었다. 줄다리기는 지역민들의 단합을 위해 보통 정월 보름날 하는데, 그 승부로 그 해 농사의 풍흉을 점치거나 물 사용권을 배정했다. 물은 논농사에서 필수적이다. 그래서 계곡물을 먼저 사용하기 위한 경쟁이 심할 수밖에 없었다. 전라도 사람들은 줄다리기를 하여 이긴 쪽이 먼저 계곡물을 사용하고 진 쪽이 이어서 사용했다. 줄다리기란 선의의 경쟁을 통해 친목도 도모하면서 물 사용권의 우선순위를 정했던 것이다. 이는 전라도가 곡창 지대였기 때문에, 그 어느 지역보다 작황에 민감했고 그러한 마음을 줄다리기로 표현했음을 알 수 있다. 줄다리기를 할 때 양쪽 편은 깃발을 들고 입장했는데, 현재 강진군 병영면 하고리 것이 남아 있다.

일년 농사의 작황을 예측하는 가장 기초적인 것으로, 자연현상을 보고 그 해의 풍흉을 점치는 일이 있다. 이와 관련하여 광주에 이런 일이 있었다.

"읍의 남쪽에 큰 나무가 있어서 이름을, '활나무弓樹'라고 하는

데, 가지와 줄기가 오래되고 울창하여, 둘레가 19자쯤 되고, 높이가
70자쯤 된다. 해마다 봄철이 되어 여러 나무가 잎이 나기 전에 먼저
잎이 나면 그 해에 흉년이 들 징조이며, 여러 나무가 이미 활짝 피었
는데도 이 나무가 잎이 나지 않거나 혹 느즈막하게 가지런히 나면
그 해에 풍년이 들 징조이며, 혹은 나무의 네 면과 위·아래가 가지
런하지 않게 잎이 나도 또한 풍년이 들 징조라고 한다. 성중(城中)
사람들이 대개 이것으로써 한 해의 풍년·흉년을 점치는데, 그 일이
여러 번 들어맞았다."

『세종실록 지리지』에 나와 있는 내용이다. 광주읍성 남문 밖에 궁수(弓
樹)라는 큰 나무가 있었다. 가지와 줄기가 둥근데 크기가 수십 아름이나
되고, 높이가 70자(21미터) 정도나 되었다. 고을 사람들이 잎이 일찍 피고
늦게 피는 것으로써 그 해의 풍흉을 점쳤다. 잎이 일찍 피면 기상 생태가
좋아 풍년이, 늦게 피면 그렇지 않아 흉년이 들 것으로 예측하였을 것이다.
그런데 『동국여지승람』이 발간된 15세기 중반에 나무가 말라죽고 말았다.

6) 두레-단결 도모

논농사 중심의 생활은 전라도의 민속행사 외에 음식문화의 형성에도 영
향을 미쳤다. 전라도 농민들은 넓은 논을 쟁기질하기 위해 많은 소를 키웠
다. 농우(農牛)가 없으면, 수령이 소를 사서 농가에 분배하여 열심히 농사
짓도록 하였다. 1763년(영조 39) 순천부사로 온 강필리는 심한 소 전염병
으로 농가 70~80%가 소를 잃자 자신의 월급을 털어 소 32마리를 사서 각
면에 나누어 준 적이 있다. 이 공을 잊지 않은 순천 사람들은 백우비(百牛
碑)를 세워 떠난 이를 추앙했다. 부농들은 소가 없는 영세농들에게 송아지

를 나누어 주어 키운 뒤 세끼가 나면 어미만 주게 하는 우도(牛賭)를 행하여 돈을 벌었다. 이리하여 전라도에는 소가 많았다. 소를 잡으면 나온 우피(牛皮)는 일본 수출품이면서 악기나 가방 등의 제작에 사용되었다. 전라도의 우피 생산은 단연 두드러졌다. 1920년대 김제군에서 생산하는 우피가 2만 6천근 정도였다. 소를 잡으면 나온 고기를 삶아 만든 곰탕은 전라도의 또 다른 별미 음식인데, 나주 곰탕은 지금도 그 유명세를 유지하고 있다.

전라도의 논농사는 사회조직이나 공연예술에도 영향을 미쳤다. 우리의 전통적인 협동조직이 계(契)이다. 계는 개인, 지역을 단위로 공공사업, 상호부조, 경제활동, 오락 등을 위해 조직되었다. 1926년에 도별로 계의 수와 가입자를 조사한 바에 의하면, 그 수가 전남과 전북에 많은 것으로 나타나 있고, 그 경향은 오늘날까지 이어진다고 보아도 크게 틀리지 않다. 그 배경은 어디에 있을까?

논농사가 발달한 관계로 전라도에서 농민단체인 두레가 널리 조직되고 그 활동이 매우 활발했다. 두레는 마을 단위로 조직되었다. 두레에 가입하려면 일정한 나이에 '들독'을 들어 움직이는 등의 체력 테스트를 통과해야 하고 술이나 곡식과 같은 소정의 가입비를 내야 했다. 회원들은 한 해 농사를 준비할 때나 마무리 지을 때에 회의를 열어 세금, 품삯, 울력, 품앗이 등을 논의했다. 두레마다 농기(農旗)를 가지고 있었다. 농삿일을 하러 가거나 마을끼리 행사를 치를 때에 들고 가 게양했다. 현재 서울 농업박물관에 강진 용소 농기와 김제 신풍 농기가 소장되어 있다. 임실, 장흥 농기도 박물관이나 마을회관에 소장되어 있다고 한다. 그 가운데 강진군 군동면 용소리 안지마을 농기는 크기가 379 × 394cm나 되는 대형이다.

김제 신풍 농기(『농업박물관』). 길이 464cm. 너비 270cm. 물을 상징하는 용이 그려져 있다.

　이로 인해 두레의 조직력이 매우 뛰어났다. 바로 이 두레가 19세기 중반 이후 농민 항쟁 때 투쟁조직으로 활용되기도 했다. 무엇보다 두레들 사이에서 행해지는 농악(農樂)이 전라도에서 성행했던 점이 특징적이다. 『매천야록』에 "대개 시골에서는 여름철에 농민들이 꽹과리를 치면서 논을 맸다. 이것을 농악이라고 한다."고 나와 있다. 노동의 고단함을 잊거나 일손을 맞추어 능률을 높이고 풍년을 기원하기 위한 목적이었다. 농악은 두레 외에 걸궁패라는 유랑 공연단에 의해서도 행해졌다. 고창 사례에서 지적되었듯이, 그곳 지주들은 자신들의 소작인을 관리하기 위한 차원에서 걸궁패를 활용했다. 소작인의 인심을 얻으려는 방편에서 걸궁패를 지원·육성하고 공연을 주문했던 것이다.

　농악은 벼농사를 주로 하던 전라·경상·충청도에서 발전했다. 전국 농악권을 5개로 나누고 있는데, 전라도에는 2개가 있다. 벼농사가 가장 발달한 곳이었기에 전라도만 유일하게 한 도에 2개의 농악권이 형성되어 있는 것이다. 하나는 호남좌도 농악인데, 동부 산간지대에서 빠른 가락을 힘차게 몰아가는 기법을 잘 구사한다. 또 하나는 호남우도 농악인데, 서부 평야지대에서 느린 가락을 다채롭게 구사하는 특징이 있다. 농악대는 '앞치배'라는 연주단과 '뒷치배'라는 연희패로 구성된다. 앞치배는 영기·농기 같은 깃발과 태평소·꽹과리·징·장구·북으로 편성됐고, 뒷치배는 여러 복장을 한 사람들이 춤이나 연극놀이를 담당한다.

씨 뿌리고 잡초 멜 때 전라도 남녀들은 온 들녘에 모여 무리를 이루고서 농요를 함께 불렀고, 징과 북을 울려 그 노고를 위로했다. 이렇게 노래를 부르며 농사를 권장하는 풍습은 오직 전라도에서만 볼 수 있다고 18세기 서적 『천일록』에 적혀 있다. 서울 사람 김창협(金昌協, 1651~1708)이 영암에서 유배생활하고 있는 부친을 뵈러 왔다가, 비가 내려 물이 고인 푸른 벼논에 패랭이 쓴 농부들이 석양 때까지 부르는 농요가 구성지다고 시로 읊었다. 그의 아버지 김수항도 "힘들고도 즐거운 농사일, 농부의 노래가 언덕 너머 들려오네"라고 읊었다. 광양 출신 황현(黃玹, 1855~1910)이 담배를 심으면서 들으니, 동서남북 원근이 온통 농요 소리였다.

서양 천문학을 연구한 이청

『정관편』(이청)

정약용이 강진에 유배 와서 18년(1801~1818년) 동안 생활하면서 500여 권이라는 방대한 저술을 남겨 실학의 집대성자이자 조선 최고의 학자로 평가받고 있음은 널리 알려진 사실이다. 이는 제자들과의 협업에 의한 결과였다. 그 가운데 대표적인 제자가 이청(1792~1861)이다.

이청은 10살 무렵에 정약용을 만나 제자가 되어 일찍부터 주변으로부터 기대되는 인물로 평가 받았다. 이후 남다른 총애를 준 스승을 그림자처럼 따라 다니며 손발이 되어 지척에서 방대한 저술 작업을 도왔다. 정약용의 『시경강의보유』, 『악서고존』, 『대동수경』, 그리고 정약전의 『현산어보』도 이청의 손을 거쳐 최종 완성되었다. 이청은 정약용의 해배 이후 동문 수학자들과 함께 서울로 올라와 마재 스승 집을 오고갔는데, 이때에도 공동 저작에 참여했다.

이청은 서울에서 천문학의 대가들을 만나 제법 이름이 알려지게 되었다. 그리고 나이 70을 바라보는 시기에 8권 3책에 이르는 방대한 『정관편(井觀編)』이라는 천문학 서적을 지었다. 우리나라 문헌은 물론이고 한역 서학서와 청나라 학자들이 지은 천문학서를 대거 참고하여 주제별로 내용을 정리하면서 자신의 견해를 부연하였다. 누구보다도 방대한 자료를 섭렵해 문헌고증의 방법으로 천문역산 분야에서 논란이 되었던 주제들을 자신의 입장에서 총 정리하였다는 점에서 최한기에 비견되는 업적을 남겼다. 조선 학자들에게서는 찾아볼 수 없는 최신 이론도 들어있다. 그래서 『정관편』은 "조선후기에 편찬된 그 어떤 천문 분야의 문헌 못지않은 전문성과 방대한 내용을 담은 천문학서이다"는 평가를 받고 있다. 그는 노구로 천문학 연구에 몰두하다 생을 마감하였다.

4. 세금, 최다의 부담

남포(南浦)의 조운선

돛배들이 삼대처럼 빽빽이 모여들어
남방의 조세가 예전보다 많아졌구려.
유독 기쁜 건 청산은 실어갈 수 없기에
해마다 야인의 집에 길이 맡겨진 것일세. 〈『사가정집』〉

위 시는 남방 조세를 싣고 남쪽 포구에서 올라온 조운선이 한강에 빽빽
이 정박해 있는 모습을 조선초기 사람 서거정이 읊은 것이다. 남방 조세는
어디 조세이고, 남쪽 포구는 어디 조창일까요? 전라도 조세, 전라도 조창입
니다. 예전보다 더 많은 조세를 전라도에서 싣고 올라와 기분이 좋아 이런
시를 지었을 것입니다. 그러면 전라도 조세가 국가재정에서 어느 정도를
차지하였는지를 알아보도록 하겠습니다.

1) 조·용·조에서

우리의 역사 속 모든 국가는 국민들로부터 세금을 거두어 재정을 운영
했다. 세금제도는 삼국시대 때부터 조(租), 용(庸), 조(調)를 원칙으로 했
다. 조란 농토에 부과되는 세금으로 조세(租稅)가 그것이다. 용이란 사람
에게 부과되는 세금으로 군역(軍役)이 그것이다. 조란 가호에게 부과되는
세금으로 공납(貢納)이 그것이다. 이처럼 농토·사람·가호에게 각각 부과
되는 조세·군역·공납이 조선전기 때까지 대표적인 세금이었다.

이 가운데 조선전기에는 현물을 왕실이나 관청에 올리는 공납이 폐단이 심해 가장 큰 문제였다. 공납으로 배정된 현물을 공물(貢物)이라 한다. 공물은 기본적으로 토산물을 대상으로 한다. 전라도 지역의 토산물은 풍부하였다. 자연히 전라도에 배정된 공물 수량이 전국에서 가장 많았다.『세종실록 지리지』에 의하면, 약재를 제외한 8도의 공물 품목수를 보면 전라도 114, 강원도 91, 충청도 89, 황해도 83, 경상도 78, 경기도 51, 평안도 44, 함경도 26 종류였다. 많은 공물 때문에 전라도 사람들의 부담은 매우 무거웠다. 특히 토산물 파악이 제 때에 이루어지지 않아 주민들이 이루 말할 수 없는 고통을 겪었다. 예를 들면, 전복이 제주도에서 많이 생산되는데도 나주에 배당을 해놓으면 나주에서는 제주도에서 그것을 사와야 했다. 이럴 때의 경비는 시세의 몇 곱이 들었으며, 사오는 일을 맡은 관리와 상인은 중간에서 착취·농간을 저질러 주민들 부담을 가중시켰다. 이러한 폐단을 막기 위해 조선후기에 대동법(大同法)이 실시되어 공물을 현물 대신 쌀로 바치도록 하였다.

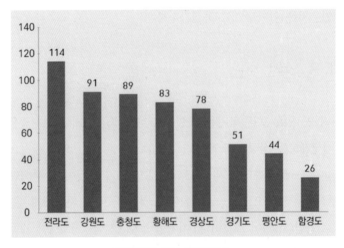

조선전기 전국 공물 종류

그런데 대동미의 징수에도 불구하고 정부 기관은 계속해서 공물을 전라도에 부과했다. 순천의 토산물로 귤이 있는데, 공물로 토색질을 당하여 그 고통이 심해지자 16세기에 백성들이 귤나무를 베어버린 경우가 있었다. 이를 『강남악부』에서는 다음과 같은 시로 묘사하였다.

> 뜰 앞에 아무도 귤나무를 심지 않는구나.
> 귤나무가 많으면 귤도 많고
> 귤이 많으면 색출도 많으니
> 색출이 많아지면 귤은 어디서 나나.
> 귤이 있으면 고통스럽고
> 귤이 없으면 편안하다네.
> 귤나무를 베고도 조금도 아까워하지 않으니
> 공물을 바치고도 사랑받지 못했다오.

이와 유사한 일은 대동법이 실시된 뒤에도 있었다. 율촌면(현재 여수)에 밤나무가 많아 좌수사(左水使)의 수탈이 심하여 면민들이 그 폐해를 이길 수 없는 형편이었다. 그러자 새로 부임한 부사 이봉징이 1687년(숙종 13)에 주민들을 동원하여 도끼로 밤나무를 모두 베어버리게 하였다. 이로 인해 고질적인 폐습은 사라지고, 고을 사람들은 그의 덕을 오래도록 칭송하였다 한다.

폐습 혁파는 대부분 일시적이었다. 그래서 공물로 인한 민폐는 조선이 망할 때까지 지속되었다. 그 실상을 19세기 사람 이유원이 『임하필기』에 적어 놓았다.

> "진헌하는 물종은 여러 도(道) 중에서 호남이 가장 많은데, 곧 53 고을의 백성들에게서 거둔 것이다. 항식 이외에 점차 늘려 정하여

해마다 잘못된 관례를 답습하면서 늘리기만 하고 줄인 적은 없었다. 내가 이에 한 해 동안 위에 바치는 수효를 통틀어 계산하여 정례(定例)를 균등하고 공평하게 하였고, 또 윤년에 적용하는 조목을 정하여 수용에 맞게 안배하였으며 윤년이 없는 경우에는 그 조목을 하급 하전들이 사용하는 비용으로 삼았다. 또 별도로 한 절일(節日)에 진공하는 수용을 갖추어서 항식을 채우지 못할 경우를 지탱하게 하되, 간가(間架)를 그어 문서에 기록하여 조리가 정연하게 해 놓으니, 백성들이 다들 편하게 여기고 아전들도 원망하는 일이 없었다."

2) 3정으로

조 · 용 · 조가 조선후기에는 전정(田政), 군정(軍政), 환정(還政) 등 3정으로 바뀌어 갔다. 전정이란 전세를 부과하는 행정이란 뜻으로, 조세 · 삼수미 · 대동미 · 결작 등이 여기에 속한다. 군정이란 군포를 부과하는 행정이란 뜻이고, 환정이란 환곡을 부과하는 행정이란 뜻이다. 전세 · 군포 · 환곡은 이전과는 달리 토지에 집중되고 있었고, 쌀 · 포목과 함께 동전으로도 징수되었다. 하나씩 알아보자.

첫째, 전정. 3정 중에서 국가의 주 수입원은 농토에서 거두어졌다. 농토에는 1결(요즘 3~5천 평 규모)마다 전세 4말, 대동미 12말, 삼수미 1.2말, 결작 2말 등이 법적으로 부과되었다. 총계는 20말 정도에 불과했다. 이 정도는 수확량의 10분의 1 수준이어서 결코 많은 양은 아니었다. 10분의 1세는 맹자가 주장했던 선정의 지표이기도 하다. 그럼에도 불구하고 농민들의 부담은 매우 무거웠다. 부족한 국가재정과 사리사욕을 충족하기 위해 관리들이 여러 가지 명목으로 부가세를 부과했기 때문이다.

1822년(순조 22) 전라좌도 암행어사가 보고한 바에 따르면, 치시미, 선가미, 가승미, 곡상미, 첨가미, 부가미, 인정미, 부족미, 가급미, 경주인역가미, 영주인역가미, 진상첨가미, 삭선별첨미, 제주접응비, 민고미, 전관미, 기선요미, 간색미, 낙정미, 타석미, 서원고급조, 면주인근수조 등 22가지의 부가세가 전라도 농토에 부과되고 있었다. 그러므로 농민들이 실제 부담하는 전세는 법정 규정보다 훨씬 많아 100말을 넘기기 일쑤였다. 1년 농사를 지어도 세금을 내고 나면 남는 것이 없을 정도로 무거웠던 것이다.

둘째, 군정. 강진에서 이러한 일이 있었다. 갈대밭에 사는 백성이 아이를 낳은 지 사흘 만에 그 아이가 군포 징수 대상자에 편입되고 이장이 못 바친 군포 대신 소를 빼앗아 가니, 그 백성이 칼을 뽑아 자기 성기(性器)를 스스로 베면서 말하기를 "내가 이 물건 때문에 어려움을 받는다"고 하였다. 그 아내가 남편의 잘린 성기를 가지고 관문에 나아가니 피가 아직 뚝뚝 떨어지고 있었으며, 울며 호소하였으나 문지기가 막아버렸다. 이 비극적인 상황은 정약용이 강진에서 직접 목격한 것으로 「애절양(哀絶陽)」이란 제목의 시로 남기었다.

> 애절양(哀絶陽)
> 노전(蘆田)의 젊은 아낙네 곡소리가 긴데
> 곡소리 동헌(東軒)을 향해 하늘에 울부짖는다.
> 싸우러 나간 남편 돌아오지 못하는 것은 있을 수 있는 일이지만
> 예로부터 남자의 절양(絶陽)은 들어보지 못했네.
> 시아버지 죽어서 벌써 상복(喪服) 벗었으며 갓난아기 배냇물도
> 안 말랐는데
> 3대의 이름이 침정(簽丁)되어 군보(軍保)에 올랐네.
> 하소연하러 가니 호랑이 같은 문지기 지켜섰고
> 이정(里正)이 호통치며 외양간에서 소마저 끌어갔네.
> 칼갈아 방에 들어가 자리에 피 가득한데

스스로 한탄하는 말 애 낳아 이 고생 당했구나.
잠실궁형(蠶室宮刑)이 어찌 죄가 있어서이며,
민(閩) 땅 자식 거세함도 가엾은 일이어라.
만물을 낳는 이치는 하늘이 준 것인데,
건도(乾道)는 남자되고 곤도(坤道)는 여자된다.
말과 돼지의 거세하는 것도 오히려 슬프다고 하는데,
하물며 사람이 뒤이을 자식 생각함이랴.
부호(富戶)집은 1년 내내 풍악을 잡히는데
쌀 한 톨 베 한 치도 내는 일 없네.
다같이 임금의 백성이거늘 후하고 박한 것이 웬말이냐.
객창(客窓)에서 거듭 시구편(鳲鳩篇)만 외우노라.

어찌 이런 일이? 16~60세 농민은 군역 의무를 졌다. 그들은 정군(正軍)으로 순번에 따라 입대하거나 보인(保人)으로 정군을 뒷바라지했다. 16세기 이후에는 군대에 나가는 대신 장정 한 명당 일 년에 무명 2필을 '군포(軍布)'라는 이름으로 납부하게 했다. 한 필은 길이 35자, 넓이 7치였다. 1자는 46센치 정도였다. 2필은 32미터 가량이다. 따라서 군포 2필은 매우 무거운 것이다. 한 가정에 장정이 두 세 명이라면 그 부담은 상상을 초월한다.

그래서 1752년(영조 28)에 균역법(均役法)을 시행하여 1필만을 납부하도록 하여 농민들의 짐을 덜어주었다. 그러나 중앙에서 배정한 군정수는 많은데 그것을 부담할 장정수는 적은 '군다민소(軍多民少)'한 지역이 적지 않아 농민들이 2중, 3중으로 부담하는 경우가 허다하였다. 본래는 사람 개개인을 상대로 군역이 부과되었는데, 점차 정부 수입을 확보하기 위해 도-군현을 상대로 한 총액제로 바뀐 결과였다. 또 군적이 제대로 정비되어 있지 않은 허점을 악용하여 수령·향리들이 중간에서 농간을 저질러 인징, 족징, 백골징포, 황구첨정 등의 폐단이 발생하기도 하였다. 군역의 폐단이 심해지면서 농민들은 유망이나 피역으로 저항하였다. 거기다가 신분제의 동요로 군역 의무 이행자들이 줄어들어 농민들의 부담은 늘어만 가고 있었다. 아들을 나면 곧 무거운 군역을 져야 하기 때문에, 득남을 한탄하여 자기의 성기를 잘라버리는 '반인륜'적인 행태도 있었으니, 군정의 폐단을 가히 짐작하고도 남을 것이다. 문제는 전라도에 가장 많은 군역 자원이 배정되었던 점이다. 17세기 상황을 보면, 전체 94만 8천 3백 명 가운데 전라도가 가장 많은 17만 4천 3백 명(18.4%)이고, 그 다음이 경상도로 16만 3천 9백 명(17.3%)이었다. 이러한 상황 때문에 강진에서 '절양' 사건이 일어난 것이다.

담양 동포(洞布) 절목(『고문서자료집』). 동포란 동 단위로 군포를 부담하는 것이다.

셋째, 환곡. 환곡이란 처음에는 어려운 처지의 농민을 구휼하기 위한 제도이자 유사시에 쓸 관곡을 신곡으로 교체하는 수단으로, 봄에 관청의 곡식을 빌려주었다가 가을에 약간의 이자를 붙여서 받아들이는 것이다. 그러던 것이 16~17세기 이후에 고리대가 되어 세금의 하나로 국가의 세입재원이 되고 말았다. 환곡이 관아의 재원이 되면서부터 굶주린 백성의 구휼과는 반대로 농민을 수탈하는 수단이 되어버렸다. 이자 수입을 늘리기 위해 정부에서는 원곡량과 그 종류를 증대시켰고, 그에 따라 그것을 취급하는 기관도 늘어났다.

그런데 관리들은 원곡의 이자를 불리고 개인 재산을 모으기 위하여 여러 가지로 불법을 저질렀는데, 3정 중에서 환곡의 폐해가 가장 심하다고 하였다. 그들은 늑대(勒貸)라 하여 필요 이상의 양을 강제로 빌려 주거나, 진분(盡分)이라 하여 반분(1/2을 창고에 두고, 1/2을 민간에 분급) 규정을 어기고 원곡을 전부 분급하기도 하여 농민들을 괴롭혔다. 또한 겨를 섞어서 1가마니를 2가마니로 늘려 빌려주거나, 곡가·전가의 차이를 이용하여 차익을 노리는 것도 큰 문제였다.

전라도에도 많은 환곡이 운영되었다. 원곡을 보관하는 창고가 고을 곳곳에 설립되었다. 19세기 사람 김정호가 쓴 『대동지지』를 보면, 전라도 창고가 전국에서 가장 많은 366개나 된다. 남원에는 동창(東倉), 서창(西倉), 구남창(舊南倉), 신남창(南南倉), 구북창(舊北倉), 신북창(新北倉), 산창(山倉) 등이 있었다. 이 이름은 오늘날 그곳 지명으로도 사용되고 있는데, 해남군 북평면 '남창리'가 그곳이다. 그리고 묵은 곡물을 신곡으로 바꾸는 것을 개색(改色)이라 하는데, 이를 전라도 사람들은 '새꺼리'라 하였고 이 말을 최근까지 곡물 이자놀이로 사용했다.

이처럼 3정의 문란은 농민들을 크게 괴롭혔다. 정부에서는 개선 방안을 강구하기도 하였지만, 근본적인 대책을 마련하지 못한 채 시간만 흐르고 말았다. 물산이 풍부하여 수탈의 여지가 많은 전라도 사정은 더욱 악화되고 있었다. 이에 조직적인 농민항쟁이 도래하지 않을 수 없었다.

3) 조세-전국 절반

광주 출신의 고봉 기대승은 1564년(명종 19) 전라감사로 내려가는 남궁침(南宮忱)에게 다음과 같은 시를 지어 주었다.

호남은 백제의 근거지라 / 湖南舊百濟
땅이 남쪽 변방까지 넓네 / 地蟠朱垠闊
물산이 많으니 얼아가 간사하고 / 物衆姦蘗芽
풍속이 흐리니 빼앗음이 포악하네 / 俗漓暴攘攷

권력층이 전라도에서 간사하고 포악하게 빼앗아 간다는 말로 해석된다.
왜 그랬을까? 충청·전라·경상도는 국용(國用)의 연수(淵藪)라는 말이 조
선시대 내내 나돌았다. 3도가 국가재정의 주 수입처라는 뜻이다. 삼남(三
南)은 조선왕조의 대들보였다.

그 가운데서도 전라·경상도가 가장 많은 세금을 국가에 납부했다. 1646
년(인조 24) 기록인데, 양남(兩南)에서 전체의 58%를 차지할 정도였다. 또
18세기 후반 정조 때에 편찬된 『부역실총』이라는 국가재정 수입장부를 보
면, 가장 많은 54만 냥을 전라도가, 그 다음으로 34만 냥을 경상도가 바쳤
다. 그래서 전부터 호남과 영남을 국가의 창고라고 불렀다.

그렇지만 전라도가 경상도보다 더 많은 세금을 부담했다. 그리하여 전
라도는 전국에서 나라에 가장 많은 세금을 바치는 곳이 되었다. 15세기 태
종 때 한 관리가 말했다.

"토지가 기름지고 조세(租稅)가 많음은 전라도만한 곳이 없습
니다."

우선 농토 보유지가 가장 많아서였다. 17세기 선조 때 "전결의 수는 전
라도가 40여 만 결이고, 경상도가 30여 만 결이며, 충청도가 27만 결인데"

라는 기사가 『실록』에 보인다. 시종일관 이런 수준이었다. 거기다가 전라도만한 곳이 없을 정도로 토지가 기름졌다. 전라도의 부유함은 조선 안에서 제일이었다. 흉년도 전라도를 병들게 하지 못할 정도였다. 그리하여 전라도는 곧 바로 국가 제일의 창고 역할을 했다. 이 사실은 중국 명나라 관리에게도 전달되었다. 정유재란이 한창인 1597년(선조 30) 9월 20일, 이 날은 명량대첩 4일 뒤다. 조선 정부에서 명나라 황제가 파견한 사신[흠차관]에게 보낸 외교문서에 "전라·경상 2도야말로 가장 중요한데, 경상도는 문호(門戶)이며 전라도는 부장(府藏)이기 때문입니다."고 적혀 있다. 경상도와 전라도의 역할 분담이 명확하게 제시되어 있다. 부장이란 국가 창고라는 말이다. 1744년(영조 20)에 임금이 호남 지방 백성들의 일에 대해 신하들에게 물었다. 그러자 참찬관 원경하(元景夏)가 말했다.

> "영남 지방의 70주는 절반이 왜인(倭人)들에게 미곡을 공급하므로, 나라의 쓰임은 오로지 호남에 달려있습니다."

경상도 세금은 절반 이상이 동래 왜관으로 보내어져 대일 외교비로 사용되었다. 평안·함경도 세금은 대중국 외교·국방비로 쓰기 위해 그곳에 모두를 그대로 두었다. 나라 살림이 전라도 한 곳만 처다 보고 있었다. 평안도 군량미가 부족하거나 황해도에 기근이 들면 전라도 곡물이 운송되었다. 이 점에 대해 성호 이익이 『성호사설』에서 말했다.

> "황해·평안도 부세는 대부분이 사신 접대에 소비되고, 그 나머지는 전포(錢布)로 바꾸어 쓸데없는 곳에 써버리며, 경상도 부세는 태반이 왜국의 구호곡으로 들어가고, 오직 서남의 부세만을 우리가 이용한다."

이러한 상황에서 전라도에 재해가 들어 작황이 여의치 않으면 온 나라가 흔들릴 지경이었다. 원경하가 임금에게 답한 '국용전재호남(國用專在湖南)'이란 말은 과언이 아니다.

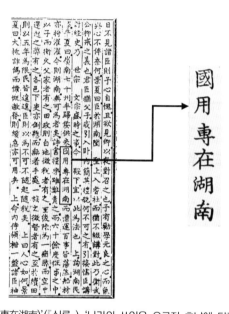

'국용전재호남(國用專在湖南)'(『실록』) '나라의 쓰임은 오로지 호남에 달려 있다'는 말이다.

이전부터 그러했지만, 조선왕조에 들어와서도 국가재원을 지역적으로 분배하는 성책이 이어졌다. 우선 국가 재무기관인 호조(戸曹)는 안전한 재원확보를 위해 자체 수입규모를 일정액으로 정해 놓았다. 그리고 그 수입의 50%를 쌀로 충당했다. 동전이 유통되어도 쌀 확보율 정책을 계속 유지했다. 서울 사람들의 쌀 수급과 군량미 확보를 위해서였다. 이에 호조는 필요한 쌀을 대부분 전라도를 통해 확보했다. 수송비용이 적게 드는 포목이나 동전으로의 납부도 전라도에 대해서는 가급적 가로 막았다. 전세미나

쌀 매입을 금지해 달라고 청원했다. 군수는 일체 금지시킨 후 그 결과를 보고하라고 면임에게 지시했다. 방곡령은 서울을 긴장시켰다. 당연히 방곡령은 중앙관료들에 의해 철퇴를 맞지 않을 수 없었다. 이래저래 전라도 사람들의 불만이 높아질 수밖에 없었다.

수확량이 많은 대농은 나락조(租)을 나락뒤주에 보관했다. 나락뒤주는 땅 위에서 한 자 가량의 높이에 마루를 만들고 별을 만든 후 그 안에 나무 상자를 차곡차곡 쌓아 곡갑을 만들고 볏짚으로 만든 이엉으로 둘러싼 후 지붕을 만든다. 작은 것은 개당 나락(벼) 20~30석, 큰 것은 50~60석을 저장할 수 있다. 밥을 하고 세금을 내기 위해서는 벼를 쌀로 도정해야 했다. 도정은 보통 절구통이나 디딜방아 및 연자방아를 이용했다. 연자방아란 한 사람은 말이나 소를 몰고 또 한 사람은 그 뒤를 따르며 곡식을 뒤집는데, 벼 한 가마 도정하는데 한 시간쯤 걸린다. 수원이 풍부한 산간 계곡에서는 수침(水砧, 물방아)이나 수륜침(水輪砧, 물레방아)을 이용했는데, 혼자서 벼 한가마를 한 시간에 도정했다. 어느 경우이건 간에 고된 노동이 필요했고, 벼를 도정하면 쌀은 절반 정도 나왔다.

도정 시설 가운데 규모가 커서 지역민들이 공동으로 이용하는 것으로 물방아와 물레방아가 있다. 이들을 설치하라고 조선의 태종 임금은 전국에 명한 바 있다. 미작 지대이기 때문에, 물방아와 물레방아가 전라도 곳곳에 발달했다. 석천 임억령은 순천 조계산에서 물 힘으로 스스로 방아를 찧는 물레방아를 보고 시로 읊은 바 있다. 1923년 작성『능주읍지』를 보면, 관내의 능주·도곡·도암·춘양·청풍·도림·송석·한천 등 8면에 수침 2곳과 수륜침 37곳이 있었다.

	능주면	도곡면	도암면	춘양면	청풍면	도림면	송석면	한천면	계
수침	1	1							2
수륜침	2	5	6	8	3	4	4	5	37

물레방아를 공동으로 관리하기 위한 '수침계(水砧契)'란 계가 있었고, 물레방아가 있던 마을을 '수침리'라 한 곳이 도내에 여럿 있었다. 홍수로 떠밀려가거나 큰 가뭄으로 물이 없어 무용지물이 된 때도 있었지만, 물레방아는 제법 돈벌이 수단이었다. 이용료를 너무 많이 거두어 농민항쟁 때 공격 대상이 된 물레방아 주인도 있었다. 그렇지만 물레방아도 개항 이후 발동기가 들어옴으로써 서서히 사라지게 되었다. 석탄을 때워 증기로 돌아가는 발동기 정미기가 인천에 처음 들어왔고, 그 이어 석유로 엔진을 돌리는 발동기 정미기가 들어옴으로써 물레방아는 옛 이야기 속에만 등장한다. 정미기에 의한 정미소는 양조장과 함께 지역 유지를 탄생하게 했다.

5) 고려 6조창, 조선 3조창

전라도는 세금을 1년간 얼마 냈을까? 이 물음에 대한 답은 중요하다. 왜냐하면 전라도가 국가경제에서 어떤 위상을 지니고 있었느냐와 관련된 것이기 때문이다.

고려 때 조창(漕倉)을 통해 수합된 민전의 조세는 개경 좌창(左倉)으로 운송되었다. 좌창에 들어오는 곡물은 1년에 14만 석 정도 되었다. 이것으로 좌창은 중앙 관원의 녹봉에 사용했다. 이 가운데 전라도 몫이 어느 정도 되었는지에 대해서는 자료 부재로 알 수 없다. 하지만 조창 분포를 보면 대략을 파악할 수 있다.

조세 운송을 위해 고려정부는 전국에 13개의 조창을 두었다. 그 가운데 전라도 지역에는 6개의 조창이 있었다. ①현재 군산시 성산면 창오리에 있었던 진성창, ②부안군 보안면 영전리에 있었던 안흥창, ③영광군 법성면 고법성에 있었던 부용창, ④나주시 삼영동에 있었던 해릉창, ⑤영암군 군서면 해창리에 있었던 장흥창, ⑥순천시 홍내동에 있었던 해룡창이 그것이다. 이들 조창에는 1천 석을 적재하는 조운선, 판관(判官)과 색전(色典)이라는 관리인, 선박과 창고를 운용하는 조군(漕軍)이 있었다. 이들은 당해년도 세곡을 11~12월에 수합하여 일단 조창에 보관해 두었다가, 이듬해 2월에 운송을 시작하여 가까운 곳은 4월까지, 먼 곳은 5월까지 경창에 납부해야 했다.

이상을 통해 고려 조창의 50% 가까이가 전라도에 있었음을 확인할 수 있다. 이는 국가 수입원의 중심지가 전라도에 있었음을 증명해 준다. 몽골과 항쟁하던 13세기 초에 강화도 임시수도에서 최자(崔滋)가 시로 말했다.

"장삿배와 조운선이, 만리에 돛을 이어, 묵직한 배 북쪽으로, 가벼운 돛대 남쪽으로"

물건 가득 실은 남쪽의 상선과 조운선이 북쪽 강화도로 올라와서 짐을 내리고, 가벼운 차림으로 내려간다는 말이다. 남쪽은 전라도일 가능성이 가장 높다. 전라도 조창 곡물은 기근 때 구휼곡으로 방출되었는데, 1348년(충목왕 4)에 전라도 창고의 미곡 1만 2천 석을 내어 굶주린 이들을 진휼하게 한 적이 있다.

풍부한 물산, 그리고 편리한 바닷길과 탁월한 항해·조선술 때문에 전라도 일대에는 세곡을 개경으로 운송하는 조창이 여섯 군데 설치되어 있었다. 조창은 국가가 지방에서 조세로 징수한 곡물을 선박을 통해 서울로 운송하는 조운제도에 의해서 설치된 국가 물류기지이다. 내전이나 외침으로 전라도 조창이 기능을 상실하면 고려정부는 어떻게 되었을까?

삼별초가 진도에 정부를 세우자, 개경으로 환도한 고려 정부는 재정난에 빠지고 말았다. 삼별초가 전라도 곳곳에서 조운선을 붙들어 갔기 때문이다. 회령군(현재 장흥)에서 4척, 목포(현재 나주)에서 13척의 조운선을 붙들어 갔다는 기사가 사서에 보인다. 전라도에서 개경으로 올라가는 세곡 8백 석을 삼별초가 차지했다는 기사도 있다. 이런 현상은 이후 고려말기에도 나타났다. 이때는 왜구들이 전라도 조창을 습격하고 조운선을 약탈했기 때문이다. 1350년(충정왕 2)에 왜선 1백여 척이 순천에 침입하여 남원, 구례, 영광, 장흥 소속의 조운선을 약탈해 갔다. 1354년(공민왕 3)에는 40여 척의 전라도 조운선을 왜구가 탈취해 간 적도 있었다. 조운선만 약탈한 것이 아니라, 조창까지 습격했다. 1358년(공민왕 7)에 왜구들이 검모포(현재 부안 곰소)에 침입하여 전라도 조운선을 불태웠다. 이때 왜구가 군산의 진성창에도 들어왔다. 20년 뒤에는 영광의 부용창과 순천의 해룡창까지 노략질을 당했다. 이로 인해 개경으로 세곡이 올라올 수가 없었다. 급기야 고려 정부는 관리들의 녹봉을 줄 수 없는 상황까지 이르고 말았다. 어쩌면 이런 재정난이 고려의 운명을 재촉했는가도 모른다.

고려의 조창도 고려왕조와 운명을 함께 했다. 그리하여 현재 전라도 안에 고려 조창 흔적은 거의 남아 있지 않다. 목포에 있는 국립해양문화재연구소가 2009년에 조사한 바를 보면, 단지 창터 추정지만 제시할 따름이다. 전면적인 발굴이 필요한 실정이다.

조선시대에 들어와서는 전라도의 1년간 조세가 대체로 7만 석이라는 기사와 전라도에서 1년에 조운(漕運)하는 것이 9만 석이라는 기사가 『태종실

록』에 보인다. 전라도의 조세는 풍년이 들면 10만여 석이 된다는『중종실
록』기사도 눈에 띈다. 종합하면 매년 8만 석 정도를 전라도는 서울에 보
내야 했다.

조선시대 전라도 조창

자료	운송	창고	소재지	지역
경국 대전	해운 (54읍)	덕성창	함열	
		법성포창	영광	
		영산창	나주	
속대전	육운 (1읍)			(1읍)
	해운 (52읍)	성당창	함열	고산, 금산, 남원, 용담, 운봉, 익산, 진안, 함열(8읍)
		군산창	옥구	금구, 옥구, 임실, 장수, 전주, 진안, 태인(7읍)
		법성창	영광	고창, 곡성, 광주, 담양, 동복, 순창, 영광, 옥과, 장성, 정읍, 창평, 화순(12읍)
		해창	각읍	강진, 고부, 광양, 김제, 나주, 낙안, 남평, 능주, 만경, 무안, 무장, 보성, 부안, 순천, 여산, 영암, 용안, 임피, 장흥, 진도, 함평, 해남, 흥덕, 흥양(25읍)

이를 운송하기 위해 전라도에는 세종 때의 경우 나주 목포에 영산창(榮山
倉)과 함열 피포에 덕성창(德成倉)이 각각 있었다. 영산창에는 강진, 고창,
고흥, 곡성, 광양, 나주, 낙안, 남평, 능성, 담양, 동복, 무안, 무장, 무진, 보성,
순천, 영광, 영암, 옥과, 장성, 장흥, 진원, 창평, 함평, 해진, 화순, 흥덕 등
27읍이 속해 있었다. 그리고 덕성창에는 고부, 고산, 구례, 금구, 금산, 김제,
남원, 만경, 무주, 부안, 순창, 여산, 옥구, 용담, 용안, 운봉, 익산, 임실, 임피,
장수, 전주, 정읍, 진산, 진안, 태인, 함열 등 26읍이 속해 있었다.

이 2조창 체제는 얼마 안가서 3조창 체제로 바뀌었다. 1472년(성종 3)에
영광에 법성창(法聖倉)이 신설되어서였다. 그리하여 1485년(성종 16)에 반
포된『경국대전』에는 함열 덕성창(조운선 63척), 영광 법성창(조운선 39

척), 나주 영산창(조운선 53척) 등 3개가 있었다. 이때 전국에는 해운창 4곳과 수운창 5곳 등 9개의 조창이 있었고, 조운선은 강선 71척과 해선 215척 등 모두 286척이었다. 이 가운데 전라도에는 조창의 1/3인 3개 조창이, 조운선의 54%인 155척이 있었다(당시 조운선의 법적 수명은 9년이었기 때문에, 전라도 조창에서는 매년 17.2척을 건조해야 했다). 조창과 조운선만 보더라도 조선 재정의 50%를 전라도가 담당한 셈이다. 실제 세곡량도 그러했다. 양란으로 농지가 감축된 인조 때의 조사에 의하면, 당시 전라도에서 납부하던 세곡은 4만 석으로 이는 총세액 8만 2척 석의 50%에 해당되는 것이다. 국가재정에서 차지하는 전라도 세곡의 비중이 크기 때문에, 조정에서는 전라도 세곡의 운송에 깊이 유의하고 전라도에 소재한 조창 경영에 깊은 관심을 보였다.

그런데 나주 영산창에서 출발한 조운선이 영광 칠산바다 암초와 뻘에 부딪혀 잦은 해난사고를 당했다. 사고를 막기 위해 1512년(중종 7)에 영산창을 혁파하고 법성창으로 이관하는 조치가 단행되고 말았다. 나주 쪽 사람들의 반발로 영산창이 복구된 적도 있었지만, 1632년(인조 10)에 영구히 폐지되고 말았다. 그러는 사이에 옥구 군산창을 신설했고, 덕성창을 성당창으로 개명했다.

이리하여 조선후기에는 성당창에 고산, 금산, 남원, 용담, 운봉, 익산, 진안, 함열 등 8읍이 소속되었고, 군산창에는 금구, 옥구, 임실, 장수, 전주, 진안, 태인 등 7읍이 소속되었고, 법성창에는 고창, 곡성, 광주, 담양, 동복, 순창, 영광, 옥과, 장성, 정읍, 창평, 화순 등 12읍이 소속되었다. 따라서 이들 27읍에서는 각자 세곡을 모아서 소속된 조창으로 보내야 했다. 그러면 조창에서 각기 거느리고 있는 선박과 뱃사공을 통해 서울로 보냈다. 조운선이 부족하면 병선이나 어선으로 보충하기도 했다.

세대동고 창고가 그려져 있는 만경 해창　　　세선이 그려져 있는 함평 해창

　　그러면 전라도의 전체 53읍 가운데 조운읍 27읍을 제외한 나머지 고을
은 어떻게 세곡을 납부했을까? 면포 육운읍 1읍을 제외한 나머지 강진, 고
부, 광양, 김제, 나주, 낙안, 남평, 능주, 만경, 무안, 무장, 보성, 부안, 순천,
여산, 영암, 용안, 임피, 장흥, 진도, 함평, 해남, 홍덕, 흥양 등 25읍은 각자
알아서 선박을 임대하여 직접 서울로 세곡을 보내야 했다. 바로 이 일을
수행하기 위해 이들 고을에서는 바닷가 포구에 해창(海倉)을 두었다. 해창
에는 배가 정박하는 선창, 세곡을 보관하는 창고, 세곡 수납을 감독하는 건
물 등이 있었다. 함평 해창의 경우 고지도에 건물이 묘사되어 있다. 현재도
해창이라는 지명은 곳곳에 남아 있다. 따라서 해창은 고을 단위의 국가 물
류기지였다. 이 해창도 간척지 공사로 대부분 매립되어 흔적마저 사라지고
논으로 변해 언제 그런 일이 있었느냐 식으로 이름만이 우리 곁에 있다.

6) 군산항-쌀 수탈장

　　1876년 개항 이후 부산과 인천을 통한 쌀과 콩의 대일 수출이 꾸준한
증가세를 보였다. 쌀의 경우 전라도가 부산항 수출미의 7할을 차지했고,
나머지 3할을 경상도가 차지했다. 인천에서 수출된 미곡은 황해도 산이 거

의 반을 차지했고, 나머지는 충청도·전라도·경기도 산출미였다. 그런데 1897년 목포 개항과 1899년 군산 개항 이후에는 사정이 완전 바뀌었다. 목포와 군산 개항 이후 '목포의 면화', '군산의 쌀'이라는 말이 널리 통용되었다. 전라남도 일대의 면화 생산과 전라북도를 중심으로 전라도 전역을 포괄하는 쌀 생산은 전라도 농업생산의 중요한 특징을 이루었다.

일제는 자국 식량을 해결하기 위해 한반도 서부지역의 만경강, 금강 일대 평야지대를 주목했다. 이 평야지대의 전주, 김제, 익산에서 생산된 쌀은 군산항을 통해 일본의 오사카, 고베로 이송되었다. 군산항으로의 쌀 수집을 위해 일제는 전라도에 호남선, 전라선, 군산선 철도를 부설했는데, 10여 채 집만 있던 조그만 마을에 이리역을 두어 세 노선이 교차하는 중심지로 만들었다. 목포~법성포~줄포~군산 뱃길이 새로 열리고, '전군가도'라는 전주~군산 도로와 금강 뱃길이 보강되었다. 수집된 나락의 경우 일본인이 세운 정미소에서 조선인 종업원에 의해 도정되었다. 미곡 창고가 들어서 쌀을 보관했다.

그리고 일본으로의 쌀 이송을 위해 일제는 군산항을 출발하여 부산항을 거쳐 오사카나 고베를 오가는 선박을 운행했다. 군산항에는 국내는 물론이고 대자본을 지닌 일본의 미곡상도 대거 들어와 있었다. 미곡 검사소가 설립되어 합격 판정을 받은 쌀만을 실어갔다. 1910년대 말 조선미 수출 가운데 군산미가 차지하는 비중은 24% 정도였다. '군산미곡상조합'이 1922년에 일본인 51명과 조선인 14명 등 65명으로 조직되어 미가를 조정하는 등 미곡 시장을 통제했다. 1932년에는 군산에 미곡거래소가 인가되어 미곡 시장은 더욱 더 일제를 위해 통제되었다. 그 결과 일본으로 나가는 쌀은 나날이 증가하여 1934년에는 군산미 수출량이 200만 석을 돌파하여 군산은 조선 제일의 미곡 수출항이 되었다. 조선미는 일본 국민을 위한 밥용 외에 양조용이나 사료용으로 그리고 구미로의 재수출도 되었다. 그리하여 군산항은 '쌀의 군산'으로 알려지게 되었다. 흉년이 들어도 일본으로 쌀은 계속 실려 갔고, 대신 값싼 태국·베트남 쌀이나 만주 잡곡이 수입되어 보급되었다. 좋은 쌀은 일본으로 실려 나가고 미곡 검사에서 하등 판정을 받은 쌀이 국내에 보급되었던 것도 문제였다. 더 나아가 일본으로 실려 나가는 것을 '수출'이라고 할 것인가 아니면 '유출' 또는 '수탈'이라고 할 것인가도 관심사다. 이 점에 대해 일부 학자들은 돈을 주고 사서 가져갔기 때문에 '수출'이라 해야 한다고 하지만, 많은 학자들은 그러기는 하지만 그 자체가 권력과 폭력 및 금력을 이용한 불공정한 행위이기 때문에 '유출' 또는 '수탈'이라 해야 한다고 한다.

조창과 예술공연

　조창이나 해창이 열리면 각지에서 세곡을 가지고 온 사람과 배를 운항할 사람들로 붐볐다. 무사항해를 기원하는 해신제도 열리어 무당이나 광대도 왔다. 그런 사람들을 상대로 한 유흥업도 성황을 이뤘다. 올라가는 전라도 세곡이 국가재정에서 가장 큰 비중을 차지했으며, 서울 도시민들의 식량도 이것으로 조달되었다. 중간에 해난사고를 당해 제 때 서울에 곡식이 들어오지 않으면 비상이 걸리었다. 그래서 해난사고가 발생하면 그 고을 관리와 경유지 관리가 처벌을 받았다. 그래서 무사항해를 비는 해신제가 성대하게 열리었다.

　법성포의 조운선은 해마다 3월에 출발하여 한 달 남짓 걸려서 서울 마포나 용산에 닿았다. 세곡 하역 후 빈 배는 서울 상품을 싣고 돌아왔다. 돌아오면 5월 단오 무렵이 되었다. 그때 굴비도 나왔다. 도내 각지 사람들이 외지 상품과 굴비를 입수하러 다시 법성포에 몰렸다. 이때를 잡아 축제를 열었으니, 그것이 '법성포 단오제'였다. 일제 때에 폐지되었다가, 최근에 다시 열리고 있다. 이처럼 조창은 공연예술의 중심지 역할을 겸했던 것이다.

5. 농민, 수탈에 저항하다.

곡식이 흔하기 때문에 강호(强豪)들이 재물을 모으기가 쉬워서, 좋은 옷에 좋은 말 탄 호족(豪族)들이 곳곳에서 거드름을 피우며 약한 백성을 괴롭히지만, 관에서도 금할 수 없는 상대가 더러 있다. 그러므로 객호(客戶)를 고용하여 제 멋대로 종이라 칭하고, 갓 쓰고 도포 입고서 선비인 체하여 군역에서 빠진 자가 3분의 2나 된다. 〈『성호사설』〉

전라도 토호에 대한 이야기이다. 부자들 가운데 호사스런 생활을 하면서 약자들을 함부로 여긴 이가 있었다는 말이다. 이런 사람은 어디나 있지만, 유독 전라도에 많았다는 뜻으로 성호 이익(李瀷, 1681~1763)이 말했음에 분명하다. 그러면 약자들은 어떻게 대응했을까? 하나씩 알아보도록 하겠다.

1) 명화적-불을 지르다

토지소유의 불평등을 해소하기 위해 이성계를 따르는 신진 사대부들은 고려를 무너트리고 조선을 건국했다. 조선 왕조는 과전법(科田法)을 통해 '경자유전(耕者有田)' 원칙을 실현하려고 했다. 하지만 16세기 이후 지주제가 발달하면서 토지가 없는 농민이 많아지게 되었다. 18세기 이후에는 조세 행정마저 문란해지면서 농민들은 세금 수탈로 어려운 삶을 살게 되었다. 여기에 전라도 또한 예외일 수가 없었다.

정약용이 임금에게 올린 상소에 따르면, 전라도 풍속은 조세와 종자를 모두 소작인이 내고 있었다. 부자인 땅 주인이 내야 하는 세금마저 가난한 소작인이 내고 있었던 것이다. 그래서 그는 이런 풍속은 마땅히 금지되어야 한다고 생각했다. 수확의 절반을 지주가 가져가고, 남은 절반 가운데 종자와 조세를 제하고 나면 남은 것이 얼마 되지 않기 때문이었다.

토지 소유 현황도 문제였다. 정약용의 글에 의하면, 18세기말~19세기초 전라도는 지주 5%, 자작농 25%, 소작농 70%에 이르렀다. 이 통계는 토지 소유의 불균형이 매우 심하다는 말이다. 그러면서 정약용은 이를 뜯어고쳐 공평하게 하면 다음과 같은 일이 벌어질 것이라고 했다.

> "70%는 모두 뛰면서 손뼉을 치며 좋아할 것이고, 25%는 즐거움과 괴로움이 상관되지 않을 것이나 인정(人情)은 가득한 것을 미워하여 대체로 부자를 꺼리고 가난한 자를 구휼하려는 것이니, 역시 즐거워하는 쪽에 속할 것이요, 슬퍼하며 즐거워하지 않는 자는 5%에 불과할 뿐입니다."

따라서 5%가 슬퍼하는 것을 두려워하여, 95%가 손뼉을 치며 좋아할 정치를 펴지 않는다면, 누가 임금이 조화의 잣대를 가졌다고 말할 수 있겠느냐고 정약용은 말했다. 하지만 상황은 개선되지 않고 오히려 심화되고 있었다. 1909년 『황성신문』 기사를 보면, 전라도 양반 가운데 토지가 없는 자가 78.5%나 되었고, 향리 가운데 무토자가 94.3%나 되었다. 그동안 지역 유지 행세를 해 온 양반과 향리가 이런 상황이었으니, 일반 농민들은 말할 필요가 없었다.

이런 상황에서 1년 농사를 지어도 세금을 내고 나면 남는 것이 없을 정도였다. 농사를 지어도 세금마저 낼 수 없는 농민들도 많았다. 세금을 내지 않으면, '승냥이 같은' 향리들이 찾아와서 솥을 뜯어가거나 소를 끌고 갔다.

이런 현상을 학자들은 '삼정의 문란'이라고 한다. 기초 생활이 어려운 농민들은 먹을 것을 찾아서 떠돌아다니거나 세금을 못 내겠다고 저항을 했다. 떠돌아다니는 사람들은 수십 명 단위로 집단을 만들어 남의 재물을 빼앗았다. 빼앗을 때 횃불을 들고 다녔기 때문에, 그들을 명화적(明火賊)이라고 한다. 명화적은 무기까지 들고 다니면서 지나가는 행인은 물론이고 부자집 안방까지 쳐들어가서 주인을 결박하고 재물을 가져갔다. 이로 인해 도로가 끊기고 장시가 텅 비기도 했다. 명화적은 경기도가 심한 편이었지만, 전라도에도 출몰하고 있었다. 변산 주변의 부안·정읍·장성·무장·흥덕, 월출산 주변, 그리고 서남해 도서 지역이 피해가 심했다. 1727년(영조 3)에 영의정 이광좌가 말했다.

> "호남의 유민이 모여서 도적의 무리가 되는데, 하나는 변산에 있고 다른 하나는 월출산에 있는데도 관군이 이들을 체포하지 못합니다."

조선의 세금 부담은 지역에 따라 매우 차별적이었다. 정부가 세금을 가장 심하게 수탈한 지역은 단연 전라도였다. 작황이 비교적 좋았던 해에도 세금이 많았지만, 흉작이 들었던 해에는 수확량의 절반 이상이 세금이었으니 남의 땅을 빌려 짓는 작인(作人)들의 경우 지대(地代)를 내고 나면 남는 것이 거의 없을 지경이었다. 전라도 경제가 19세기에 걸쳐 깊이 침체한 것은 중앙정부의 가혹한 수탈이 가장 중요한 원인이 되었다. 이는 민란과 동학농민운동 및 의병 항쟁으로 이어졌다. 민란과 동학농민운동은 뒤에서 자세히 다룰 것이니 의병만 잠깐 말하겠다.

한말 항일 의병들은 전국 도처에서 빈번하게 세금 담당자에 대한 공격을 감행하며 세금을 탈취했다. 일제가 을사조약을 체결하고 통감정치를 실시하면서 강제적으로 세금을 올리고 거두었기 때문이다. 그래서 의병 항쟁은 민족적 저항이면서 생존권 수호전이었는데, 세금의 액수와 기한을 결정하는 재무서원과 세무원 그리고 세금의 부과와 징수를 실행하는 면장과 공전영수원이 공격을 당할 수밖에 없었다. 이 가운데 납세자와 직접 접촉하는 면장과 공전영수원이 일제의 말단관리로 인식되어 주로 공격을 받았다. 담당자 공격과 세금 탈취에 대한 현황을 보면, 전라도가 압도적으로 많았다. 이는 전라도 지역의 높은 저항의식과 함께 전라도 지역이 강도 높은 수탈에 노출되어 있었음을 반영한다.

생활이 어려운 농민들은 고향을 떠나 산간지역을 떠돌며 명화적이 되기도 하였다. 임술농민항쟁(1862)을 전후해서 활발해지기 시작하더니 1880년대에 이르면 전국적으로 없는 곳이 없을 정도로 명화적의 출몰은 빈번하였다. 이들은 대개 30~40명, 또는 수백 명을 단위로 해서 출몰하여 지주, 여각 및 객주, 장시를 습격하거나 운반 중인 세금을 약탈하였다. 특히 삼남지방에서 활발하였는데 다음의 기록이 참고된다.

"영남과 호남의 산골 사이에 많은 도적들이 벌과 개미떼 같이 모여서 주둔하고 있는데, 이들은 마을에 횡행하며 화기를 휴대하고 상납전곡을 대낮에 약탈한다. 또 부촌부민에 격문을 보내서 강탈하면서 왜를 토벌하기 위해 의거한 것이라고 칭한다. 반역을 가리켜 충성됨이라 지껄인 것이다. 관리와 백성들은 태연하여 근심스러운 것으로 여기지 않고, 수령은 두려워하여 감히 체포하려 하지 않으니 적의 기세를 키워주어 드디어 이를 제재할 수가 없게 되었다."

따라서 전라도에서도 명화적의 출몰이 매우 활발하였고, 그 기세가 충천되어 있었음을 짐작할 수 있다.

2) 1862년-민란이 일어나다

19세기 들어 순조 · 헌종 · 철종이 어린 나이에 즉위함으로써 왕권이 약화되자, 노론 출신의 외척이 정권을 독단하는 세도정치(勢道政治)가 시작되었다. 그러한 세도정치 아래에서 정치기강과 수취체제는 날로 문란해져, 농촌사회는 더욱 피폐해지고 있었다. 더욱이 빈번한 자연재해와 전염병은 농민들의 어려움을 가중시키었다.

농촌사회가 황폐화되어 가는 가운데 농민들의 정치 · 사회적 의식은 신장되어 갔다. 그 결과 농민들은 잘못된 현실에 대하여 반발하기 시작하거나, 미륵신앙 · 정감록을 신봉 · 전파하며 민심을 자극하기도 하였다. 이러한 농민층의 저항은 마침내 민란(民亂)으로 발전하였다. 19세기 초에 인동, 단천, 북청, 개성, 춘천, 가천, 제주도, 용인, 전주, 서울, 경주 등지에서 농민항쟁이 계속적으로 이어졌다. 그 가운데 1811년(순조 11)에 평안도에서 일어난 홍경래(洪景來)의 난이 가장 대표적인 것이었다. 홍경래의 난은 4개월 만에 진압되었지만, 세도정치하에서 신음하던 농민층을 크게 깨우쳤다. 이제 민란은 전국적으로 확대될 수밖에 없었다.

전국적인 농민항쟁은 1862년(철종 13) 2월의 진주민란(晉州民亂)을 시발로 전국 70여 군현으로 확산되었다. 이를 '1862년 농민항쟁' 또는 임술민란(壬戌民亂)이나 임술농민항쟁(壬戌農民抗爭)이라 한다.

농민항쟁은 군현별 분산 투쟁이었기에, 지역에 따라 발생 원인이나 항쟁 주체 등에 약간의 차이가 나고 있었다. 그렇지만 대체로 삼정(三政)의 문란과 지주·작인이나 부농·빈농의 경제적·신분적 대립을 원인으로 하여 발생하였고, 다수의 소민·빈민층이 참가하고 일부의 부민·양반층이 주도하는 양상을 띠었다. 정부에서는 무력을 사용하여 강경하게 토벌하기도 하였지만, 선무사·안핵사를 파견하여 농민들의 요구 조건을 일부 수락하거나 문제를 일으킨 수령·향리들을 파직·유배시켰고, 또는 포탈한 조세를 환수하여 민심을 진정시키기도 하였다. 곧이어 삼정이정청(三政釐整廳)을 두고, 삼정이정절목(三政釐整節目)을 제정·공포하여 삼정의 운영방법을 개선하려 하였다. 그러한 개선책은 농민의 부담을 어느 정도 덜어주려는 것이었을 뿐, 삼정 자체의 본질적인 해결책은 아니었으며, 그나마 보수층의 반발로 곧 백지화되어 사회경제적 모순은 더욱 심화되고 농민들의 항쟁은 계속되지 않을 수 없었다.

1862년에 일어난 농민항쟁은 조선사회의 봉건적 모순이 노골화되는 과정에서 농민들이 변혁을 위해 일어선 반봉건항쟁이었다. 그렇지만 봉건권력 자체를 부정하는 전국적인 체제투쟁은 아니어서 지주제의 해체나 신분제의 폐지 등 봉건체제의 타파나 근대적 변혁을 시도하지는 못하였다. 그렇다 할지라도 그러한 농민항쟁을 통하여 농민층이 사회변혁의 주체세력으로 성장해 나갈 수 있었던 것은 큰 의미가 있다고 평가할 수 있다.

전라도에서는 3월 27일 익산을 필두로 하여 4월과 5월에 걸쳐 집중적으로 발생했다. 전체 53개 고을 가운데 38개 고을에서 민란이 일어났다. 참고로 경상도에서는 18개 고을에서, 충청도에서는 12개 고을에서 농민항쟁이 발생했다. 전라도에서 가장 많은 봉기 사례가 나타난다. 이는 전라도 지역에서 첨예한 계층간 대립과 국가의 수탈이 보다 격심하게 전개되었음을 보여준다. 그 중에서 함평의 농민항쟁이 가장 대표적이었는데, 그것을 자세히 알아보도록 하자.

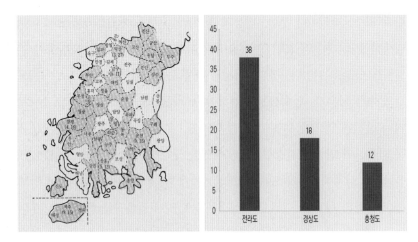

1862년 전라도내 농민항쟁 발생지역　　　　삼남지역 농민항쟁 발생지역

　　함평 농민들은 전면 봉기에 앞서, '폐막(弊瘼) 10조'와 수령·관속의 부정 사실을 관찰사에게 보낼 것을 결정하였다. 그것을 각 면별로 면회(面會)를 개최하여 토의하였을 뿐만 아니라, 향교 부근에서 전 면민이 참가하는 도회(都會)를 열어 다시 논의하고 마침내 추인받았다. 여기서 우두머리 향리 이방헌이 가담하여 수령의 부정비리를 폭로하였고, 상인 출신인 주동자 정한순은 자신들의 행위가 보국안민(輔國安民)에 있음을 밝혀 투쟁의식을 공고히 하였다. 도회에서 대표자들이 서명한 소장을 감영에 보냈으나, 감영의 조치는 형식적이었을 뿐더러 소장에 서명한 자들을 무고죄로 체포하여 처벌하려 하였다. 대표자들은 급히 피신하여 위기를 모면할 수 있었다.

　　이에 함평 농민들은 각 면에 통문을 돌려 4월 16일 적촌리 장시에 수천 명이 집결하였다. 이들은 훈장과 면임의 인솔하에 면 이름을 쓴 깃발을 앞세우고 죽창이나 작대기로 무장하고 있었다. 이어 일제히 환호성을 지르며 읍내로 진격하여 조세와 소작료 수탈에 앞장선 토호 김상원과 이완헌, 좌수 장채성, 호장 이희경, 이방 이흥원, 아전 모관진, 기타 지주·부민의 집을 습격하여 방화하고 그들을 구타하였다. 그리고 동헌을 공격하여 현감과 관속을 난타하고, 각종 장부를 탈취하고, 포교를 구금하고, 감옥을 열어 죄수를 석방하였다. 오후에 관인을 접수하고 현감을 무안 경계로 추방해 버렸다(수령이 경계선 밖으로 추방되면 직권을 상실하였다). 읍내와 동헌의 공격에 성공한 농민군들은 그날 밤 본거지인 향교로 돌아왔다.

농민군들은 현감·관속을 추방·구금하고 함평의 읍정(邑政)을 장악하였다. 그들은 향교를 자치소로 삼아 동헌과 각 면을 오가며 순찰활동을 폈으며, 중앙에서 파견된 조사관을 감시하였을 뿐만 아니라, 잔존 이서들을 지휘하여 조사활동을 독려하기까지 하였다. 그와 함께 악질인사들로부터 인수한 곡물과 부민들이 헌납한 곡식을 향교로 운반하여 장기전에 대비하였다. 이러한 일련의 조치는 출동명령을 받은 진압군이 아직 접근하지 않고 신임장을 받은 수령이 타지에 머무르며 도착하지 않은 상황에서, 주도계층의 지도력과 일반농민들의 결속력을 바탕으로 일사불란하게 진행되었다. 이 모든 것들이 '장군'으로 호칭되는 정한순의 지휘통솔로 이루어지고 있었다.

사태를 조사하기 위해 이정현이 안핵사로 파견되어 전라감영의 우영장과 함께 5월 6일에 함평에 도착하였다. 선무사 조구하도 5월 7일에 전주를 출발하여 함평으로 향하였다. 이정현은 함평에 오자마자 농민군과 접촉하면서 선무활동을 계속 추진하였다. 이러한 상황에서 5월 10일에 수천 명의 농민군들은 깃발과 창을 든 채 관청으로 나갔다. 그리고 정한순은 안핵사에게 스스로 자수하였다.

떳떳하게 자수 의사를 밝힌 정한순은 함평현의 비리를 모은 '10조 앙진(仰陳)'을 안핵사에게 제시하고, 그것을 시정해 주기를 간곡히 부탁하였다('10조앙진'에는 과다한 결세, 환곡, 군역세, 저채, 잡세 징수 등의 폐단이

제시). 이렇게 하여 한 달 가량 지속된 함평 농민항쟁은 일단락되었다. 정부에서는 지도부 22명을 체포하여 교수형에 처하거나 투옥하거나 유배형에 처하였다. 반면에 회유책으로 현감과 관속들을 부정혐의나 직무유기혐의로 처벌하면서, 늑탈한 고리대를 환급하도록 지시하기도 하였다. 이듬해인 1863년에 서울에서 장기형이라는 사람이 "호남에서 민요를 일으킨 정한순이 필경 장구대진할 것이다."라는 유언비어를 퍼트린 죄로 체포된 일이 있었다. 함평 농민항쟁과 그것을 주도한 정한순의 위상을 가히 짐작해 볼만하다.

3) 1869년-병란이 일어나다

임술농민항쟁의 여진이 채 가시기 전인 1863년에 철종이 후사없이 죽고 고종이 즉위하자 그의 아버지 흥선대원군 이하응이 권좌의 핵심으로 등장하였다. 대원군은 과감한 정치를 단행하여 여러 분야에 걸친 개혁을 추진하였다. 호포제(戶布制)를 실시하여 양반들에게도 군포를 부과하고, 환곡제를 개편하여 사창(社倉)을 두었을 뿐만 아니라, 탐관오리들을 적발하여 처벌하기도 하였다. 이러한 노력은 일시적인 효과만을 거두었을 뿐 수취제도의 모순을 근본적으로 해결하지는 못하였다.

반면에 대원군은 경복궁 중건 비용을 충당하기 위하여 원납전을 거두어 농민들의 부담을 추가하였다. 또 두 차례의 양요(洋擾)로 인한 군사비용을 보충하기 위하여 각종 세금을 새로이 징수하였다. 거기다가 재정확보를 위해 상평통보의 100배에 달하는 당백전(當百錢)을 주조하여 경제혼란을 초래하고 말았다. 이로 인하여 농민층의 생활은 더욱 어려워질 수밖에 없었다.

개항(1876) 이후 일본과 청의 상인들이 상업활동을 본격적으로 펼치면서 농촌경제가 피폐해져 갔다. 영국의 면제품이나 자국의 공산품을 대량 유포시켜 막대한 이익을 누리면서 우리의 농가수공업을 몰락하게 하였다. 반면에 일본에 대한 조선의 수출품은 미곡이 30% 이상을 차지하였는데, 일본 상인들은 농민들의 가난한 형편을 이용하여 입도선매나 고리대의 방법으로 곡물을 사들여 폭리를 취하니, 농민들은 심대한 타격을 받게 되었다. 과도한 식량 유출로 곡가가 폭등하여 도시 빈민층의 생계에 위협을 주기도 하였다.

19세기 후반 전라도에서도 조직적인 농민항쟁이 일어나게 된다. 대표적인 것으로는 1869년의 광양, 1883년의 완도 가리포, 1889년의 광양, 1890년의 나주에서 일어난 농민항쟁 등이 있다. 이 중에서 광양농민항쟁이 가장 대표적이었으니 이를 소개하면 다음과 같다.

강진 병영에서 병란(兵亂)이 도모되었으나 도중에 악천후로 중단되었다. 그 주도세력들이 다음해 1869년(고종 6)에 광양(光陽)에서 드디어 농민항쟁을 일으키게 된다. 3월 23일 밤, 하얀 두건을 쓴 70여 명의 무리가 총포를 쏘면서 동문으로 들어가서 군기고를 헐고 무기를 꺼내어 무장을 하고, 동헌으로 들어가 현감 윤영신을 위협하여 인부(印符)를 탈취하려 하였다. 현감이 내어줄 수 없다고 버티어 탈취하지는 못하였지만, 그 과정에서 민가 25호가 불타버렸다. 성 안의 주민들을 무장시켜 군사로 삼으니 그 수가 300여 명에 이르렀다. 창고를 열어 곡식을 백성들에게 나누어주고 나머지는 비축하였다. 지도부는 백성들을 살해하거나 재물을 약탈하는 자는 무거운 벌을 받을 것이라고 천명하여 성 안의 질서를 잡았다. 8도에서 수만의 병사가 호응할 것이며, 영남에서 70여 명이 오기로 되어 있다고 호언장담하기도 하였다.

광양항쟁의 주동자는 민회행, 강명좌, 전찬문, 이재문, 권학녀, 김문도 등이었다. 이들은 전년에 수포로 돌아간 강진병란을 계획하였던 인물들로서 몰락양반이나 중인층 또는 비판적 지식인이었던 것 같다. 이들 가운데

민회행(閔晦行)이 주동자였다. 그는 광양출신으로 젊어서 의술을 배웠으며, 영·호남 여러 지역을 돌아다니며 동지를 모았다. 이들은 구례의 강명좌 집에서 모여 계획을 세웠다. 그에 따라 전찬문 등이 돈과 곡식을 내고 그것으로 범선 2척을 구입하였고, 한경삼이 광주·나주 등지에서 탄약 20근을 매입하였다. 하동의 섬진 장시에 모여 준비한 범선 2척을 타고 장사를 가장하여 섬진강을 내왕하며 일당을 모았다. 일당이 70여 인에 이르자 순천의 우손도라는 섬으로 들어가 소를 잡아 서로 위로하고, 갑주와 죽창을 제조하고, 산제(山祭)를 올려 항쟁이 순조롭게 진행되기를 기원하였다. 준비를 마친 이들은 마침내 광양읍성을 공격하여 점령하였던 것이다.

나중에 체포되어 문초를 받을 때에 민회행은 진주항쟁을 본떠서 읍폐(邑弊)를 바로 잡는 데에 그 목적이 있다고 답하였다. 그러나 그가 전년에 강진 병영을 점령하려던 병란을 도모하였고, 한 지방적 차원을 넘어 각지에서 구원군이 온다고 하여 연합적 항쟁을 계획하였던 점으로 보아 그의 말을 그대로 믿기는 어렵다. 그의 거사 목적과 관련하여 광양, 강진, 남원, 구례 등지에 거주하는 자들을 규합하여 치밀한 계획과 준비를 거쳐 병사로 양성하였던 점이 주목된다. 이들의 거사는 철종조 이래의 일반적 민란(民亂)이라기보다는 처음부터 장기적 투쟁을 위해 조직된 계획적인 병란의 성격을 띤 일종의 무장봉기였던 것이다. 이러한 무장 투쟁적 성격은 나중에 동학농민운동으로 확대·계승되었다.

외부의 구원군이 오기도 전 25일 밤에, 현감 윤영신이 경비가 허술한 틈을 타서 빠져나가 수천 명의 토벌대를 조직하여 반격에 나섰다. 민회행이 지휘하는 농민군은 숫적인 열세로 참패하여 읍성은 함락되고 봉기군은 대부분 체포되고 말았다. 정부에서는 병영과 진영의 군졸들을 파견하여 나머지 무리를 소탕하게 하였고, 영광군수를 안핵사로 파견하여 사후 처리를 하도록 하였다. 이로써 광양항쟁은 3일 만에 실패로 끝나고, 그 주동자들은 혹형을 당하고 말았다.

1년 지난 1870년 5월에 '토평사적비(討平事蹟碑)'가 세워졌다. 비문은 노사 기정진(奇正鎭)이 썼고, 진압에 공을 세운 현감 윤영신의 활동과 읍민에 대한 진압과정이 적혀 있다. 그 옆에 내용은 비슷하지만 향리들이 세운 '수반토평비(首班討平碑)'가 서 있다. 현재 모두 광양의 유당공원에 있다.

20년이 지난 1889년에 광양 농민들은 다시 항쟁을 펼치게 된다. 전라감사의 보고에 의하면, 주민들이 모여 관청을 부수고 현감을 내쫓았으며, 또한 공금을 탈취하고 민가를 파괴하였다. 보고에 접한 조정에서는 나주 목사 김규식을 안핵사로 파견하여 난의 이유를 알아내고 주모자를 효수한 후 보고하라고 하였다. 안핵사는 이방 백지홍(白智洪)이 그의 형을 좌수로 앉히려 하였고 공금을 축내어 주민들의 원성을 샀다고 보고하였다. 그러한 보고에 따라 정부에서는 백지홍을 엄형에 가한 후 섬으로 유배를 보내었다. 그리고 봉기를 주도한 박창규를 효수형에 처하였고, 봉기를 막지 못한 죄로 좌수와 호장을 처벌하였다. 이로써 광양농민항쟁은 일단락되고, 동학농민운동(1894)을 기다리게 되었다.

토평사석비(광양). 글은 기정진이 지었고, 민란의 원인과 진압 과정이 적혀 있다.

4) 대기근-10년 민란

전라도 지역이 1876년 모내기를 거의 못할 정도의 가뭄으로 큰 흉작을 겪었다. 1877년에는 물난리로 큰 피해를 입었다. 연이은 두 차례 흉작으로 많은 토지가 황무지가 되고 농민들이 극도로 빈궁하게 되었다. 묵은 밭이 미처 개간되기도 전인 1886년과 1888년에 또 다시 큰 흉작을 당하고 말았다.

나주 지역도 그러했다. 사람이 줄어들고 황무지가 늘어났다. 개간되지 않은 묵은 밭이 2천 6백 결이라는 기사와 밀린 세금이 적지 않다는 기사도 보인다. 꾸준히 올라가던 논 값이 이 기간 사이에 급락 현상을 보였다. 마지기당 34냥까지 올랐다가 그 1/3인 10냥으로 폭락했던 것이다. 정부는 민생 회복을 위해 세금을 일정 기간 면제하는 조치를 취해주었다. 그런데 상급기관에서는 나주목에 각종 세금을 빨리 납부하도록 독촉하였다. 이에 나주목에서는 각종 명목으로 세금을 거두어들이게 되었다. 여기에는 나주 목사와 향리들의 농간도 개입되어 있었다. 주민들은 견디기 어려운 고통을 호소하기에 이르렀다. 1862년에 삼남을 휩쓸었던 민란은 이후 10여 년간 소강상태를 보였으나, 개항 이후 다시 일어나기 시작했고, 1890년대에는 민란이 일어나지 않은 고을이 없다고 할 정도로 빈번하게 발생했다. 특히 나주에서는 1880년대에 들어 '나주 민란 10년'이라고 표현될 정도로 민란이 잦았고, 1889년부터는 3년 동안 계속하여 민란이 일어났다.

1889년에 일어난 민란의 단서를 제공한 자는 당시 영장(營將) 정동현이었다. 그는 향리와 짜고 세금을 빼돌렸고 내지 않으면 매질을 가하는 등의 학정을 저질렀다. 이에 견디지 못한 주민들이 들고 일어났는데, 가담한 곳이 38면에 이른다고 하였다. 당시 나주 면이 38개였으니 나주 전체에서 일어난 대규모 민란이었음을 알 수 있다. 영장과 향리들의 부정부패는 민란 이후에도 쉽게 해결되지 않았다. 후임 영장 남석린도 "겉으로는 강명하다고 일컬어지고 있었으나 실제로는 일을 종합적으로 판단하여 처리하는 능력이 부족하였다. 이에 따라 향리들에게 속임을 당하여 비방이 집중되었고, 송사가 연기되고 개혁이 정지되는" 폐단을 불러 일으켰다.

이러한 관리들의 부패와 무능으로 1891년에는 대규모 민란이 일어나 장기간 지속되었다. 민란의 원인은 목사의 무능과 부패, 향리의 농간이었다. 특히 향리 고제운은 목사를 꼬드겨 규정 외의 세금을 거두어들이고 횡령한 쌀이 5~6만 석에 이르렀다. 이에 따라 주민들 모두가 원한을 품게 되었다. 민란을 주도한 사람은 나태운과 그의 아들 나승만, 유치우, 유명관 등이었다. 이들은 주민들을 모아 민폐 개혁을 주장하며 관아를 쳐들어가 목사를 위협했다. 이들은 종이로 깃발을 만들고 대나무를 깎아 죽창을 만들어 무장하였으며, 북을 두드려 주민들을 불러 모았고, 나팔을 불며 위세를 과시했다. 그리하여 민란에 가담한 사람이 천여 명에 이르렀다. 회비를 거두어 투쟁 자금도 마련했다. 농민군의 위세가 이렇게 대단하자 관에서는 방관만 하고 있었다.

7월에 암행어사 이면상이 그 소문을 듣고 달려가 세 차례나 면담한 뒤 겨우 해산하기 시작했다. 그런데 불과 며칠 후 민란이 다시 일어났다. 난민들은 창으로 무장하고 관청에 쳐들어가서 목사를 위협하여 향임과 향리를 새로이 임명하였고, 각종 장부를 조사하였으며, 규정을 다시 만들기도 했다. 이에 따라 암행어사 이면상이 10월에 다시 나주로 가서 직접 민란을 진압한 뒤에야 난민들을 해산시킬 수 있었다. 봉기군이 죽창, 깃발, 나팔, 북 등으로 세력을 규합하거나 과시한 점은 민란이 매우 조직적으로 준비되고 있었음을 보여준다. 그리고 회비를 거두고, 향임·향리를 선임하고, 장부를 조사하고, 규정을 제정한 점 등은 이들이 나주목 행정을 장악했음을 보여준다. 민란이 진정된 후 주동자는 처벌을 받았지만, 향리들도 간악한 향리로 지목되어 처벌을 받았다. 그러나 오랜 민란으로 인해 고을은 고을 대로 피폐하게 되었고, 백성은 백성대로 지치고 말았다.

5) 1894년-동학농민운동

19세기 말 정부의 재정구조는 악화되고 관리들의 탐학은 도를 더해갔다. 당연히 그 최대 피해자는 전라도의 농민들이었다. 또한 전라도의 농민들은 일본과의 교역과정에서도 심각한 피해를 입었다. 농산물이 헐값에 유출되었기 때문이다. 그때 최제우가 창시한 동학은 반침략적 민족의식과 반봉건적 평등사상을 표방함으로써 농민들로부터 크게 환영받았다. 그리하여 정부의 탄압에도 불구하고 교세는 경상·충청·강원·전라도 각지로 확산되었다.

이에 힘입어 동학 지도부는 교조신원운동(敎祖伸冤運動)을 전개하였다. 충청도 공주와 전라도 삼례 및 서울 광화문 앞에서 교주의 억울한 누명을 벗겨달라는 집회를 열었다. 이는 동학을 합법화함으로써 동학교도에 집중되는 정부의 탄압을 막으려는 의도였다. 정부 태도에 변화가 없자, 다시 충북 보은과 전북 금구에서 대규모 집회를 개최하였다. 당시 보은 집회에는 충청·전라·경상도 각지에서 약 3만 명의 교인과 농민들이 참가했는데, 이들은 교조의 신원을 요구했을 뿐만 아니라 '척왜양창의(斥倭洋倡義)'의 깃발을 내걸어 반외세를 표방하였다. 여기에 전라도의 동학교인과 일반 농민 1만 2천여 명이 참여하여 세를 과시하였다. 금구 집회는 전봉준 등의 주도아래 약 5천 명이 모여 부패한 수령과 정부를 비판하였다. 정부의 강력한 위협과 회유에 의해 모두 해산되었으나, 오히려 이때부터 동학교인과 일반 농민들은 정치·사회적인 문제를 더욱 이슈화하였다.

　군수 조병갑과 이서배들의 갖가지 폭정에 시달려 온 고부의 동학교인과 농민들은 무장 봉기를 일으켰다. 전봉준은 봉기군을 이끌고 부패 관리를 내쫓기 위해 관청을 공격하였다. 이어 무장에서 보국안민(輔國安民)의 기치를 내걸고 포고문을 발표하였다. 1894년 3월, 1만여 명의 농민들을 이끌고 백산에 집결하였다. "서면 백산(白山) 앉으면 죽산(竹山)"이라고 할 정도로 많은 농민들이 모였다. 많은 농민들이 흰 옷을 입고 있으니 그들이 '백산'처럼 보이고, 죽창을 들고 서 있으니 '죽산'처럼 보였다. 백산은 그들이 서 있는 산 이름이고 죽산은 옆 면 이름이니, 지명을 이용한 기발한 조어임에 분명하다. 총대장에 추대된 전봉준은 정읍 황토현에서 관군을 물리쳤다. 장성 황룡에서도 농민군은 승리하였다. 여세를 몰아 전라도 행정의 중심지 전주성을 점령하였다.

백산 창의비(부안)

황토현 전적비(정읍)

 농사철로 접어들자 농민군은 해산령을 내렸다. 고향에 돌아가 집강소를 설치하고서 폐정을 개혁하기 시작하였다. 그런데 위기를 느낀 정부의 요청에 의해 청나라 군대가 들어왔다. 덩달아 일본군도 들어와 급기야 우리 땅안에서 청일전쟁이 일어나고 말았다. 농민군은 제2차 봉기를 하였다. 남접의 농민군은 삼례역에 집결하였다가 논산에서 북접군과 합세하였다. 전봉준은 음력 10월 하순부터 11월 중순까지 공주의 우금치 일대에서 치열한 공방전을 펼쳤으나 끝내 공주를 점령하지 못하고 말았다. 이를 고비로 각지의 농민군 부대는 급속히 무너졌다. 패산한 농민군을 이끈 전봉준은 전북 태인에서 전열을 정비한 후 관군과 최후의 일전을 펼쳤으나 그마저 실패하고 말았다. 단신으로 노령을 넘어 백양사 아래 청류암에서 1박을 하고서 샘 바위에 '남천감로(南泉甘露)'라는 글을 새겼다고 한다. 순창 피노리 옛 동지 집에서 은거하다 그만 붙잡히고 말았다. 피노리에는 '전봉준 피체지'가 조성되어 있다.

농민군이 후퇴하여 전라남도로 유입되어 잔류한 농민군들과 합세했지만 동요가 적지 않았다. 광주의 손화중은 나주의 오권선과 힘을 합해 농민군 수천 명을 이끌고 나주 수성군과 나주와 광주 사이의 전투에서 패하여 해산하였다. 당시 나주 목사 민종렬은 유림과 이서층의 적극적인 협조를 받아 수성군을 조직하여 농민군을 효과적으로 방어함으로써 농민군의 집강소 설치를 저지하였을 뿐만 아니라 농민군 진압의 근거지 역할을 수행하였다. 무안에서는 배상옥·최장현·김응문 등이 집강소 활동을 펼치다가 해산하였다. 함평에서는 이화진·장옥삼 등이 무안 농민군과 연계하여 활동하다가 처형되었으며, 영광에서는 함평 농민군과 연계하여 활동하다가 서우순·양경수 등이 처형되었다. 해남에서는 김병태가 이끄는 농민군이 진도의 농민군과 연합하여 여러 차례 우수영을 공격하다가 수백 명이 희생되었다. 당시 관군과 일본군이 전라도의 농민군들을 서남부 해안으로 몰아붙여 섬멸하려는 작전을 전개했으므로 해남으로 밀려난 농민군들의 피해가 매우 컸던 것이다. 진도의 농민군은 수성군과 공방전을 벌이다 농민군 지도자 박중진은 자결했으며, 손행권·김윤선 등은 처형되었다. 1995년 일본 홋카이도대학에서 "1906년 9월 20일 진도에서 효수된 동학 수괴자의 해골, 시찰 중 수집"이 적힌 문서가 첨부되어 있는 유골 1구가 발견되었다. 애써서 반환받은 유골의 안장 장소를 놓고 진도군과 전주시가 다툰 바가 있다.

한편, 장흥에서는 이방언의 어산접과 이사경의 자라번접, 그리고 이인환의 관산접이 강력한 활동을 펼치고 있었다. 장흥의 농민군 지도부는 인근 지역에서 합류한 농민군을 받아들여 약 3만 명의 병력을 형성하였다. 이들은 벽사역·장흥부·강진현·전라병영 등을 차례로 점령하며 농민군의 마지막 거점을 확보하기 위해 노력하였다. 당시 장흥읍성 전투에서 농민군과 관군은 치열한 공방전을 전개하고 있었다. 이때 홀연히 나타나 전투를 이끈 여성이 있었다.

> "동학교인(東徒) 중에 여장부가 있었다. 방년 22세로 용모가 성을
> 무너뜨릴 정도의 미모였다고 한다. 이름은 이조이(李召史)라고 한
> 다. 오래전부터 동학교인으로 활동하며 분주히 말을 타고 다녔으며,
> 장흥부가 불타고 함락될 때 그녀는 말 위에서 지휘를 하였다고 한
> 다. 일찍이 꿈에 천신이 나타나 그녀에게 오래된 제기(祭器)를 주었
> 다고 한다. 동학교인 모두가 존경하는 신녀(神女)가 되었다."

당시 『국민신보』란 신문에 「동도에 여장부 있음」이란 제목으로 보도된
내용인데, 마치 프랑스의 잔 다르크를 연상케 하는 '이조이'라는 여성은 장
흥읍성 전투를 지휘하며 승리를 이끌었다는 것이다. 그녀는 이 과정에서
'신녀' 혹은 '신이부인(神異夫人)'으로 불렸다. 얼마 후 체포된 그녀는 나주
로 압송되어 잔혹한 고문을 받아 양쪽 허벅지 살이 너덜거리고 썩어가며
악취를 풍기는 목불인견, 눈뜨고는 볼 수 없는 상태였다. 이를 보다 못한
일본군 장교가 그녀를 병원에 입원시켜 치료를 받게 했다고 하나 생사여부
는 전해지지 않는다. 이 전투에서 관군측은 장흥부사 박헌양을 비롯한 수
성장졸 96명이 죽었으며, 부민 4~5백 명도 함께 희생되었다. 그러나 얼마
뒤인 음력 12월 15일 전후에 벌어진 석대들 전투는 최후의 항전으로 유명
하다. 강진의 윤세현이 이끈 강진 농민군은 장흥의 이인환과 연계하여 활
동하다가 해산하였다.

전남의 동부지역인 순천과 광양에는 전주화약 이후 금구출신의 대접주
김인배가 들어와 영호도회소(嶺湖都會所)를 조직하여 활동 중이었다. 영호
도회소는 순천읍성에 본부를 두고서 현재의 순천·광양·여수시 등을 관
할하며 경상 서부지역으로의 진출을 모색하였다. 이들은 호남 동부지역과

영남 서부지역을 총괄하는 의미로서 '영호(嶺湖)'라는 용어를 사용하였다. 김인배는 음력 9월 초에 1만여 명의 농민군을 동원하여 경상도 서부지역으로 진격하여 하동과 진주까지 진출하였다. 그러나 관군과 일본군의 반격을 받아 섬진강을 사이에 두고 치열한 전투를 벌인 끝에 농민군 수천 명이 희생되었다. 이들은 퇴로를 확보하고 지구전을 펼치기 위해 여수의 좌수영을 점령하려 했으나 일본군의 방해로 실패하고 말았다. 순천에서는 영호도집강 정우형 등 400여 명이 희생되었으며, 광양읍성에서도 김인배를 비롯한 약 200명이 죽임을 당하였다. 그밖에 백운산 자락인 옥룡면과 섬거역 부근에서 희생된 농민군은 무려 1,000여 명을 헤아린다.

구례는 전현직 현감 남궁표와 조규하가 친동학적 활동을 전개할 정도로 활발하였다. 구례의 농민군지도자 임정연과 양주신은 남원에서 웅거한 김개남의 지휘를 받아 활동했는데, 수성군에 체포되어 처형되었다. 보성에서는 안규복 등이 장흥의 농민군과 연계하여 주로 웅치와 회천을 무대로 활동했으며, 화순은 나주 공격의 후방기지 역할을 했으나 최경선이 이끄는 농민군이 벽송리 전투에서 패배함으로써 일단락되었다. 고흥의 경우에도 접주 유복만은 농민군을 잘 통제함으로써 주민들의 호응을 얻었다. 유복만은 김개남의 측근으로서 남원과 운봉 공격에 앞장선 인물이다. 그는 전세가 불리해지자 고흥으로 돌아왔으나 오준언 등 20여 명과 같이 처형되었다.

이처럼 각 지역에서 폐정개혁을 추진하던 농민군은 관군과 일본군의 협공을 받아 처참하게 학살되었다. 각 군현마다 적게는 수십 명에서 많게는 수천 명까지 수많은 희생자가 속출하였으며, 마을 전체가 불에 탄 경우도 적지 않았다. 관군과 일본군의 압도적인 무력 앞에 농민군은 막대한 피해를 입은 것이다. 이로써 1894년 봄에 불붙기 시작한 동학농민운동은 1895년 음력 1월경 종식되었다. 하지만 이들의 주장은 갑오개혁에 반영되어 근대화의 밑바탕이 되었다. 그리고 천신만고 끝에 살아남은 농민군은 영학당이나 활빈당 또는 의병으로 전환함으로써 반봉건·반침략운동을 계승하였다.

6) 20세기-소작쟁의

일제는 국권을 강탈한 후 갖가지 경제침탈을 자행하였다. 그 가운데 토지조사사업(土地調査事業)을 시행했다. 그 결과 일본인 또는 동양척식주식회사 같은 일본 회사 소유의 토지가 급증했고, 우리나라 농민들은 이전보다 더욱 영세화되어 소작농이 더 늘어나게 되었다. 1910년 말 조사에 의하면, 일본인 소유 농토 가운데 자작지는 1%에 불과했고, 나머지 99%는 소작지였다. 일본인만큼 많지는 않지만, 한국인 지주도 소작제로 농토를 경영했다. 그 결과 소작지는 꾸준히 증가 추세였다. 특히 일본인 지주가 많은 전북지역은 그 상태가 악화되어 있었다. 1916년 기준으로 한국의 전체 소작지율은 53.1%인데, 전북은 무려 73.9%나 되어 전국 최고였다. 전북지역 한국인 농민 가운데 소작을 하지 않는 사람이 없을 정도였다.

1910년대에 소작농들은 불안정한 소작권과 고율의 소작료 때문에 생계를 꾸리기조차 어려울 정도였다. 한마디로 한국 소작인의 노동력을 착취하는 것이었다. 더욱이 일본인들의 토지 확대는 민족적 감정과도 맞물려 곳곳에서 충돌을 빚었다. 1910년대 나주군 궁삼면과 무안군 하의도에서 농민들이 동양척식주식회사 또는 일본인 지주와 투쟁을 벌인 것이 그 같은 사례가 될 것이다. 익산 부근에 일본인 농장 가운데 일부는 절반을 가져가지만, 대장촌농장과 세천농장은 그 가져감이 가혹하여 한국인 300여 명이 무리를 이루어 저항했다. 또 다른 농장주의 수탈이 1910년 3월 15일자『대한매일신보』에 다음과 같이 보도되었다.

"전주에 사는 일본인 東山·下山 형제는 전주, 김제, 익산 등지에
　수만 석을 추수하는 토지를 두었는데, 소작료를 정할 때 이전 조선
　인의 논보다 3·4배 증가함으로 소작인들은 살길이 없어 원성이 하
　늘을 찌를 뿐만 아니라 장차 도산할 지경에 이르렀다."

　그러나 1910년대에는 아직 농민들의 조직적인 운동이 전개되지 못했다.
농민들의 이익을 대변할 만한 농민단체들이 미처 결성되지 못했으며, 대부
분 일제나 지주들이 중심이 되어 설립한 단체들이었다. 물론 이런 현상은
전라도뿐만 아니라 전국적인 것이었다.

　일제는 1920년대에 산미증식계획(産米增殖計劃)을 시행하여 우리의 쌀
을 수탈했으며, 일본인 및 조선인 대지주들을 농업의 중심으로 삼는 식민
지 지주제가 정착되면서 중소농민과 소작농들은 점차 몰락했다. 이처럼
1910년대에 쌓여온 경제적 수탈에 대한 불만, 그리고 3·1운동을 통해 확
인된 민족적 역량은 1920년대에 주체적인 농민운동이 활발하게 전개되는
요인이 되었다. 그 결과 소작조건을 개선하기 위한 소작쟁의, 불합리한 수
리조합·산림조합 조건에 대항하는 반대투쟁들이 전국적으로 일어났다.
전라도 또한 예외가 아니었다. 전라도의 소작쟁의 건수는 1920년대 1,882
건으로 전국 건수 3,056건의 62%를 차지한다.

　이 가운데 주목할 만한 것이 1923년 8월부터 이듬해 6월까지 1년 동안
전개된 「암태도(巖泰島) 소작쟁의(小作爭議)」이다. 이 지역의 대지주 문재
철(文在喆)의 소작료 인상 횡포에 맞서, 서태석의 주도로 조직된 소작인회
에서는 소작료를 8할에서 4할로 인하해줄 것을 요구했다. 그러자 문재철의
요청을 받은 경찰이 투입되어 소작인들과 마찰을 빚었으며 급기야 폭력사
태가 발생했다. 이 소작쟁의는 전남뿐 아니라 전국적인 관심사로 떠올랐으

며,『동아일보』를 비롯한 언론에서도 사태의 추이를 주시하며 소작인들을 지원했다. 현지인은 물론이고 멀리 일본에서도 모금활동이 전개되었고, 김병로 등의 변호사는 무료 변론을 자청했다.

암태도 소작쟁의 기념탑(신안). 경향 각지 사람들의
성금에 의해 1998년에 건립되었다.

소작인과 주민들은 배를 타고 목포로 나와 동지들이 구속되어 있는 경찰서 앞에서 연좌농성을 벌였다. 아사동맹(餓死同盟)까지 결성하며 단식투쟁을 벌였다. 마침내 그들의 요구가 관철되었다. 암태도 소작쟁의는 단지 그 성공에만 의미가 있는 것이 아니라 1924년 창립되는 전국적 농민·노동자운동 조직인 조선노농총동맹의 결성에도 큰 자극을 주었다는 점에서 중요하다. 문재철은 일제 말기에 목포에 문태중학교(현재 문태중고)를 설립했는데, '문태(文泰)'는 자신의 성 '문'자와 암태도의 '태'자를 조합하여 지은 것이다.

다음으로 순천의 서면·쌍암면의 농민들은 1922년 소작료 인하와 소작권 안정을 요구하며 지주에 대한 투쟁을 전개했다. 또한 이들은 지속적인 투쟁을 위해 주체적으로 농민단체를 결성해 나갔으며, 이 같은 움직임은 다른 지역으로 퍼져나가 그곳에 소작인 중심의 농민단체가 속속 조직되었다. 그리고 초기에 면리 단위였던 이들 단체들은 점차 군 단위로 범위를 확대시켰으니, 1923년 2월에 결성된 순천농민대회연합회가 그러하다. 또 그리고 2월 말에는 순천·여수·광양·보성의 농민단체들이 연합하여 남선농민연맹회가 창립되기에 이르렀다.

광주에서는 1922년 조선소작인상조회 전남지회가 결성되었으며, 이어 영광·함평·나주·장성·구례 등지에 지회가 설치되었다. 그러나 그 임원진을 보면 대부분 대지주이거나 상공인으로서 소작인들의 이익을 제대로 대변하기에는 한계가 있었고, 실제로 별다른 활동을 벌이지도 않았다. 송정리에서 광산소작인조합이 조직되었으나 그 성격도 크게 다르지 않았다. 그러나 광주의 농민운동은 1923년부터 새로운 전기를 맞게 되었으며, 그 중심적 역할을 한 것이 광주노동공제회였다. 이 단체는 소작인들의 자각과 단결을 촉구하면서 소작인회 결성에 주력했다. 그 결과 군 소재 15개 면에 소작인회가 조직되었다. 이어 광주소작인연합회가 창립되었는데, 이는 15개 면 소작인회의 연합체였다. 이 단체는 소작권의 안정과 소작료의 인하를 위한 활동을 벌여 한 달 만에 300여 소작인들의 권리를 찾아주는 성과를 거두기도 했으며, 지주들과의 투쟁을 승리로 이끌기도 했다. 그러자 지주들은 경찰과 끈을 대어 연합회 활동을 방해하고 임원들을 탄압하기 시작했다. 그러다가 급기야 농민들과 경찰 사이에 충돌이 일어났으며, 간부들이 구속되기도 했다.

한편, 1929년 터진 세계대공황으로 말미암아 일본은 물론 조선의 경제가 큰 타격을 입었으며, 일제의 대륙침략에 따라 농민 수탈도 가중되었다. 세계대공황은 지주에게 큰 타격이었다. 농산물 값은 폭락하고 논을 사고 수리시설을 위해 빌린 이자 때문이었다. 이에 지주들은 농사일에 개입하고, 소작료를 인상했으며, 조세공과를 소작농에게 전가했다. 특히 조선인 지주는 관제기구에 참여하여 일제의 편을 들어주었다. 그런 만큼 농민들의 저항도 커져갔으며, 울분을 참지 못한 농민들이 일제와 지주에 맞서 투쟁하는 사례도 증가했다. 그 결과 1930년대 전국 소작쟁의의 약 17%가 전남에서, 15%가 전북에서 일어났다. 이때의 소작쟁의는 소작인회나 농민조합의 지도를 받아 벌어지기도 했지만, 지주들의 횡포를 참지 못해 자연발생적으로 일어난 것도 상당수였다.

소작쟁의 건수 변화(조동걸, 『일제하 한국농민운동사』

	1920~1925	1926~1929	1930~1932	1933~1939	계
전라남도	197	193	326	23,780	24,796
전라북도	21	1,471	248	19,990	21,730
경상남도	174	169	299	17,141	17,783
경상북도	28	7	82	15,039	15,156
충청남도	97	490	472	11,330	12,289
충청북도	20	48	44	13,970	14,082
경 기 도	10	81	173	6,899	7,163
황 해 도	31	10	37	5,787	5,865
강 원 도	7	3	11	9,312	9,333
평안남도	16	1	2	6,955	6,974
평안북도	5	10	4	3,713	3,732
함경남도	4	3	1	2,017	2,024
함경북도	-	-	1	42	42
계	610	2,446	1,688	136,215	140,969

구마모토농장의 경우 1933년에 옥구군 옥산면 소작인 200여 명이 소작료 인상에 항의하여 쟁의를 일으켰고, 1934년에는 김제군 부량면 화호리 소작인들은 '소작료 불납 동맹'을 결성하며 대규모 쟁의를 일으켜 3년간이나 끌고 나갔다. 농장은 관리체계를 본장-지장 · 분장 · 소작인으로 연결된 피라미드 형태를 만들고 그곳에 지배인 · 지장장 · 직원을 배치하여 소작인을 철저하게 지도 · 통제했다. 그럼에도 불구하고 쟁의가 발발하자, 농장주는 언론을 동원하여 자신의 이미지를 '자선적 신사'로 만드는 데에 주력했다. 한국을 '제2의 고향'이라고 말하며 조선과 도쿄에 장학재단을 만들어 한국 유학생을 후원하거나, 의사를 초빙하여 무료 진료소를 운영하는 등 상황 반전에 나섰다. 그러면서도 구마모토는 자신의 땅을 담보로 은행에서 거액을 빌려 돈놀이를 하거나 일본으로 빼돌리려 했고 비행기를 헌납하는 등 전쟁에 협조했다.

한편 조선농민총동맹을 비롯한 농민단체들은 일제의 감시와 탄압을 받으면서 합법적 조직마저 점차 와해되기 시작했다. 더욱이 일제가 대대적으로 공산주의자들을 검거할 때 농민단체 간부들의 상당수가 연루되어 농민운동은 지도력을 상실하기에 이르렀다. 이에 따라 1930년대 농민운동은 이전보다 투쟁적이면서도 비밀리에 진행되기 시작했다. 여기에는 공산주의자들의 참여도 중요한 역할을 했다. 공산주의자들은 이전의 공산주의운동이 농민 · 노동자들과 괴리되어 있었다고 반성하면서 농민 · 노동운동에 관심을 쏟았다. 이들은 농민들을 의식화 · 조직화시켰으며, 이전과는 다른 새로운 농민운동의 형태를 만들어냈다. 그것이 바로 혁명적 또는 적색(赤色) 농민조합운동이었다. 이 농민운동의 목적은 농민과 노동자들이 동맹하여 일제를 타도하고 농민 · 노동자들이 중심이 되는 정부수립과 토지혁명을 이루어야 한다는 것이었다. 즉 단순한 농민들의 권익보장 차원을 넘어 일제타도와 토지혁명이라는 '혁명적' 목표를 내세우고 있었다. 그 실현을 위해 이들은 농민들에게 항일의식과 계급의식을 고취시키려 노력했으며, 자작농보다는 소작농, 부농·중농보다는 빈농 우선의 농민운동을 전개했다. 그리고 이 과정에서 소작농·빈농들이 농민운동의 새로운 지도자로 떠오르기도 했다.

이 시기 전남에서는 전체 22개 군 가운데 16개 군에 혁명적 농민조합이 조직되었다. 함경남도 다음으로 높은 비율이었다. 그리고 1931년 김호선·김재동 등은 공산주의자들과 협의하여 전남노농협의회를 결성하여 농민·노동운동을 비밀리에 전개했다. 그러나 전남노농협의회는 1년 뒤 일제에 그 조직이 적발되어 김재동 등 26명이 검거되는 등 큰 타격을 입으면서 와해되었다. 그 뒤 김부득·박대규·유치오 등이 전남노농협의회의 재건을 꾀했으나 실패했다. 그 대신 1933년 결성된 조선공산당재건전남동맹이 그 역할의 일부를 맡았다. 전남동맹에서는 산하에 노동·농민·반제·출판·재정 등 부서를 두고 혁명적 농민조합 및 노동자조합을 조직해 나갔으나, 조직이 적발되면서 이듬해에 와해되고 말았다. 이후 전시 체제기로 들어가면서 모든 저항운동은 지하로 잠복하였고 그 속에서 해방을 맞았다.

수탈의 전북

전라북도는 조선의 보고(寶庫)요, 미고(米庫)이다. 토지가 비옥하고 기후가 온화하며 수륙의 교통이 또한 편리한 까닭에 일본인의 침략이 다른 곳보다 더 격심하였다.

임업, 광업, 어업 등은 말할 것 없고 조선인의 유일한 생명인 토지까지도 모두 그 사람의 손으로 들어가고 말았다. 그 중에도 평야부, 계란으로 치면 노른자 같은 김제, 만경, 익산, 옥구, 정읍, 전주, 고창 등은 그들의 세력이 더욱 놀랄만하게 부식되었다. 농장으로, 정미공장으로, 수리조합으로 방방곡곡이 유린을 당하여 조선인의 전 생활을 침탈하였다.

작년의 대지주는 금년에 자작농이 되고, 금일의 자작농은 내일에 소작인이 되어 배주고 뱃속 빌어먹는 격이 되었다. 과거의 보고(寶庫)와 미창(米倉)은 벌써 남의 것이 되고 조선인은 겨우 세력을 가지고 부속적 농노가 되어 그날그날을 지내며 배고픔과 추위에 피눈물을 흘리고 서북간도 혹은 오사카·도쿄로 이주했다.

이제 새삼스럽게 그 상황을 들어 말하는 것은 마치 죽은 사람의 병세를 논하는 것과 다름이 없다. 그러나 자세히 알아둘 필요는 있다. 우선 전북도내에 일본인의 50정보(3천 평) 이상의 대지주는 62명이다. (중략) 이런 까닭에 다수 조선인의 토지는 자연 소수 일본인 대자본에게 겸병되고 말았다. 〈『개벽』 1925년〉

2장

명품을 생산하여

전국에 보급하다

2장
명품을 생산하여 전국에 보급하다

　뽕나무, 삼, 목화, 모시풀 등 옷을 만드는 재료가 가장 많이 생산되는 곳은 단연 전라도이다. 그 재료로 만든 전라도의 비단, 삼베, 면포, 모시는 명품이어서 전국으로 팔려나갔다. 일제는 자국의 섬유산업을 위해 누에고치와 목화를 전라도에서 집중적으로 조달했고, 그 정책은 전라도의 근현대사에 고스란히 반영되었다. 전라도의 넓은 밭에는 곡물 외에 구황작물인 '감자', 상품작물인 담배와 인삼, 그리고 약재인 생강과 산수유 등이 널리 재배되었다. 이 가운데 고구마는 우리나라 양조업의 기반을 바꾸었고, 담배는 문필가의 글로 예찬되었고, 인삼은 최초 재배지라는 평을 받고 있다. 기온이 따뜻한 곳이어서 전라도 땅에서 귤, 유자, 녹차, 대나무, 닥나무가 나온다. 귤은 무거운 공물로 힘들게 했지만, 녹차는 다기 수요로 인해 청자·분청 등 도자기 산업을 발달시켰고, 대나무는 멋있는 참빗과 부채를 만드는 데에 사용되었다. 닥나무는 장인의 손을 거쳐 전국 최고의 종이로 탄생했고, 종이는 출판을 활발하게 하여 우리나라 지식산업을 선도하게 했다. 땅 속의 사금은 우리나라 최초로 준설기로 채굴되었고, 옥돌은 예술품으로 승화되었다.

1. 직물, 시전의 명품이 되다.

중국 명나라에서 자기 황제의 즉위 사실을 알리기 위해 1488년(성종 19)에 동월(董越)이라는 사신을 조선에 파견했다. 동월은 사신으로 왔다 간 후 보고 듣고 묻고 한 내용을 『조선부(朝鮮賦)』라는 책 속에 남겼다. 『조선부』의 제일 앞에 8도에 대한 설명이 나오는데 거기에 "전라는 물산이 가장 풍부하다"고 기록되어 있다.

위 기사를 통해, 우리는 조선에서 물산이 가장 풍부한 곳이 전라도라는 사실이 중국에까지 알려졌음을 알 수 있습니다. 물산 가운데 가장 중요한 것은 먹는 것과 입는 것 아닐까요? 먹는 것에 대해서는 앞에서 살펴보았으니, 여기에서는 입는 것에 대해서 살펴보면 어떨까요? 입는 것이라면 비단과 무명이 대표적이고, 비단과 무명의 재료는 뽕나무와 목화입니다. 이러한 것들이 전라도에서 어느 정도 생산되었고, 그것은 전라도 역사에 어떤 영향을 미쳤는지를 하나씩 알아보도록 하겠습니다.

1) 옷감작물-전국 최다 재배

전통시대에 민생을 위한 정부의 주요 경제정책은 농업과 직조를 권장하는 것이었다. 그 가운데 직조는 명주, 삼베, 모시, 무명 등 네 가지 직물을 짜는 것이 대표적이었다. 이 직물을 확보하기 위해 역대 왕조는 뽕나무, 삼, 모시풀, 목화 심는 것을 장려했다. 옷감으로 사용된 작물의 생산지는 15세기에 전국적으로 조사되어 『세종실록 지리지』에 기록되어 있다. 그것을 보면 전라도의 옷감작물 생산 군현이 전국에서 가장 많았다. 가령, 뽕나무는 41곳으로 전국 2위, 삼은 49읍으로 전국 1위, 목화는 27읍으로 전국 1위, 모시풀은 14읍으로 전국 1위였다. 이런 경향은 후대까지 유지되었다. 18세기에 지어진 『천일록』에 전라도는 농업 외에 마포, 면포, 뽕나무, 모시풀, 남초, 대광주리, 대그릇, 빗, 갓, 패랭이가 생산된다고 적혀 있기 때문이다.

15세기 옷감작물 재배 군현 수(『세종실록 지리지』)

도(군현 수)	뽕	삼	목화	모시풀
경기도(41)	36	36	0	0
강원도(24)	24	24	0	2
충청도(55)	22	8	3	10
전라도(56)	41	49	27	14
경상도(66)	25	31	13	1
황해도(24)	5	11	0	2
평안도(47)	43	43	0	0
함경도(21)	8	14	0	0
계(334)	204	216	43	29

따라서 전라도의 직물 산업은 일찍부터 발달했고 그 제품 또한 명품이었다. 뒤에서 자세히 나오듯이, 전라도의 명주와 무명은 한 때 우리나라 경제를 이끌어간 주력산업이었다.

삼베(마포)의 경우 「한양가」에 나오는 '해남포(海南布)'는 해남에서 생산되는 삼베라는 말이다. 다른 문헌에 '구례포(求禮布)'도 나온다. 삼베는 함경도 6진산이 전국 최고였지만, 전라도산도 명품이었음을 알 수 있다.

모시(저포)의 경우 고려시대에 최항이 교정별감의 이름으로 공문을 보내어 광주의 '흰 모시'를 수탈한 적이 있었으니, 광주의 모시가 유명했기 때문일 것이다. 20세기 초 자료를 보면 영광 곳곳에서 모시가 생산되고 있었다. 요즘 영광 사람들은 모시 잎으로 송편을 만들어 '모싯잎 송편'이라는 상품으로 전국의 미식가를 즐겁게 해주고 있다. 그리고 주변의 정읍, 고창, 장성에서도 삼과 모시풀을 많이 생산하여 그것으로 짠 삼베와 모시가 당시 사람들의 하복용 옷감으로 널리 팔려감으로써 그곳 사람들의 큰 수입원이 되었다. 모시풀은 품질이 우수하여 모시의 명산지인 충남의 사천·한산 등지로 팔려나가기까지 했다.

옷감이 많이 생산됨에 따라 옷감에 물을 들이는 염직업도 전라도에서 발달했다. 곡성을 토대로 한 이야기라는 『심청전』에 "청홍 황백 침향 염색하기를 일년 삼백예순 날"이라는 구절이 나온다. 청색, 홍색, 황색, 백색, 침향색(황갈색) 등을 염색하느라 하루 한시도 놀 날 없이 손톱 발톱 다 달아지게 일한다는 말이다. 염색 일감이 그치지 않았음을 알 수 있다.

19세기 말과 20세기 초에 전주에는 염직업에 종사하는 주민 호수가 123호나 되었다. 그 가운데는 45명이나 고용하는 대형 업소도 있었다. 여러 가지 무늬와 색깔의 물감을 들이는 기술이 발전하여 그 수요는 대단히 많았다고 한다. 『한국총람』에 나온 내용이다. 나주도 염직업이 발달한 곳이었다. 1910년대 작성된 『조선지지자료』를 보면, 남평군 어천면(현재 나주시 금천면) 각지에서 청람(靑藍)이 나왔다. 나주군 지량면 엄동(현재 나주시 이창동 엄동마을)의 토산으로 청염(靑染)이 기록되어 있다. 청람이나 청염이란 람채(藍菜, 쪽)에서 추출한 푸른 염료를 말한다. 이런 전통을 이어 나주에 현재 '한국천연염색박물관'이 들어서 있다. 직물 염색에 종사하던 여성을 염부(染婦)나 염모(染母)라 했으니, 전라도에 그런 여성이 많았을 것이다.

이리하여 전라도는 직물산업이 발달한 곳이었다. 가내 수공업에서 옷

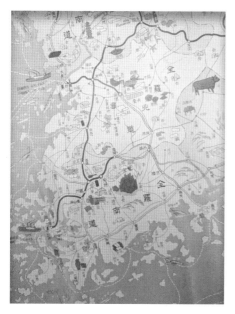

조선 특산물 분포도(1928년)

감 짜는 일이 큰 비중을 차지했고, 근대 산업시설도 조면공장이나 제사공장이 많았다. 이런 역사를 뒤로한 채, 해방 이후 나일론에 밀려 무명과 명주의 소비가 줄어들자, 전라도의 목화밭은 고구마나 양파 밭으로 변했고, 뽕밭은 다른 작물로 대체되었다. 삼베와 모시 소비는 거의 소멸 위기에 이르고 말았다.

2) 비단-나주가 최고

양잠과 명주, 목화와 무명은 전라도의 역사를 뒤흔들었다. 우선 양잠과 명주부터 알아보자. 명주(明紬)는 흔히 비단(緋緞)이라 한다. 뽕나무 잎으로 누에를 키워 나온 고치에서 실을 뽑아 짠 직물이다. 그러나 짜는 방법과 실에 따라 여러 제품이 있었다. 사(紗), 라(羅), 능(綾), 단(緞)이 대표적이다. 이 가운데 하나가 유행가에 나오는 '물항라'이다. 이들을 통틀어 견직(絹織)이라고 한다.

마한 사람들은 누에를 치고 비단을 짜서 옷을 해 입었다. 광주 신창동에서 기원전 1세기 때 것으로 추정되는 '바디'가 출토되었다. '바디'는 옷감을 짜는 기구이니, 그때 비단을 만들었을 것이다. 백제 때에 명주로 세금을 바쳤고, 일본에 양잠을 전해주었다는 기록이 있다. 고려 때에는 전라도 공물을 삼베·모시베와 함께 명주로도 대납하도록 했다. 전라도 지역에서 일찍부터 명주가 생산되었음을 알 수 있다.

조선왕조는 건국하자마자 뽕나무 심기를 권장했다. 누에를 치는 잠실도 설치하게 하고 국왕이 몸소 잠실을 운영했다. 전라도는 기후풍토가 온화하여 양잠하기가 적당하여 매년 적지 않은 누에고치를 생산하고 있었다. 15세기 『세종실록 지리지』를 보면, 뽕나무를 키우는 곳이 전국에서 평안도가 가장 많은 43읍이고, 그 다음이 전라도로 41읍이었다. 이런 현상은 20세기 초까지 이어졌다. 그 결과 전라도는 3백(白)이라 하여 쌀, 목화, 누에고치가 유명한 지역이라는 평가를 얻게 되었다. 뽕나무를 많이 심었다는 것은 그만큼 비단산업이 발달했음을 의미한다.

전라도 안에서 견직업이 발달한 곳은 몇 군데 있었다. ①태인에서 견직업이 발달했다. 태인에서 세종 때에 고치[잠견(蠶繭)] 120여 섬을 생산하더니, 성종 때에는 잠실 200칸을 두고서 고치 50말과 명주실 40근을 생산하여 진상한 적이 있었다. 다른 지역보다 두 배나 되는 고치와 명주실을 생산했다는 공로로 태인 사람 가운데 관직을 받은 이도 있었다. ②나주도 견직업이 발달한 곳이다. 『임원경제지』를 보면, 우리나라에서 비단을 잘 짜는 곳으로는 북쪽에 영변·성천이 있고, 남쪽에는 나주 사람들이 두터운 비단을 잘 짜서 값이 일반보다 배나 나갔다. 이 비단을 나주 사람들은 '금성주'라고 하였다. ③『잠사회이십오년사』(1971년)를 보면, 능주 훈련청 건물을 잠실을 뜯어 와서 지었다고 한다. 1923년에 발간된『능주읍지』풍속 조항을 보면, 백성들은 농업과 양잠에 힘썼고, 능주면에는 잠실동(蠶室洞)이라는 마을이 있었다. 누에를 키우는 잠실이 능주에 많았음을 알 수 있다. ④이 외에 순천의 항라라는 비단도 유명했다. 『황성신문』1902년 보도를 보면, 평안도 안주의 라(羅)와 전라도 강진·영광의 초사(綃紗)는 아주 좋은 비단이었다. 이전 강진 읍내장에서 명주(明紬)가, 영광 읍내장에서 춘포(春布)가 팔려나갔으니, 강진과 영광 비단의 우수성은 그 유래가 깊을 것 같다.

17세기 이후 명주 수요가 많아지면서 양잠업 수입이 좋았다. 그래서 당시 실학자들은 뽕나무 심기를 적극 권장했다. 정약용 역시 사대부가의 생계를 도모하는 가장 좋은 방법으로 뽕나무 심기를 권장했다. 뽕나무 심기는 선비의 명성을 잃지도 않으면서 큰 이익을 올릴 수 있어서였다. 실제 뽕나무 365그루를 심어서 해마다 365냥을 벌어들인 사람을 강진에서 유배 생활하면서 목격했다. 조수삼의 「뽕잎을 따는 여자」란 시를 보면, "다섯 이랑 밭에 여덟 식구 살림(五畝之田八口家), 처녀 처녀 뽕따는 처녀(有女有女 條桑女)"라 하여 꽃다운 나이 처녀들이 누에를 키워 일가족 생계에 일조했다. 그리고 "광주리에 가득가득 땀방울도 떨어져(絲筐盈盈滴汗粉), 바구니며 치마폭에 마음대로 따 넣네(採之績之隨意貯)"라 하여 그녀들은 뽕잎을 따서 광주리에 담고 넘치면 치마폭에도 넣었다.

3) 누에고치-광주학생항일운동 발단

개항 이후 조선 정부는 새로이 주관 부서를 두고서 양잠업 진흥정책을 폈다. 양잠회사를 설립하여 실을 뽑아 수출을 하려고 했다. 그렇게 되려면 뽕나무를 심고 전문가를 양성해야 했다. 이에 따라 전국 곳곳에 시험장과 전습소 등이 들어섰고, 양잠회사도 설립되었다. 전북 익산에도 양잠학교가 설립되어 졸업생이 배출되었다. 광주에도 최성기 등이 충장로 3가에 '잠농사(蠶農社)'란 회사를, 관찰사 신응희 부인이 국고보조를 받아 읍성 남문 안에 '광주부인양잠전습소'를 각각 세워 양잠의 필요성과 기술을 전파했다. 『한국잠업조사보고』(1907년)를 보면, 당시 전라도에서 양잠업이 발달한 곳은 광주, 나주, 담양, 무안, 순창, 영광, 해남 등이었다. 남원, 능주도 대표적인 양잠지대였다. 1909년 11월 23일자『관보』에 수록되어 있는 1908년 통계를 보면, 전남의 양잠호는 8천 748호로 경북 다음이었고, 뽕나무밭은 173정보로 전국에서 가장 넓었다.

1908년 양잠호 및 뽕나무밭

	양잠호(호)	뽕나무밭(정보)
한 성 부	2	9.00
경 기 도	6,077	78.51
충청북도	3,334	18.42
충청남도	4,813	18.26
전라북도	3,327	30.77
전라남도	8,748	173.94
경상북도	15,071	104.96
경상남도	1,331	139.54
황 해 도	1,879	9.98
평안남도	3,223	34.63
평안북도	5,094	18.65
강 원 도	5,846	64.08
함경남도	2,525	27.57
함경북도	24	1.19
계	61,294	729.50

우리 주권을 강탈한 일제는 행정기관을 동원하여 뽕나무 품종과 누에 종자를 변경하며 양잠업을 권장했다. 이에 따라 양잠 호수, 뽕나무 재배 면적, 누에 생산액이 증가하기 시작했다. 모범 양잠가를 선정하여 표창하는 등 독려에 나섰다. 그러면서 우리 농민이 생산한 누에고치를 자유롭게

판매하지 못하도록 하고 공동 판매소를 통해 일제가 알선하는 업자에게만 판매하도록 했다. 1940년에 전남에는 91개소의 공동 판매소가 있었다. 특등, 우등, 1~5등 등 등급제로 매수되었다. 고치 생산량이 정점에 오른 1940년은 1910년에 비해 51배 증가했다. 수집된 누에고치는 제사(製絲)공장으로 보내져 생사(生絲), 즉 명주실로 가공되었다. 1919년에 9개이던 제사공장이 32년에는 58개로 늘어났다. 생사를 값싸게 생산하여 일본을 거쳐 세계 시장에 수출하기 위해서였다. 일부 생사는 일본에서 견직물로 가공되어 조선으로 비싸게 다시 들어왔다. 그 결과 '경성견포상조합' 등 견직물 수입 조합이 설립되었다.

이러한 상황에서 전라남도가 우리나라의 주요 양잠업 지역으로 떠올랐다. 광주, 나주, 창평, 담양 등 전남 도내 17개소에 '잠업전습소'가 있었다. 이 가운데 광주가 중심지였다. 유림리에 '전남 잠업강습소'가 설립되어 양잠 전문가를 양성했다. 전남산 누에고치 생산량이 해가 갈수록 늘어 1929년에 6만 석을 돌파하기에 이르렀다. 전남도는 이를 기념하기 위해 11월 3일 광주천 장터에서 '전남산 잠(蠶) 600만 석 돌파 축하회'를 거창하게 가졌다. 그런데 이 날은 성진회 창립 3주년이자, 일본 4대 명절 가운데 하나인 명치절이었다. 억압과 수탈에 분노한 학생들이 바로 이날 독립을 외쳤다. 구경나온 시민들이 합세하고 취재하러 온 기자들은 그 광경을 대대적으로 보도했다. 1930년에 전남의 고치 생산량이 전국 2위에까지 올랐다. 1931년에는 6백 명이 참가하는 제7회 '전국 잠업 강습회'가 광주에서 열렸다. 잠업을 권장하는 '광주 행진곡'이라는 노래도 불리었다. 전남도는 일선 초등학교에 뽕나무밭과 잠실을 갖추고 학생들로 하여금 양잠 실습을 하도록 하고, 교원들에게는 양잠 강습을 매년 3회 받도록 했다.

누에고치로 실을 뽑는 제사공장도 광주, 나주, 전주, 군산 등지에 들어섰다. 특히 광주에는 일본인이 세운 전남도시제사(全南道是製絲)가 1926년에 양동에, 이어 1930년에 종연방적(鐘淵紡績)이 학동에, 약림제사(若林製絲)가 임동에 있었다. 1931년 세 공장 노동자가 1,284명이나 되었다. 약림제사는 광주, 나주, 영광 등 서부지역을, 전남도시제사는 광주, 구례, 순천, 고흥, 보성, 장흥, 강진, 해남 등 동남부 지역에서 고치를 매입했다. 과잉 경쟁을 방지하기 위해 각기 매입 구역을 두었음을 알 수 있다.

이 가운데 종연방적(종방)은 미쓰이(三井) 계열로 1925년에 서울에 공장을 지은 후 광주에는 1929년에 진출했다. 「조선신문」 5월 31일자에 "광주 교외 화순 가도와 무등산 도로와의 분기점 부근 일대 하천가에 접한 밭 1만 7천 평을 매수"하여 7월에 공장 신축을 착공한다고 보도되었다. 당시 전남의 고치 생산량은 4만 5천 석에 달했는데, 절반은 광주의 도시제사와 군산의 군산제사 공장으로 가고 나머지는 도외로 공급되고 있었다. 부지를 선정하여 도지사와 계약을 맺자, 일부 소작농이 경작권 보장을 주장하며 토지 수용에 저항하기도 했다. 누에고치를 헐값에 확보하기 위해 광주와 인근 7개 군 22개 면에 토지를 매입하여 뽕나무 밭을 만들어 농민에게 대여하고서 생산한 고치를 농민과 회사가 양분하는 양잠 소작을 실시하거나 잠실을 설치하고서 값싼 노동력을 투입하여 고치를 직접 조달했다. 공장 노동자 가운데 여성이 절대 다수를 차지했다. 이익 극대화를 위해 저가 임금, 장기간 노동(1일 13시간 노동), 주야 2교대를 실시하면서 엄청난 순익을 남겼다. 그러는 사이에 조선인 경영 회사는 원자재 누에고치를 확보하지 못해 문을 닫을 지경이었다. 상황이 이러했기에 처우 개선을 주장하는 노동운동과 견 공판제를 폐지하자는 주장이 일어나게 되었다. 한편, 종방은 1935년 지금 임동에 면제품 공장을 설립했다. 전남산 목화를 토대로 종업원 900명, 직기 1천 대의 초대형 공장이었다. 몇 년 만에 종업원이 2천

명으로 늘어 그들을 수용하느라 거대한 기숙사를 지을 수밖에 없었다.

해방 이후 이익에 눈독을 들인 제사업에 문외한인 모리배들이 앞의 공장을 적산 불하를 받았다. 그 가운데 종방은 전남방직·일신방직으로 이어져 광주 경제를 견인했지만, 나머지는 곧 문을 닫고 학교나 아파트 부지로 바뀌었다. 그런데 이제 전남방직마저 문을 닫고 말았으니, 그 자리에 '광주 근대 산업관' 같은 것을 지으면 좋을 성 싶다.

해방 이후 우리 정부도 '잠업증산 5개년 계획'을 수립하여 추진했다. 농림부에 농업생산국 산하에 잠업과를, 도청에 식산국 산하에 잠업과를, 군청에 식산과 산하에 잠업계를 각각 두었다. 생사를 수출하여 외화를 획득하기 위해서였다. 매년 고치와 생사 생산량이 늘었다. 특히 전북 지역이 크게 늘어 전남을 제치고 전국 3위권을 유지했다. 그러나 1970년부터 누에고치 생산은 하강 국면으로 들어갔다. 그 결과 오늘날 전라도 땅에서 뽕밭을 보기가 쉽지 않다.

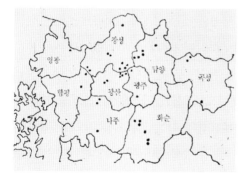

『매일신보』(1929년 6월 1일). 종연방적 제사공장이 광주 교외에 설치된다는 보도이다.

종방의 뽕나무 밭(정근식, 「일제하 종연방적의 잠사업 지배」)

4) 목화–주산지는 무안

 과거에 우리의 의류작물로 대중성이나 실용성 측면에서 최고는 단연 목화(木花)였다. 목화는 '목(木)의 꽃'이다. 목은 무명이고, 꽃은 져서 솜이 된다. 곧 목화는 무명의 원자재인 솜을 만드는 꽃이라는 말이다. 면화(棉花)로도 불리었다. 고풍스런 말로 길패(吉貝)가 있다. 전라도와 경상도에서는 흔히 '미영'이라 했다.

 봄에 씨앗을 심는다. 한 달 남짓 지나면 꽃이 핀다. 꽃은 하얀 색이다. 하얀 색은 그에 걸맞은 이미지를 풍긴다. 그래서 '목화 따는 아가씨'라는 노래가 나왔을 것 같다. 꽃이 지고 난 자리에 복숭아 같은 다래가 열린다. 1970년대 살았던 사람들은 달달한 맛을 내는 어린 다래를 먹었을 것이다. 이 다래가 벌어지면 새하얀 솜꽃이 핀다.

 목화는 고려 말에 문익점에 의해 원나라로부터 도입되어, 그의 장인 정천익이 고향인 경남 산청에서 재배하기 시작하였고, 정천익의 아들 문래와 손자 문영이 실 뽑는 법과 옷감 짜는 법을 각각 고안하였다고 한다. 백제 때 유물로 보아 문익점 이전부터 목화가 재배되었을 가능성이 있다는 지적도 있지만, 본격적으로 목화가 재배된 것은 조선초기이다.

 목화로 만든 옷감이 무명이다. 무명은 보온과 촉감에 있어서 매우 우수한 의복 재료이다. 이러한 우수한 품질 때문에 무명은 조선초기에 이르러 명주나 삼베를 제치고 대중적 옷감으로 자리를 잡아갔다. 정부도 목화 재배를 권장했다. 무명은 옷감 외에 화폐와 같은 교환 수단으로, 군포(軍布)와 같은 납세 수단으로도 사용되었다. '추포(麤布)'라는 교환이나 유통 전용 무명도 있었다. 이에 따라 목화는 전래 즉시 본격적으로 재배되기 시작했다. 목화 재배지는 처음 재배지 경상도를 떠나 금새 인접 충청도와 전라도는 물론이고, 멀리 북방지역에까지 확산되었다. 그 중 전라도에서 집중적으로 목화가 재배되었다. 15세기 초『세종실록 지리지』에 의하면, 재배지가 가장 많은 곳이 전라도로써 56개 고을 중 27개 고을(48%)이고, 그 다음이 경상도로써 66개 고을 중 13개 고을(20%)이었다. 실제는 더 많고 이는 특히 많이 재배한 곳이다.

조선후기에도 전국 목화 생산지는 단연 전라도였다. 생육에 적합한 기후와 지리 조건 때문이었다. 이전에 보이지 않던 '면주(綿州)'라는 무안의 별호가 15세기『동국여지승람』에 기록되어 있다. 면성(綿城)이란 말도 같은 별호이다. 무안 땅이 목화 재배에 알맞은 곳이어서 사람들이 목화를 널리 재배하고 있었음을 알려주는 대목이다. 1928년 자료를 보면, 면은 무안군의 특산물로 매년 1천 200만 근을 생산한다고 했다. 가히 전국 최고였다.

다산 정약용이 강진에서 유배 생활하면서 지은 시 속에 "여기저기 모래 땅이라 목화 심기에 제 격일세"라고 읊은 바 있다. 목화 잘 자라는 모래 섞인 메마른 밭이 많아 강진 지역에서 목화가 널리 재배되고 있었음을 알려주는 시구이다. 또 옛말에 "장마가 길면 보성 색시가 운다"고 했다. 목화 농사를 많이 짓는 보성 등지에서 늦장마로 목화가 흉작이면 처녀들이 시집을 가는 데 차질이 생겼던 데서 비롯된 말이다. 또한 19세기 초 전라감사 서유구가 쓴『완영일록』을 보면, "남원과 광주, 옥과는 전라도에서도 목화가 가장 성행하는 곳이다. 이들 고을엔 산이고 들이고 목화밭이 없는 곳이 없을 정도이다."는 구절이 있다. 이처럼 대체로 노령산맥 이남이 우리나라 목화 주산지였다. 면전(綿田) 매매 고문서가 전라도에 적지 않게 남아 있다. 전라도 목화밭이 재해를 입으면, 조선 경제가 휘청거렸다. 게다가 목화가 아주 귀하여 사람들이 몸을 가리지 못하므로 보기에 참혹하고 가엽다는 기사도 종종 보인다.

5) 육지면-목포에서 최초 재배

일제는 1897년에 목포를 개항하고서 본격적으로 전라도 땅에 들어와서 경제 수탈을 감행했다. 수탈 대상 가운데 하나로 목화가 있었다. 그 결과 조선 남부의 경제는 '전북의 미작' 혹은 '미곡의 군산항'과 대비되는 '면화의 전남' 혹은 '면화의 목포항'으로 회자되었다.

그들은 우리 목화를 '재래면' 또는 '조선면'이라 하면서, 미국에서 들여온 '육지면(陸地棉)'이라는 새 품종을 반입했다. 목포주재 일본영사로 부임한 와카마츠(若松)는 1904년에 목포에 최초로 '육지면 시험장'을 설립했다. 이 듬해에 와카마츠는 서울에 올라와 한국 정부와 협의하여 다음과 같은 결정을 내렸다.

> "한국 정부는 전라남도 기타 면작 적지 30개소에 면화 종자원을 설치하고 일본인으로 하여금 이를 감독하게 한다."

그는 육지면 종자를 키우는 채종포(採種圃)를 목포, 고하도, 무안군 일서 면, 나주군 복암면, 남평군 금마산면 · 동천면, 광주군 두방면, 영암군 서종 면, 해남군 군일면, 진도군 부내면 등지에 10개를 두었다. 나주 복암면 채 종포는 주민들이 땔감이나 가축 사료를 채취해오던 야산을 개간하여 조성 했는데, 그 과정에서 나주 군수와 주민이 저항했다.

이들 채종포에서 재배된 육지면 종자는 전남 각지에 보급되었다. 목포 에 '임시면화재배소'가 설치되어 면화 재배에 관한 시험, 채종포의 경영 등 을 관장했다. 그 결과 전남의 면화 생산량이 1907년 기준으로 전국 25%를 차지했다. 무안이나 진도 같은 곳은 밭의 70~80%가 목화밭이었다. '면화재배협의회'가 조직되고 '한국면화주식회사'가 설립되어 면화 재배를 독려하고 수확 면화를 독점적으로 매수하니, 당연히 민중의 저항과 의병의 공격 목표가 되기도 했다.

우리 주권을 강탈한 일제는 이 일의 소관을 총독부로 넘겼다. 총독부 명에 의해 도청과 군청도 육지면 재배를 독려했다. 당시 광주군에서는 근검 저축, 식림식수, 산미개량, 육지면작, 잠업진흥 등 '산업 5대 필수사항'을 발표했다. '육지면작'이란 육지면 재배란 말이다. 헌병과 경찰도 육지면 재배 강요에 나섰다. 그들은 심지어 다른 작물을 심으면 강제로 갈아버리고 육지면을 심으라고 강요했다. 이에 따라 전남의 육지면 생산지와 생산량이 폭발적으로 늘어났다. 가령, 1911년 25정보에 불과하던 육지면 재배지가 1925년에는 616정보로 증가했고, 육지면 생산량 또한 260만 근에서 4천 940만 근으로 증가했다. 1933년에는 전남의 목화 재배지가 4만 7,443정보로 전국 최고였다. 2위 경남은 2만 6,645정보에 불과했다. 그러는 사이에 재래면은 자취를 감추고 말았다. 인조섬유의 보급과 목화·무명의 수입으로 목화가 떠난 밭에 양파와 마늘이 재배되더니 양파·마늘마저 과잉 생산으로 농촌을 괴롭히고 있다.

전남의 육지면 재배

시기	재배면적(정보)	수확량(10만근)
1911	25	26
1912	62	70
1913	132	129
1915	240	237
1920	516	467
1925	616	494
1928	615	627

농민들은 면작조합(棉作組合)을 만들고 가입해야 했다. 1925년 발간『해남군지』를 보면, 면작의 개량과 발달이란 이름으로 1913년 창립된 '해남군 면작조합'의 회원이 1만 4천 74명이나 되었다. 1918년에 창립된 '해남군잠업조합'도 3천 123명의 회원을 두고 있었다. 일제는 관에서 지정한 매수자에게 공판(共販)을 실시했다. 공동판매소가 전국에서 전남이 압도적으로 많았는데, 1923년에는 135개소, 1935년에는 160개소였다. 두 개 면당 한 개 꼴로 목화 공동판매소가 있었다. 수량과 가격도 관에서 정했다. 저항이 뒤따랐지만, 대세를 뒤엎을 수는 없었다.

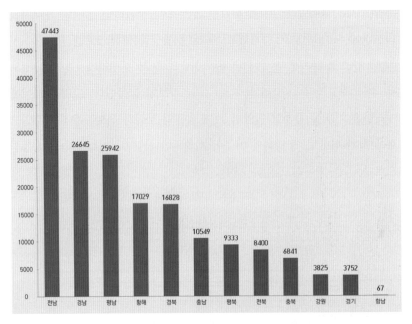

1933년 도별 목화 재배 면적(단위: 정보)

목포에 육지면 재배 시험장이 들어선 것은 결코 우연이 아니었다. 150호

전후만 사는 한적한 목포가 개항되었던 것도 그 주변이 목화의 주요 생산지였기 때문이다. 그래서 전남 각지에서 생산된 목화는 공동 판매소에서 매집하여 영산강 수로나 호남선 철도를 통해 목포로 집결되었다. 목포에 집결된 목화는 실면(實綿)이나 조면(繰綿) 형태로 목포항을 통해 일본으로 유출되었다. 전국에서 생산된 목화의 80%가 목포항을 통해 일본으로 나간 적도 있었다. 요즘의 산업박람회에 해당되는 '물산공진회'가 1926년에 목포에서 열렸을 때에 목화가 주요 상품으로 전시되었다. 이에 의해 당시 전국적인 조면 유출량은 1908년 44만 근에서 1923년 1천 274만 근으로 대폭 증가했다.

점차 조면 상태의 수출량이 많아지면서, 목포에는 목화송이에서 씨를 제거하여 솜을 만드는 '조면공장'이 많다. 조면공장은 양조장 · 정미소와 함께 전라도 지역의 대표적인 근대 산업시설이었다. 1924년에 전남에 28개의

1926년에 조선면업공진회 포스터. 일제는 전라도 목화를 수탈해가기 위해 목화 박람회를 목포에서 개최하였다.

조면공장이 있었는데, 큰 공장은 죄다 목포에 있었다. 1933년에는 전남에 37개가 있었는데, 목포에만 26개 공장이 있었다. 목포 조면공장 주인으로 일본인도 있었고 나중에 문태중고등학교를 세운 문재철 같은 조선인도 있었다. 전국에서 제일 큰 조면공장인 조선면화(주), 남북면업(주)이 목포에 있었다. 모두 일본 거대재벌 미쓰이 계열 회사이다. 공장마다 2 · 300명의 노동자가 일했다. 많을 때는 880명도 있었다. 그 조면공장에서 '목포의 눈물'이란 노래를 부른 이난영이 한 때 노동자로 일한

적이 있고, 박화성은 그곳 노동자들의 이야기를 '추석 전야란 소설에 담아
냈다.

우편 엽서. 일본으로 실어가기 위해 목포항에 쌓여 있는 목화

조면을 하고 나면 검은 색의 목화씨가 나오는데, 그것으로 기름을 짜는
면실유(棉實油) 공장도 목포에 있었다. 면실유는 마가린이나 식용유의 주
된 원료였다. 1926년 목포 면유공 파업은 일제하 노동 운동사에서 대표적
인 것으로 평가받고 있다. 조선제유주식회사 목포공장 노동자들은 노동조
합을 만들어 인격적 대우, 임금 인상, 노동시간 단축 등을 주장하며 2개 월
이상 파업에 들어갔다. 이들의 장기간 투쟁은 시민과 인근 지역 사회단체
의 지원에 힘입어 가능했다.

6) 무명-시전 명품

목화로 실을 뽑아 짠 직물을 무명이라 한다. 무명은 고문헌에 면포(綿
布), 목면(木棉), 백목(白木), 목(木) 등으로 기록되어 있다. 우리 민족을 '백

의민족'이라 한 것은 이 백목에서 유래한다. 고문헌에 '포목(布木)'이란 말이 자주 나오는데, 이는 본래 '옷감'이라는 뜻이 아니라 삼베를 지칭하는 '포'와 무명을 지칭하는 '목'이라는 뜻이다. 목화가 다량 재배되었기 때문에 전라도 곳곳에서 무명을 짰다. 1895년 통계에 의하면, 연간 순천에서 20만 필, 나주에서 10만 필, 광주에서 7.8만 필, 영암에서 6만 필의 무명을 생산했다. 전국 최대 산지였다.

양만 많은 것이 아니라, 우수한 품질의 무명이 전라도에서 생산되어 전국에 유통되었다. 정상기가 그린 「동국팔도대총도」라는 지도를 보면, 전국 특산물이 적혀 있다. 그 가운데 옷감에 대해 관북의 삼베, 관서의 분주(盆紬), 호남의 강진목(康津木), 영남의 통영목, 한산의 백저, 영천의 황저를 말했다. 강진목이란 '강진에서 생산하는 목'이라는 말이다. 강진 외에 나주, 해남, 순천의 무명도 전국적으로 유명한 것이었다. 「한양가」라는 노랫말에 다음 구절이 들어 있다.

> 白木廛 各色房에 무명이 쌓였어라
> 康津木, 海南木과 高陽낳이, 江낳이며
> 商賈木, 軍布木과 貢物木, 巫女布와
> 天銀이며, 丁銀이며, 西洋木과 西洋紬라.
>
> 베廛을 살펴보니 各色 麻布 들어쳤다
> 農布, 細布, 中山치며 咸興 五升 襦衣布며
> 六鎭 長布, 安東布와 계추리, 海南布와
> 倭베, 唐베, 생계추리, 門布, 造布, 永春布며
> 吉州, 明川 가는 베는 바리 안에 드는 베로다.

서울 시전의 면포를 파는 백목전에서 강진목(康津木)과 해남목(海南木)

이 인기 품목이었다. 흥부전에도 강진목이 장성 모시와 함께 나온다. 한 개성상인의 상품 구매 대장에 순천 무명도 들어 있었다. 나주 다시의 샛골에서는 세목(細木)이라 불리는 '가는 무명'을 직조하였는데, 품질이 우수하여 고관들의 옷을 만드는데 이용되었을 뿐만 아니라 궁중에 진상으로 올라가기까지 하여 비단보다 값이 더 높았다 한다.

자연히 장시에서 무명이 널리 유통되었다. 강진 병영의 약국 주인이 공주·대구 약령시로 약재를 사러 가면서 돈 대신 무명을 가지고 가서 처분한 후 필요한 것을 사온 적도 있었다. 당연히 전국 상인들이 무명을 사러 전라도에 모여들었다. 이 대목에서 두산 그룹의 창업자 박승직(朴承稷, 1864~1950) 이야기를 아니 할 수 없다. 민영완이란 사람이 1881년(고종 18)에 해남현감으로 발령받아 왔다. 그때 경기도 광주 출신의 17세 박승직이 사환으로 따라왔다. 박승직은 해남 관아에 3년간 있으면서 해남은 물론이고 인근의 영암·나주·무안·강진 등지를 다니면서 무명을 사서 서울에 팔았다. 해남을 떠나 서울로 올라온 뒤에도 한참 동안 무명 장사를 했다. 한 번에 30필 정도를 취급했고, 1필에 40전에 사서 80전에 팔았다. 그렇게 해서 모은 돈으로 서울에 포목점을 차려 후일 대기업으로 성장한 것이다.

개항 이후 면직업에 소용돌이가 쳤다. 서양 무명의 대량 수입으로 국내 면직업이 타격을 입고 있을 때 갑오개혁으로 조세의 포납을 폐지하고 전납을 실시하자 면직업이 더욱 위축되었다. 정부는 직조국(織造局)을 신설하여 근대 면직 기술을 도입했고, 민간 직조공장이 들어서기도 했다. 일제 강점기에 들어와서는 일본인이 곳곳에 면직 공장을 세웠다. 1917년 당시, 면업과 염직업의 공장 수는 한국인이 일본인에 비해 배 정도 많지만, 자본금은 4% 정도에 불과했다.

실뽑는 처녀

이북초(李北草)

羅州땅 미영꽃이 곱기도하련
머리채 붉은당기 나즉히드려
촛불로 밤을새며 실뽑는처녀
그가슴 피는꽃도 응당고으리

배를짜 입은옷이 무명이련만
가슴에 삭인마음 비단길같고
물네에 풀어나온 실오락처럼
천갈래 얽혀저도 풀리여지네

촌처녀 열일곱살 고개넘으면
못뵈온 님에얼굴 마음에그려
이밤이 다가도록 은근한솜씨
실줄도 모르옵고 실만뽑으네

- 나주 동강면 서촌갔다 -

〈『호남평론』 1936년〉

2. 작물, 산업의 기본이 되다.

서울 안팎과 번화한 큰 도시에 파 밭, 마늘 밭, 배추 밭, 오이 밭 따위는 4마 지기 땅에서 얻은 수확이 돈 수백 냥을 헤아리게 된다. 평안도의 연초 밭, 함경 도의 삼 밭, 한산의 모시 밭, 전주의 생강 밭, 강진의 고구마 밭, 황주의 지황 밭은 모두 최상 논과 비교해도 그 이익이 10갑절이나 된다. 그리고 근년에는 인삼을 또 밭에다 심어서 그 남는 이익이 혹 천만이나 되는데, 이것은 전지(田地) 등급으로써 말할 수 없다. 〈『경세유표』〉

강진에서 유배 생활한 정약용이 남긴 기록인데, 전주의 생강 밭과 강진 의 고구마 밭은 좋은 논 10배 이익이 된다는 말이 들어 있습니다. 전주 생 강과 강진 고구마가 높은 인기로 값이 비쌌다는 뜻입니다. 밭에서 나는 전 라도의 특산품으로 이 외에 무엇이 있을까요? 진안의 담배, 금산·동복의 인삼, 구례의 산수유, 진도의 구기자 등도 있었습니다. 하나씩 알아보며 오 늘과 비교해 보면 좋겠습니다.

1) 감자-구황작물

필자가 어렸을 때 많이 들었던 말 가운데 '해남 물감자'란 말이 있었다. 그 말은 그리 좋은 뜻으로 쓰이지는 않았다. 그렇지만 '물감자'는 물렁물렁 해서 먹기 쉽고 엿처럼 달아서 입맛에 좋았다. 그런데 어느 때부터는 '밤감 자'가 심어지기 시작했다. 나중에 알고 보니 주정용 물감자 수요가 줄어들 자 간식용 밤감자를 보급한 결과였다. 어렸을 때와는 달리 나이가 들어가면서 퍽퍽한 밤감자를 먹기가 여간 힘들어 물감자를 찾고 있으나, 요즘 구하기가 꽤 어려운 실정이다.

또한 필자는 물감자건 밤감자건 간에 그것들을 전라도 사람들은 왜 '고구마'라 하지 않는지, 그리고 감자(potato)를 왜 '마령저(馬鈴薯)'나 '하지감자' 혹은 '북감자'라고 하는지 등에 대해서도 어렸을 때부터 의문을 갖기 시작했다. 이 의문은 나이가 들어가면서, 그리고 역사를 깊이 있게 연구하면서 하나씩 풀리게 되었다.

필자의 이 아련한 추억과 의문이 어떤 역사적 경로를 거쳐서 형성되었는지를 찾아 나서보자. 쌀을 거둬들이는 논농사와 함께 밭농사도 전라도에서 발달했다. 밭에서는 봄에 보리를 수확하고, 가을에 콩·조·수수를 수확했다. 이른바 5곡이 가장 잘 자라는 곳이 전라도 땅이었다. 곡물 외에 구황작물이나 상품작물도 밭에서 널리 재배되었다.

흉년을 극복하는 데에 도움이 되는 구황작물로 대표적인 것이 고구마이다. 고구마 원산지는 중남미로 알려져 있다. 그 고구마가 유럽인의 손에 의해 일본에 전래되었다. 우리나라에는 농민층에 의해 비공식적인 방법으로 일본에서 반입되었다고 한다. 그때 우리 발음은 일본말을 따서 '고금아'였다. 이 고금아가 '고그마'를 거쳐 '고구마'로 바뀌었다고 한다.

일본에 건너가서 외교 업무를 수행한 통신사 조엄이 돌아올 때에 대마도에서 경상도 동래로 가지고 들어와서 고구마가 우리나라에 처음 전래되었다는 것이 공식적인 기록이다. 그 시기는 지금으로부터 250년 전인 18세기 중반 영조 임금 때이다. 바로 이어 동래부사 강필리도 왜관을 통해 고구마를 도입했다. 들어올 때 이름은 한자로 감저(甘藷), 즉 '단 맛이 나는 마'였다. 일본도 예부터 지금까지 '甘藷'로 적고, 가고시마의 다네가 섬[種子島]에 「日本甘藷栽培初地之碑」가 서 있다. 그래서 강필리가 쓴 그 재배법

『감저보』(강필리). 고구마 재배법을
연구한 책

서적을 『감저보(甘藷譜)』라 했다. 19세기
에 나온 고구마 재배와 이용에 관한 책도
『종저방(種藷方)』(서경창) 또는 『종저보(種
藷譜)』(서유구)였다. 모두 감저란 단어를
책 이름으로 사용했다.

일제 강점기 군지를 보아도 죄다 감저라
했다. 예를 들면, 강진 사람들은 1923년에
편찬한 『강진군지』에 자기 지역 농작물로
감저 등 28종을 열거했다. 인근 해남 사람
들은 1925년에 편찬한 『해남군지』에 자기
지역 물산으로 감저 등 44종을 열거했다.

심지어 일본인이 1939년에 발간한 『광주부』란 책 속에도 감저 백짝 값이
0.03엔, 마령저 백짝 값이 0.05엔이라고 적혀 있다. 이런 전통은 해방 이후
로 이어졌다. 1956년에 나온 『곡성군지』에 관내에서 감저가 19만 2천 관
나온다고 기록되어 있다. 이 감저를 사람들은 '감제'로 발음하다가 '감져'를
거쳐 '감자'로 바꾸었다.

그런데 고구마는 전래 초기에 동래 부근에서만 재배되었다. 그러다가
곧이어 정조 때에는 서울과 전라도에도 고구마 종자가 들어왔다. 이 모든
것들이 척박한 땅과 안 좋은 날씨에서도 잘 자랄 뿐만 아니라, 수확량이
많고 맛이 좋아 구황작물로 적격이어서였다. 그렇지만 이런 장점에도 불구
하고 사람들은 좀체 고구마를 재배하려고 하지 않았다. 그래서 조정의 근
심이 날로 깊어만 갔다.

하지만 19세기에 접어들자 전라도 지역에서 고구마가 본격적으로 재배
되고 있었다. 고구마를 반입하는 데에 앞장 선 동래부사 강필리가 전라도

의 강진 출신이다. 그가 강진과 제주도에 고구마를 전파시킨 결과였다. 남들이 기피하고 있는 작물을 선택한 전라도 농민들의 한 발 앞선 재테크 실력과 상업적 안목도 전라도에 고구마 재배를 확산시킨 요인이었다.

전라도 안에서도 어느 지역에서 고구마를 널리 재배했을까? 제주도에서 널리 재배되어, 그곳 민요에 "아버지 어머니 고기나 줍지, 감자는 심어 무엇하나"라는 구절이 들어 있다. 이규경이 『오주연문장전산고』에 적어 놓은 것을 보면, 경상도의 동래 부산 등의 연해에서 간혹 재배되고 있었다. 하지만 전라도의 태인과 강진 고금도에는 재배를 업으로 하는 사람이 많아서 전주 장시에 가져와서 판매하기까지 했다. 고금도에서 많이 재배하여 이름이 '고금이(古今伊)'가 되었다가 고구마로 바뀌었다는 말도 있으나, 과도한 추측에 불과하다.

전라도 안에서 강진과 해남에서 고구마가 활발하게 재배되고 있었다. 그 상황을 서울 출신의 서경창(徐慶昌, 1758~?)이라는 학자가 말했다.

> "지금 남쪽 끝 한 두 고을(강진, 해남)에 고구마를 심는 백성이 있지만, 아직도 여러 고을에 두루 미치지 못하는 것은 전적으로 권장이 미치기 못하기 때문이다."

강진과 해남 외 지역에서 고무마를 심지 않는 것이 서경창에게는 심히 이상할 정도였다.

특히 강진은 고구마 재배에 성공하여 곳곳에서 많은 수확을 거두고 있었다. 서유구가 지은 『임원경제지』를 보면, 강진 읍내장에서의 거래상품 가운데 고구마가 들어 있다. 그만큼 강진지역의 고구마 생산이 활발했음을 알 수 있다. 이를 토대로 강진 고구마를 전국 곳곳으로 보급하자는 운동이

『경세유표』(정약용). 전주 생강 밭과 강진 고구마 밭 수입이 논보다 10배 높다고 적혀 있다.

일어났다. 이 점과 관련하여 또 다시 서경창의 글을 주목해보자.

"나는 1805년 봄에 전라도 강진에서 약간의 고구마 종자를 구입해서 서울 밖에 살고 있는 친지들 중에 재배를 원하는 사람들에게 나누어주었다. 그 후 가을이 되어 추수할 때에 이르러 고구마 농사가 잘 되었는지를 살펴보았다. 그런데 어떤 곳은 제대로 고구마가 열렸지만, 그렇지 못한 곳도 있었다. (중략) 이런 것을 보면 고구마 농사의 승패 여부는 오직 심경과 화분에 달려 있음이 분명하다. 다른 이유는 중요하지 않다. 이런데도 불구하고 많은 사람들이 '강진 이외의 지역에서는 고구마가 재배될 수 없다'는 말을 하고 있으니, 이는 참으로 잘못된 것이다."

강진 고구마 종자가 서울에까지 보급되었다. 종자를 받은 사람 가운데 재배에 성공한 자가 있어 고구마 농사는 전국으로 확산되었다. 수입도 다른 작물보다 짭짤했다. 이 점을 정약용이 강진 유배 시절에 목격하고서 『경세유표』에 기록으로 남겼다. 강진의 고구마 밭은 전주의 생강 밭, 평안도의 담배 밭 등과 함께 비옥한 논의 10배 수입을 낸다고 했다. 이를 안 정약용은 제자 황상에게 서재 옆 채소밭에 오이도 심고 고구마도 심으라고 조언했으니, 수익성과 함께 자립성을 간파했음에 분명하다.

2) 함평 고구마 사건

1910년대에 일본 언어학자 오구라 신페이가 조사한 바에 의하면, 전라도와 제주도 사람들은 전역에서 감자로 부르지만, 경상도 사람들은 일부 지역에서만 감자로 부르고 있었다. 충청도와 수도권에서도 죄다 감자라고 했으니, 감자가 대세였다. 대신 경상도 대부분 지역은 고구마나 고구매로 부르고 있었다. 필자의 경우도 어려서 온통 들은 단어가 감자였다. 나중에 이름이 감자가 아니라 고구마였다는 점을 안 순간은 필자에게 충격이었다. 그러면 언제, 누구에 의해 감자란 말이 사라지고 고구마로 통일되었을까? 이 점은 필자의 연구 영역이 아니니 관계자의 추적을 기대한다. 꼭 밝힐 일이다.

일제 강점기 독일 지리학자 라우텐자흐 조사에 의하면, 전라도의 남쪽 지역에서 고구마가 대대적으로 재배되고 있었다.

> "서부와 남부 지방, 그 중에서도 특히 대도시 근교에는 추위에 매우 민감한 고구마가 감자 대신에 도처에서 재배된다. 완도, 거제도, 제주도와 같은 몇몇 남해의 도서에서 고구마의 재배가 매우 성하다. 초봄에 서늘한 지방에서는 미리 온돌방에서 고구마의 씨눈을 틔우게 되는데, 그렇지 않으면 이 아열대성 작물이 충분히 숙성할 시간이 부족하다."

전라도 고구마는 전국 곳곳으로 팔려나갔다. 고구마의 순(筍)도 생 것이나 말린 것으로 도처에 보급되었다. 그런데 오늘날 전라도 사람들 말을 들으면, 고구마는 '고구마'라 하면서, 고구마 순은 대부분 '감자순'이라 한다. 고구마 농사를 시작할 때에도 '감자순' 심는다고 말한다. 이는 전라도 사람들이 오래 전부터 감자라고 부른 관행에서 연유한다. 감자 알맹이 이름은 타지방 말로 빼앗겼지만, 순 이름은 전라도 말로 고수하고 있음을 알 수 있다.

고구마는 우리나라 주류산업의 기반을 바꾸었다. 일제가 우리나라를 지배할 때 소주 산업에 큰 변화가 일어났다. 일본은 수입산 당밀(糖蜜)이나 썰어서 말린 고구마로 만든 주정(酒精)에 물을 섞어 만든 희석식(또는 주정식) 소주를 전국에 보급했다. 이 희석식 소주는 저렴한 가격과 그것을 토대로 한 수입증대와 대중통제를 위해 지금까지 이어지고 있다. 다만 주정 원료를 무엇으로 했는가만 변하고 있다.

희석식 소주 보급으로 인해 전국 곳곳에 주정 공장이 들어섰다. 1960~70년대까지만 해도 절간 고구마(빼떼기, 썰어서 말린 고구마)가 주정의 주원료로 사용되었다. 그러한 나머지 1960년대 초 연간 약 50만 톤 생산되던 고구마는 1960년대 중반 300만 톤까지 늘어나면서 주곡을 제외하고 가장 많은 생산량을 차지하는 작물이 되었다. 이런 추세 속에서 전라도 곳곳에도 주정 공장이 들어섰다. 제주도에 '무수주정 제주공장'이, 영산포에 '홍인산업'이, 군산에 '서영주정' 등이 있었다. 주정 공장이 들어서자 전라도 산 소주가 인기였다. 그 가운데 목포 삼학소주는 라이벌 김대중에게 정치 자금을 제공했다고 박정희 정권에서 세무 사찰로 쓰러지고 말았다.

이러한 상황에서 전라도 고구마 생산량은 전국에서 압도적으로 많았다. 그 결과 해남, 무안, 함평 등지에서 고구마는 고수익 작물로 널리 재배되었다. 특히 해남은 많은 야산을 개간한 넓은 밭에서 특별한 수익 작물이 없던 시절에 고구마를 대규모로 심었다. 어느덧 해남은 고구마의 최대 산지가 되었다. 해남에서 생산한 물렁물렁한 고구마는 '해남 물감자'라는 별명을 얻게 되었다. 이 말은 당시 해남 사람들에게는 귀에 거슬릴 수밖에 없었다.

우리의 요구

ㄴ, 함평 고구마 피해를 즉각 보상하라!
ㄱ 광주는 구속된 정 성현, 유남선 두형제를
   즉각 석방하라!
ㄱ 농민회 탄압을 즉각 중단하라!

〈단식자의 결의〉
우리는 이상의 '우리의 요구' 관철될어는것이 농촌 복음화의
결의오, 곧 이땅의 참된 민주회 실현과 건전한 농민문제
해결의 길임을 깊이 인식하면서 '우리의 요구'가 관철될 때
까지 우리강 단식투쟁을 계속할것이다.
〈기항자의 결의〉
우리는 우리가 기항하는 즉시 전국각지에서 모든 이
사태를 전농민에게 고발하고   우리의 민주회결은
세워 끝까지 투쟁할으로써 오늘 "단식자의 결의"
전적으로 동참할것을 결의한다.

농민회 기도회 참석자 일동

2-2-57

「우리의 요구」(민주화운동 기념사업회). 함평 농민
들이 고구마 피해를 즉각 보상하라고 정부에 요구
하고 있다.

하지만 이를 극복하고서 최근 해남군은 특허청에 출원하여 '해남 고구마'를 지리적 표시 농산물로 등록했다.

한편, 1970년대에 박정희 정권은 고구마 재배를 정책적으로 장려했다. 그 정책을 살리기 위해 주정 공장으로 하여금 고구마만을 사용하도록 하고, 농민들에게는 수매를 통해 증산을 독려했다. 그 결과 전라도 고구마는 민주화 운동의 매개체 역할을 하기도 했다. 때는 1976년, 함평 농민들은 값이 좋고 농협이 권장해서 몽땅 고구마를 심었다. 그런데 농협은 약속 이행을 미루더니 수매를 절반 이하만 했다. 그러는 사이에 값은 떨어지고 못 팔고 있는 사이에 고구마는 썩어만 가고 있었다. 함평 가톨릭 농민회가 앞장서서 정부와 농협을 성토했다. 광주까지 나와서 단식농성에 들어가고 종교 · 사회단체와 연대 투쟁했다. 군청 · 면사무소 직원, 경찰, 농협 직원, 이장 등의 회유 · 협박에도 불구하고 보상과 책임자 처벌을 이끌어 냈다. 이 투쟁을 '함평 고구마 사건'이라 한다. 이는 79년까지 이어지며 유신반대 운동으로 이어졌다. 고구마가 민주화 투쟁으로 이어지는 모습을 볼 수 있는 대목이다.

3) 담배-최고는 진안초

담배의 원산지는 남미로 알려져 있다. 담배가 우리나라에 전해진 때는 16세기 말~17세기 초이다. 일본이나 명나라에서 들어와 경상도 동래에서 처음 재배되었다고 한다. 이름은 담배 외에 남초(南草), 남령초(南靈草), 연초(煙草) 등 여러 가지로 불리었다. ①담배는 일본말 담파고・담바고에서 유래한다. ②남초는 일본이나 오키나와 등 남쪽에서 왔다는 말인데, 조선 시대에 가장 널리 쓰인 이름이다. ③남령초는 남쪽에서 온 신령스런 풀이라는 말인데, 병든 사람에게 좋다거나 소화를 잘 되게 한다는 등 신령스럽다는 낭설에서 유래한다. ④연초는 불에 태우는 풀이라는 말인데, 19세기 말에 조선 정부에서 공식적으로 사용한 이름이다. 이렇게 보면, 이름을 담배라고 하지 말고 연초라고 해야 하지 않을까? 사실 '연초 제조창' 또는 '연초조합'이란 말은 지금도 통용되고 있다.

연초는 전래되자마자 급속하게 전파되었다. 전래된 지 20년 지나 위로는 고위 공직자부터 아래로는 천인까지 안 피우는 사람이 없었다. 건강에 백해무익한데다 곡식도 부족하니, 태워 없어지는 연초를 밭에 못 심게 하자고 관료들은 임금에게 건의했다. 잦은 화재도 원인 가운데 하나였다. 17세기 중반부터 건의가 한두 번 들어온 게 아니었지만, 금지시키는 것도 어려운 일이었다. 하는 수 없이 18세기 전반에 영조 임금은 타협안을 제시했다.

> "충청・전라・경상도 관찰사에게 분부하여 비옥한 땅에는 연초를
> 심지 못하도록 하는 것이 낫겠다."

척박한 땅은 괜찮지만, 비옥한 땅은 곡식을 심어야지 연초는 안 된다는

것이다. 계속되는 정부의 경작 금지령에도 불구하고 연초 재배 밭은 늘어나고 있었다. 밭에 곡물을 심는 것보다 연초를 심는 것이 더 큰 수입을 올렸기 때문이다.

금연령을 내렸으나 그것도 별 효과가 없었다. 애연가인 정조 같은 임금은 오히려 권장할 지경이었다. 신하 가운데도 그런 사람이 적지 않았고, 끽연을 멋진 글로 묘사하기도 했다. 이리하여 연초를 찾는 이가 날로 늘어나고 있었다. 그 결과 시장에 연초를 판매하는 상점이 다른 물건을 파는 상점보다 더 많아졌다. 은 연죽(烟竹, 담뱃대)이나 동 연죽을 제작하기 위해 장인들은 갖가지 기술을 최대한 발휘하고 있었다. 양반이건, 평민이건, 기생이건 간에 명품 연죽을 물고 다니는 모습은 풍속화에 멋지게 그려졌다. 멋진 글과 그림으로 흡연 모습이 실시간 안방에 '중계'되어 연초 수요를 부채질했다. 수입이 좋고 찾는 이가 많으니 너도나도 연초를 재배했던 것이다.

여기에는 중국과의 관계도 한 몫을 했다. 우리 연초와 연죽은 청나라 사람들이 찾는 것이어서 우리 사신이 들어갈 때나 우리나라에 온 청나라 사신이 돌아갈 때에 선물로 꼭 가지고 갔다. 청나라 관리와 군인들이 좋아하여 병자호란 때에 인질로 잡혀갔던 사람들을 데리고 올 때에도 연초가 사용되었다. 연초를 좋아하던 청나라 사람들의 습성이 19세기 말기에 아편으로 도졌는가 모르겠다.

연초는 우리나라의 전라도 동북부 산간지역에서 널리 재배되었다. 밭이 대부분인 전라도 섬에서도 연초를 많이 심었다. 나주 소속 섬(현재 신안군)에서 세금을 연초·닥나무로 바치고, 영광 안마도에서 연초·닥나무·삼[麻]을 심는다는 기사가 보인다. 섬 전체가 죄다 연초 밭이라는 기사도 있다. 담배의 양육 습성이 산간이나 섬 토양에 맞았기 때문이다. 그리고 그곳 사람들의 한 발 앞선 농업경영 안목도 작용했다. 많이만 재배한 것이 아니라 맛도 전국 최고였다. 이옥(李鈺, 1760~1815)은 자신이 쓴 『연경(烟經)』에서 전국 4곳의 연초 맛을 평가했다.

"평안도 산은 향기롭고도 달고, 강원도 산은 평범하면서도 깊은 맛이 있고, 전라도 산은 부드러우면서도 온화하고, 함경도 산은 몹시 맛이 강해 목구멍이 마르고 머리가 어질어질하다."

전라도 연초는 맛이 부드러우면서도 온화했다. 이 맛을 내기 위해 전라도 사람들은 연초 잎을 음지에서 말리는 음건법(陰乾法)이라는 독특한 연초 가공 기술을 개발했다. 이 기술로 색과 맛이 아주 좋은 전국 최고의 연초를 생산했다. 전라도에서도 어디 것이 최고였을까?

첫째, 진안(鎭安)에서 생산되는 것은 전국에서 품질이 가장 좋았다. 그냥 품질만 좋은 것이 아니라 전국에서 가장 먼저 최고 품질로 인정받았다. 진안의 연초 밭에 대해 이중환은 『택리지』에서 다음과 같이 말했다.

"진안은 마이산 아래에 있는데 토양이 연초에 알맞다. 경내는 비록 높은 산꼭대기라도 연초를 심으면 잘 자라서 주민들은 대부분 이것으로써 생업을 삼는다."

진안의 토양이 연초 재배에 알맞았다. 그래서 일반 밭은 말할 것 없고 산꼭대기에 심어도 연초는 잘 자랐다. 이로 인해 진안 사람들은 연초 재배로 생업을 삼아가고 있었다. 당시 연초 농사의 이익은 좋은 논 벼농사보다 10배나 될 정도였다. 그래서 진안의 연초 밭, 전주의 생강 밭, 임천·한산의 모시 밭, 안동·예안의 왕골 밭은 나라 안에서 가장 이익이 많은 곳이라는 기사가 18~19세기 자료 도처에서 발견된다. 어느덧 진안에서 나는 연초는 '진안초(鎭安草)'라는 상품명으로 전국에 팔려 나갔다. 당시 진안(鎭安)과 삼등(三登)에서 나는 연초 품질이 전국의 남쪽과 서쪽에서 으뜸이었다. 그래서 이를 합쳐서 이른바 '진삼초(鎭三草)'가 전국 최고라고 했다. 진안 연초의 명성은 20세기 초까지 이어졌다. 1904년 『황성신문』에 다음과 같은 기사가 실렸다.

"鎭安懷仁成川之烟田과 全州之薑田과 韓山林川長城之苧田과 安東之龍鬚田과 開城錦山之蔘田과 靑山報恩之棗田과 尙州之柿田과 濟州之橘田이 爲國內有名者也오"

『임하필기』(이유원). 진안 담배와 상관 담배가 전국 최고라고 적혀 있다.

진안 담배 밭, 전주 생강 밭, 장성 모시풀 밭, 금산 삼 밭, 제주 귤 밭이 국내에서 유명하다는 말이다.

둘째, 장수(長水)도 연초 주산지였다. 1732년(영조 8)에 부승지 이구휴가 다음과 같이 보고했다. 30년 전에 전라도를 왕래할 때에 연초를 재배하는 밭을 보니 울타리 밑의 빈터에 불과했는데, 이제 와서 보니 비옥하고 좋은 땅은 모두 연초를 재배하니, 장수와 진안 같은 곳은 전 지역이 연초 밭이고, 그 동안 들어보지 못한 섬 지역에서도 모두 연초를 심는다는 것이다. 재배에 적합한 장수와 진안 지역이 연초의 전국적인 명산지로 이름 높았다. 장수의 이씨 성을 가진 사람이 집에서 남초를 심었다. 그런데 겨울과 여름을 거치면서도 한 그루도 죽지 않았다. 그래서 3대 60년간 잎을 따서 피었다고 한다.

셋째, 전주와 임실 사이의 전주 상관면에서 나오는 연초도 진품이었다. 밭에 모두 연초를 심어 마을 사람들이 생업으로 삼았다. 그래서 그곳 연초를 상관초(上官草, 上關의 오기)라고 했다. 19세기 선비 이유원의『임하필기』에 나온 내용이다.

4) 남초가 유행

이처럼 전라도는 조선시대에 연초의 주 생산지였다. 이는 전라도 역사를 많이 바꾸었다. 어떤 것들이 있을까?

첫째, 강진이나 해남 포구에 온 상인들은 너도나도 면포와 연초를 가지고 제주도로 들어가서 제주 특산물로 바꿔서 나왔다. 제주도 토질에 목화와 연초가 맞지 않아 재배할 수 없어서였다.

둘째, 전라도 군현에서는 해난사고를 당해 표류해 온 사람에 대해 양식과 의복 및 선박은 물론이고 일용할 연초도 주어 구호했다. 예를 들면 1860년(철종 11)에 진도의 남도포에 12명이 탄 중국 선박이 떠밀려 와서 50일 이상 머물렀다. 이들에 대해 진도에서는 매일 쌀, 미역, 조기, 전어, 소금, 잡어, 등잔 기름, 땔감과 함께 연초를 주었다.

셋째, 연초를 주제로 글을 쓴 전라도 문인이 적지 않았다. 장흥 출신의 위도순(魏道純, 1628~1696)이「남초전기(南草田記)」를 지어 연초 재배술을

선보였다. 보성 출신의 박사형(朴士亨)이 「남초가(南草歌)」를 지어 담배의
약효를 예찬했다. 나주 출신의 임상덕(林象德)이 「담파고전(淡婆姑傳)」을
지었다. 담배를 의인화하여 담배가 병을 낫게 해 준다고 한 내용을 담고
있다. 담배를 사랑하는 마음을 잘 드러냈다는 평가를 받는다. 광양 출신의
황현(黃玹)도 「이풍헌전」에서 연초를 소재로 다루었다. 그리고 연초를 가
사로 하여 부르는 노래도 전라도 안에는 여럿 남아 있다. 전북 고창군 흥
덕면 후포리에서 전해 내려오는 '담바고 타령'이 있다. 이 노래는 '구야 구
야 담당구야'로 시작한다.

넷째, 전라도에서는 연죽도 많이 제작되었다. 연초가 유행하자 쌈지, 연
초갑, 연초합, 연죽, 연죽 걸이, 재떨이 등 끽연구(喫煙具)가 등장했다. 가
난한 사람은 쌈지를 차고 다니지만, 부자들은 집에 연초갑을 두고 연초를
담아 놓는다. 연초갑은 "평양에
서 나온 것이 최상이고, 개성과
전주에서 만든 것이 그 다음이
며, 서울에서 만든 것이 또 그
다음이다."고 했다. 『연경』에 나
온 말이다. 이 가운데 연죽, 즉
담뱃대가 가장 대표적이다. 연
죽을 파는 가게인 연죽전(煙竹
廛)이 도내 장시에 들어섰다.
그와 함께 연죽을 만드는 연죽
장(煙竹匠)이 전라도 곳곳에서
활동했다. 연죽의 재질과 길이
는 우리의 신분과 위상을 반영

「남초가」(박사형). 남초(담배)를 예찬한 글이다.

했다. 빨대가 은색 백동(白銅)으로 되어 있는 것은 부자들이 애용했고, 장죽이라는 긴 것은 양반의 전유물이고 곰방대라는 짧은 것은 서민용이었다. 이 연죽의 주 생산지는 대나무가 많은 전라도였다. 전라도에서도 담양 오죽 담뱃대가 유명했다. 이은상이 1952년에 지은 「남도 특산가」에 "담양 오죽 담뱃대를 자리 앞에 놓았구나"란 말이 나온다. 그리고 목기로 유명한 남원 연죽이 인기였다. 조선시대에 남원은 경상도의 동래·통영, 경기도의 안성과 함께 우리나라 연죽의 명산지였다. 해방 전후 동래와 남원에는 연죽장이 1백여 명에 이르렀다고 한다. 하지만 연초 잎을 잘게 썬 절초(切草)가 사라지고 공장에서 종이로 말아진 궐련이 나오면서, 연죽은 사라지고 말았다.

개항 이후 연초의 새로운 품종이 들어오고 가공기술도 새로워졌다. 더불어 외국 연초 제품도 수입되었다. 변화하는 입맛에 맞추고자 조선의 정부와 민간 그리고 외국인도 연초 가공 공장을 서울·인천·부산 등 대도시에 세웠다. 일본인에 의해 목포·군산에도 연초 제조회사가 있어 권연초(卷煙草), 즉 궐련을 생산했는데 '궐련'은 '권연'에서 나온 말이다. 당시 전라도는 여전히 전국 최대 연초 생산지였다. 특히 전북의 고산, 금산, 남원, 무주, 임실, 장수, 전주, 진산, 진안 등지가 주 산지였다. 1902년 통계에 의하면, 위 9개 군은 연간 전국 연초 생산량 500만 관의 1/3인 155만 관(33만 1500원)을 생산할 정도였다. 이곳에서 생산된 연초는 중간상에 의해 수집되어 대도시 공장으로 흘러들어갔다.

일제는 우리 주권을 강탈하고서 바로 '연초경작조합'을 만들게 했다. 연초의 재배와 유통을 통제하기 위해서였다. 『매일신보』 1913년 보도에 의하면, 전북은 연초의 주요 산지로 연초 재배의 개량을 위해 전주·임실·금산 등 3군에는 이미 연초경작조합이 각각 설립되어 있었고, 이제 또 진안·장수·고산 등 3군에 연초경작조합의 설립에 착수했다. 조합 임원은 친일적인 인물로 구성되었다. 조합원에 대해서는 농공은행에서 저리 융자금을 대출해 주었고, 연초 생산을 늘린 조합원에 대해서는 장려금을 전달하기도 했다. 조합원을 늘리기 위한 유인책이었다. 생산된 엽연초는 총독부가 헐값에 수집해 자신들 제조회사에 넘겼다. 조선인 연초 상인과 제조업자는 몰락의 길을 걸을 수밖에 없었다.

일제는 또한 재정수입을 확보하고자 경작자에게 '연초세'라는 세금을 부과했다. 수입을 늘리기 위해 연초 소비를 권장했다. 연초 판매액이 1914년 3천 6백 엔이던 것이 1923년에는 2만 9천 7백 엔으로 폭증했다. 급기야 일제는 1921년에 '연초 전매제'를 실시했다. 전매제란 총독부에서 생산과 판매를 독점하는 것이다. 이에 따라 총독부에 전매국이 설치되고, 주요 도시에 전매지국이 설립되었다. 전라도에는 전주에 1921년에 전매지국이 설치되면서 연초 공장도 들어섰다. 전주 전매지국은 전북(무주 제외), 충북 옥천·영동, 전남(구례·광양·순천·고흥·보성 제외), 경북을 관할 구역으로 영업을 시작했다. 연초가 많이 생산되는 진안과 장수에는 수납소나 출장소를 두었다. 무엇보다 수매가를 우등, 1~14등, 등외의 등급제로 지급했으니, 일본인 지국원의 입김이 세고 한국인 재배농의 입지는 약해질 수밖에 없었다. 1921년 4월에 연초 경작을 생업으로 삼고 있는 전주의 상관·소양·구이 3면 1백여 농민이 수납가가 너무 헐가인 것을 분하게 여겨 일제히 손에 담배를 들고 군청으로 들어가 항의한 바 있다. 항의는 몰래 연초 잎을 재배하거나 연초를 제조하는 방법으로도 이어졌다.

이 전매제도를 해방 이후 대한민국 정부도 계속 실시했다. 우리 정부는 전매청(專賣廳, 현재 한국담배인삼공사)이라는 관리 감독청을 두고서 전국 곳곳에 연초 공장을 세워 가동했다. 1976년에 광주에도 '연초제조창'이라는 연초 공장이 들어섰다. 지역경제의 한 축을 담당했던 전주 연초제조창은 2006년에 철거되고 그 자리에 아파트가 신축되었다. 그러는 사이에 진안의 연초 밭은 인삼 밭으로 바뀌고 말았다.

5) 인삼-최초 재배

조선후기에 이르러 유통경제가 발달하자 상품작물이 각지에서 널리 재배되었다. 그런 작물로 목화, 담배, 인삼, 약재, 채소 등이 있었다. 이제 인삼에 대해 알아보자.

충남 금산 지역의 전통 인삼농업이 유엔식량농업기구(FAO)의 세계중요농업유산에 등재됐다. 2018년 8월에 우리나라 농림축산식품부가 밝힌 내용이다. FAO는 산자락에서 순환식 이동 농법을 통해 토지를 자연 친화적으로 이용하는 점을 높이 평가했다. 또 햇빛의 방향과 바람의 순환을 중시하는 '해가림 농법'과 발아 시간의 단축을 위해 진행하는 전통적 '개갑 처리' 등의 전통 인삼농업 기술도 가치가 높은 것으로 판단했다. '개갑 처리'란 용기에 자갈, 모래, 인삼 씨앗을 쌓은 뒤 수분을 공급함으로써 씨눈을 성장시키면서 동시에 씨껍질이 벌어지게 하는 것을 말한다. 그리고 FAO는 인삼농업의 유구한 역사와 함께 인삼의 풍년을 기원하는 삼장제 등의 행사가 문화·사회적으로 가치가 있다고 판단했다. '전라도 생업'을 말하면서 갑자기 충남 이야기를 꺼내느냐고 반문할 독자가 있을 성 싶다. 이러한 인삼농법은 이미 18세기에 전라도에 일반화되어 있었고, 금산은 1963년까지 전라도 땅이었기 때문에 이런 말을 하는 것이다.

우리나라 인삼은 아주 오래 전부터 귀중한 약재로 인정받아 국내소비는 물론이고 삼국시대 때부터 중국과 일본에 수출되었다. 중국 양나라 사람들은 형태가 가늘고 재질이 단단하고 색깔이 희어서 백제 인삼을 중하게 여겼다. 고구려 것도 사용하는데, 백제 것에는 미치지 못했다. 시기는 무령

왕~성왕 때이고, 당시 백제와 양나라는 활발하게 교류하고 있었다. 바로 그때 백제삼의 약효성이 중국에서 인정받았던 것이다. 당나라 육우는 자신의 저서 『차경(茶經)』에서 인삼의 품질을 논하면서, 중국의 상당 것을 상품, 한국의 백제·신라 것을 중품, 고구려 것을 하품, 중국의 택주·익주 것을 품외로 분류했다. 고려 때에는 우리 인삼은 '고려 인삼'이라는 국제적 브랜드를 얻기에 이르렀다. 고려 때 영역이 압록강 하류~함경남도 이남이었기 때문에, 모르긴 몰라도 전라도 땅에서 난 것이 '고려 인삼'이었을지도 모른다. 조선왕조에 들어와서도 중국이나 일본으로 가는 외교관은 선물로 꼭 인삼을 챙겨갔다. 의주나 동래 같은 국경도시에서도 인삼은 거래되었다. 이때의 인삼은 산에서 자생하는 산삼이다. 재배삼이라는 주장도 있지만, 아직은 설득력이 약하다. 인삼은 평안도, 함경도, 강원도 산골에서 주로 채취했다. 그런데 의약의 대중화와 국제무역의 확대로 인삼 수요가 증가하여 가격이 폭등했고, 화전의 확산으로 산지마저 줄어들었다.

그래서 사람들은 씨앗을 받아서 인삼을 밭이나 산에서 재배하기 시작했다. 언제인가는 정확하게 알 수 없으나, 상당히 일찍 시작되었다. 그러다가 18세기에 들어서면서 본격화되었다. 이때 일본은 정책적으로 인삼 뿌리와 씨앗을 몰래 우리나라에서 반출하여 자국 생산에 성공하여 우리 무역에 타격을 주었다. 그런 인삼을 집에서 재배한 삼이라고 하여 가삼(家蔘)이라고 불렀다. 인삼의 최초 재배지로 전라도 금산과 동복이 거론되고 있다. 전라도 농민들의 지혜를 엿볼 수 있는 대목이다. 산삼에 비해 약효에서는 차이가 없는데 값은 저렴하여 불티나게 팔려나갔다. 도내 다른 지역으로 확산되어 갔다. 그런 상황을 18세기 사람 우하영은 자신의 저서 『천일록』에서 말했다.

"(전라도에) 삼 재배를 업으로 삼는 민가가 많다."

금산 인삼의 기원에 대한 설화가 『동아일보』 1936년 1월 23일자에 실려 있다. 1천 500년 전, 금산군 남이면 성곡리 개안 마을에 강씨 성을 가진 선비가 있었다. 그는 일찍이 아버지를 여의고 홀어머니를 모시고 사는 지극정성 효자였다. 어느 날 어머니께서 병들어 자리에 눕게 되자, 세상에 좋다는 약이라고는 모두 구해서 드렸으나 효과는 나타나지 않고 병만 날로 악화되어 갔다. 그래서 그는 금산 진악산 관음굴에서 백일기도를 드리는 중 꿈속에 산신령이 나타나 말하고 사라져버렸다.

"진악산 관음봉 암벽에 가면 빨간 열매가 3개 달린 풀이 있으니,
그 뿌리를 달여 드려라. 그러면 네 소원이 이루어 질 것이다."

강씨 선비는 잠에서 깨어나 산신령이 알려 준 암벽을 찾아가보니, 과연 그런 풀이 있어 뿌리를 깨어 어머니께 달여 드렸더니 어머니의 병이 완쾌 되었다. 그는 그 씨앗을 받아서 남이면 성곡리 개안 마을에 심어 재배에 성공했다. 이 설화를 토대로 금산군에서는 성곡리를 인삼의 최초 재배지로 추정하고, 개안 마을에 '개삼터'라는 비석과 '개삼각'이라는 건물을 세웠다. 이 설화의 사실 여부를 떠나 최초 재배지로 알려질 만큼 금산 인삼은 전국 에 이름나 있었다. 브랜드 이름은 '금삼(錦蔘)'이었다. 1902년 『황성신문』 에 금산삼, 영남삼, 용인삼, 강계삼 등 4종이 최고의 가삼이라고 보도되었 다. 특히 금산의 말린 인삼, 즉 백삼(白蔘)은 전국 최고였다. 1908년 조사 보고서에 "금산은 백삼의 산지로 저명하나 그 종자는 이전에 개성으로부터 이입하여 지금으로부터 오십 내지 이십년 전후부터 좋은 품질의 인삼을 재 배하고 있다"고 기록되어 있다.

개삼각, 개삼터(충남 금산). 삼을 처음 재배하게 해준 산신령에게 제사지내는 사당(좌), 삼을 처음 재배한 곳이라는 표지석(우).

한편, 현재 화순군으로 편입된 동복현 모후산에서도 인삼이 전국 최초로 재배되었다는 설화가 내려오고 있다. 시기는 고려 현종과 숙종 때로 거슬러 올라간다. 11세기이니, 지금으로부터 1천 년 전이다. 개성상인들이 동복의 인삼 재배법을 개성에 전파하여 상업화에 성공했다고 한다. 모후산과 연결되어 있는 광주 무등산에도 인삼을 재배했던 삼밭실이라는 곳이 있고, 심한 병에 걸린 노모를 모시고 사는 광주 노총각이 무등산 산삼을 구해서 달여 들여 어머니 병환을 씻은 듯이 치유했다는 설화도 내려온다. 조선 숙종 때 정쟁에서 서인에게 밀린 남인 계열의 동복오씨들이 동복 관향으로 내려와서 인삼을 재배했다는 이야기도 전해온다. 이런저런 이야기를 종합해보면, 모후산 자락에서 일찍이 인삼이 재배되어 왔음을 알 수 있다. 동복에서 생산되는 인삼을 동복의 '복'자를 부쳐 '복삼(福蔘)'이라고 했다. 복삼역시 인기가 좋아 그 명성을 일제 강점기까지 이어갔다. 1915년에 간행된

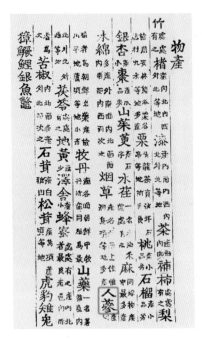

『동복지』. 동복(현재 화순) 인삼이 조선 명약이라고 적혀 있다.

『동복지』를 보면, 조선의 명약으로써 동복의 검천·평지·노항 등지에서 나온다고 기록되어 있다. 이런 역사를 토대로 현재 화순군에서는 산양삼 재배에 나섰다.

이처럼 전라도 땅에서 인삼 재배가 시작되었다. 설화를 토대로 볼 때, 금산은 1천 500년 전 백제 때 시작했고, 동복은 1천 년 전 고려 전기에 시작했다. 그대로 믿기에 다소 의심스러운 점이 없지 않다. 그래서 그런지 전국에 인삼 시배지라고 거론되는 곳이 한 두 곳이 아니다. 모두 고향을 사랑하는 마음에서 나온 것이다. '팩트 체크'는 해야 하지만, 너무 집착할 필요는 없다. 입증할 자료가 녹록치 않기 때문이다.

6) 생강-주산지는 전주

생강은 약재와 식재로 쓰인다. 생강의 주산지는 전라도이다. 전라도에서도 전주가 생강의 주산지였다. 언제부터 그랬는가에 대해서는 확인하기 어렵다. 15세기 『세종실록 지리지』에 전주의 토공(土貢)으로 생강이 있고 전주 사람들은 생강 재배를 업으로 삼는다고 기록되었다. 최소한 조선왕조에 들어오기 전부터 전주 생강은 유명했음을 알 수 있다. 전주 생강과 관련하여 성호 이익(李瀷, 1681~1763)은 "전주는 감영이 있는 곳이다. 장사꾼이 더욱 많아 온갖 물화가 모여든다. 생강이 가장 많이 생산되는데, 지금 우리나라 전역에서 쓰는 생강은 모두 전주에서 흘러나온 것이다."고 했다. 전국에서 쓰는 생강이 모두 전주에서 나온다는 말이다. 다소 과장된 표현이지만, 전주가 우리나라 생강의 주산지였음을 알 수 있다. 이 무렵 충청도 선비 이하곤이 전주에 와서 보니, 기름진 시냇가 밭에 모두 생강이 심어져 있었다. 전주 곳곳에 생강이 심어져 있음을 알 수 있다.

전주 생강은 전국에 알려진 명품이었다. 18세기 후반에 살았던 장흥 출신 위백규(魏伯珪, 1727~1798)가 「동국물산도」라는 도표를 만들었는데, 그곳에는 전국의 주요 특산품이 나열되어 있다. 그것을 보면 도별로 호남은 종이와 조기가 유명하고, 군현별로 나주는 무, 전주는 생강이 유명하다. 전주 생강의 유명세에 대해서는 이규경(李圭景, 1788~?)의 『오주연문장전산고』에 더 자세히 나와 있다. 즉, 전주에서 생산되는 생강은 봉상면(현재 봉동면) 한 면에서 나와서 전국에 유통되는데, 관에서는 생강가루를 환(丸)으로 만들어 서울 귀족들에게 선물하니 생강을 가루로 빻는 것이 큰 폐단이라고 했다. 그러면서 고산과 나주에서도 생강을 심는데 단지 자급할 뿐이라고 했다.

전주 생강은 전국에 알려진 명품이기에 값이 좋았다. 1근에 1냥 정도여서 재배농이 돈을 버는 수단으로 여기었는데, 정약용의 『경세유표』에 의하면 비옥한 논에서 생기는 것보다 10배나 된다고 하였다. 그래서 전주 지방에서 생강을 재배하여 농민들은 많은 돈을 벌 수 있었다. 그 생강을 가지고 전국으로 팔러 다니는 전주 상인도 있었다. 생강 상인 가운데는 대상인이 있어 수레와 배에 생강을 싣고 전국에 팔았고, 처자를 거느리고 생강과 빗

을 이고지고 걸어서 압록강 입구 의주까지 다닌 행상도 있었다. 전주 사람
들은 생강으로 김치를 만들어 먹기도 했다. 생강김치는 반찬이면서 건강식
품이었다. 전국적으로 유명했던 전주 생강은 그 명성이 현재까지 이어진다.

『환영지』(위백규). 전라도 특산물로 나주 무, 전주 생강,
호남 종이·조기가 보인다.

　담양과 창평에서 생산되는 생강도 전국 명품이었다. 허균(許筠, 1569~
1618)이 명물 토산품과 별미음식을 소개하기 위해 지은 『도문대작』이란 책
속에 "생강은 전주에서 나는 것이 좋고, 담양과 창평의 것이 다음이다"고
했으니, 담양과 창평에서 나는 생강도 유명했음을 알 수 있다. 그리고 앞에
서 나왔듯이, 고산과 나주에서도 생강을 재배했다. 나주 생강은 1910년대
『조선지지자료』에 곡강면(현재 왕곡면) 전체에서 나온다고 기록되어 있다.
1937년 잡지 『호남평론』에, 생강은 왕곡면의 특산물로 연산액이 1만여 원
이고 전북, 경남북, 충남북, 서울 등지로 팔려나가고 있었다.

봄이 찾아오면 노란 꽃물결로 전국의 관광객을 불러 모으는 곳이 있다. 그곳은 바로 지리산 자락 구례이다. 그 꽃은 산수유(山茱萸) 꽃이다. 구례 사람들은 첫서리가 내릴 때부터 첫눈이 내릴 때까지 빨갛게 익은 산수유를 수확한다. 산수유는 간과 신장을 보호해주고 원기회복과 혈액순환, 부인병 개선 등에 탁월한 효능이 있는 고급 약재이다. 이런 산수유를 요즘 구례군 한 군에서 전국 생산량의 70%를 차지한다.

일제 강점기 때의 조사를 종합한 연구에 의하면, 구기자, 모과, 진피, 박하, 백작약, 석류피, 배, 호도, 죽력, 지각(탱자 껍질) 등도 전라도에서 다량 산출되는 약재였다. 구기자(枸杞子)의 경우 진도가 특산지이다. 진도 구기자는 열매가 크고 색깔이 좋고 광택이 나며 약효가 타지방의 것에 비해 좋다. 그래서 19세기 말 자료를 보면, 약용으로 대부분 서울은 물론이고 공주 · 대구 · 전주 약령시로 팔려나가고 있었고, 충청도 청양에 재배법을 전해주었다고 한다. 20세기 초 자료를 보면, 군 유지는 구기자 조합(組合)을 설립하여 재배와 판매에 나서고 있었다. 당시 사람들은 구기자를 장수불로 약재로 알고서 술에 담가 먹는 바람에 주문이 쇄도하여 매년 부족할 형편이었다.

나주는 배의 특산지이다. 고려 때 나주 수령이 된 최여해가 좋은 과일과 말린 물고기를 넉넉히 구하여 임금에게 바친 적이 있는데, 그 가운데 배가 있었을 것 같다. 일제 때 신품종이 반입되면서 나주는 전국 최대 배 산지로 이름을 얻게 되었다. 그러자 나주 사람들은 '과물조합(果物組合)'을 만들어 생산과 판매의 극대화를 꾀했다.

나주 '과물조합'의 '나주 배' 홍보 포스터

　동복의 오씨들은 작약을 재배하여 큰 돈을 벌기도 했다. 강진 병영에 소재한 한 약국은 제주도 특산 약재를 매입하여 수도권으로 중계하기도 했다. 당시 전국에서 산출되는 약재가 모두 184종 정도 되는데, 그 가운데 가장 많은 종류를 산출하는 도가 39종의 전라도이고, 다음이 33종의 경상도이다. 가히 전라도를 약재의 고향이라고 할 만하다.

전주 약령시

전라도의 효능이 좋은 여러 약
재는 전주 약령시(藥令市)를 탄생
하게 했다. 약령시란 봄과 가을에
연 2회 열리는 약재 전문 시장이다.
전주 약령시는 1651년(효종 2)에
개설되었다. 전국에서 최초로 개설
된 약령시라고 한다. 이후 대구, 공
주, 원주 등지에도 약령시가 열렸
다. 전주 약령시가 열리면 시장 점
포에는 약재가 종류별로 산적해 있
고 그 옆에는 백색 천에 적색 글씨
로 약재 이름이 적혀진 깃발영기
(令旗)이 펄럭이고 있었다. 상인들
은 고객 유치를 위해 여관이나 식
당을 이용하는 외래 손님들에 대해
서는 할인 가격을 적용하기도 했

전주 약령시 총무 박계조 기념비(전주)

고, 의학강습회를 전주 공회당에서 개최하여 의료정보를 민간에 제공했다. 국
내는 물론이고 중국과 일본에서도 건재상들이 대거 몰려들었고 약재를 실어
나르는 우마차가 길을 메우니 전주 약령시는 전라도의 명물로 소문났다. 성황
을 이루던 전주 약령시도 우여곡절을 걷다가 1943년에 문을 닫고 말았다. 〈양
미경, 「일제강점기 전주의 시장과 상권」〉

3. 차, 도자기를 만들다.

호남 일대는 조선의 다향(茶鄕)이다. 옛 기록을 살펴보면 먼저 화엄종이 전파되었던 곳이며, 뒤에는 선종이 일어났던 곳이므로 차도 따라서 심게 되어 마침내 차산지의 본고장이 되었던 것이다. 〈『우리 차의 재조명』〉

　　이 기록은 전라도가 우리나라 차의 본고장이라는 말입니다. 왜 그러했고, 그로 인해 어떤 변화가 일어났을까요? 우선 날씨가 온난해 차는 물론이고 유자와 귤 재배에 적합했습니다. 차는 다기 수요를 불러일으켜 청자와 분청사기가 우리나라에서 가장 먼저 생산되도록 하였습니다. 그릇은 음식문화 발달에도 영향을 미쳤으니, 재미나는 전라도 문화 이야기를 풀어나가도록 하겠습니다.

1) 유자-특산지는 고흥

　　고려 충렬왕 때 개성에서 열린 팔관회(八關會) 잔칫상 위에 귤과 유자가 올려져 있었다. 이 귤과 유자는 어디에서 나온 것일까? 바로 이 무렵 전라도안렴사(全羅道按廉使) 임정기(林貞杞)가 귤나무 두 그루를 진상했는데, 12마리의 소를 사용하여 궁중까지 끌고 들어오니 가지와 잎이 모두 시들고 말았다. 개성에서 소비되는 귤과 유자는 전라도에서 올라왔을 것 같다. 이중환은 『택지리』에 다음과 같이 적어 놓았다.

　　"전라도 한 도는 토지가 비옥하고 서남쪽으로 바다에 임하여 물고기, 소금, 벼, 솜, 모시, 종이, 대나무, 귤, 유자의 이익이 있다."

전라도의 기후는 다른 지방과 비교하여 온난다우하다. 특히 전남지방은 연평균 기온이 13℃이고, 연강수량이 1,100~1,500mm이다. 섬진강 유역은 최다우지이고, 서해안 지방은 최다설지이고, 목포 부근의 다도해 지방은 최다 농무일수지의 하나이다. 이와 같은 기후조건은 동식물의 생육에도 큰 영향을 주어 다른 곳에서 보기 드문 난온대 산림이 남해안 일대에 분포한다. 이러한 고온 다습한 기후와 식생 때문에 전라도에는 다른 지역에서는 많이 생산되지 않는 녹차 · 귤 · 유자 · 대나무가 풍부하며, 그것들을 이용한 다양한 음식문화와 각종 도구 · 용기 제작은 삶의 편리와 풍요 그 자체였다.

제주도와 함께 한반도 최남단의 전라도 · 경상도 지역은 조선 땅에서 유일하게 유자와 귤 등 남방성 수목이 자랄 수 있는 곳이다. 유자(柚子)는 진한 향과 풍부한 비타민으로 오늘날 건강차로 애용되지만, 과거에는 약재로 분류되었다. 유자는 조선시대에 여러 용도로 사용되었다. 궁중의 식자재 가운데 하나였고, 필수 제수물이면서 신하들에 대한 선물용이었다. 호패나 마패의 제작용 목재로도 사용되었다. 청나라에 보내는 선물이기도 했다. 그래서 조선 정부는 유자를 진상물로 삼아 양남 지역에 배정했다. 그 결과 유자는 매달 식자재로 배정되는 삭선(朔膳) 진상, 종묘 제사 때 배정되는 천신(薦新) 진상, 연말 선물로 배정되는 동지(冬至) 진상의 대상이 되었다.

정부는 진상 확보를 위해 유자나무 심기를 장려했다. 많이 심은 자에 대해서는 포상을 했지만, 무거운 공물 부담 때문에 기피하는 사람도 적지 않았다. 연산군 같은 임금은 가지에 달린 채 진상하게 하여 부담을 가중시킨 적도 있었다. 한파가 남하하여 겨울과 초봄 추위가 심하면 나무가 동사하여 그해 유자 작황이 좋지 않아 공물 분쟁이 발생해 백성들을 곤혹스럽게 하기도 했다. 유자는 전라도 지역이 주산지였다. 전라도에 내려온 사람들은 남도의 유자 향에 흠뻑 젖기도 했다. 현재 전남 고흥지역에서 가장 많이 생산되고 있다.

2) 귤, 제주도 공물

귤은 더 복잡한 역사를 지니고 있으니, 자세히 알아보자. 『고려사』 1085년 2월 13일자를 보면, "대마도 구당관(勾當官)이 사신을 보내 감귤을 바쳤다."는 기사가 보인다. 감귤이 대마도의 외교 선물로 이용되었음을 알 수 있다.

귤(橘)은 감(柑)이나 감자(柑子)로도 표현되었다. 그래서 이 둘은 감귤(柑橘)로 통칭되었다. 귤나무 성장지는 우리나라에서 제주도가 최적지이다. 조선 정부는 귤을 공물로 각지에 배정했다. 전라도는 동정귤(洞庭橘), 금귤(金橘), 푸른귤(靑橘), 산귤(山橘)이 공물이었다. 정부는 공물을 확보하기 위해 귤나무를 제주도에서 옮겨와 전라도와 경상도 연해읍에 심도록 권장하기까지 했다. 1412년(태종 12)에 임금은 관리를 제주에 보내서 감귤나무 수백 그루를 전라도 순천 등 연해지역에 이식하게 했다. 1426년(세종 8)에는 아직까지 유자와 귤이 산출되지 않는 전라도와 경상도 연해 각지에서 그 나무를 심도록 하였다. 그 결과 당시 귤은 경상도 동래와 전라도의 순천·흥양·나주·영암·강진에서 산출되어 그 일부는 공물로 바쳐졌다. 세종 때에는 심지어 강화도에까지 귤나무를 옮겨 심었다. 강화도호부사는 담을 쌓고 온돌을 만들어 나무를 보호하니 주민들 피해가 이만저만이 아니었다.

그런데 이 이후에는 귤이 남해안 지역의 산물과 공물로 기록된 흔적은 거의 보이지 않고, 오직 제주도만 보이고 있다. 정운경이 제주목사로 부임한 아버지를 따라와 1732년(영조 8)에 지은 『탐라귤보(耽羅橘譜)』에서도 유독 귤만 제주도에서 생산된다고 기록했다. 그러면 귤은 한반도에서 16세기 이후 영영 사라져버린 것인가? 그렇지 않았다. 18세기 말기에 편찬된 『순천부읍지』에 순천의 토산으로 귤과 유자가 기록되어 있다. 그리고 다산 정약용이 강진 유배지에서 살면서 "귤이 회수를 넘으면 탱자가 되듯이, 지금 탐진에는 귤과 유자가 생산되는데 월출산 북쪽만 가면 곧 변하여 탱자가 된다"고 했으니, 강진에서도 귤나무가 자라고 있었다. 진도에서 유배 생활하던 사람들도 진도 땅 곳곳에 귤과 유자가 주렁주렁 열리어 향긋한 냄새를 풍기고 있음을 읊었다. 예를 들면 기사환국으로 유배 온 김수항에게 진도 사람들은 첫 인사로 귤과 유자를 선물하며 마음의 위안을 찾도록 당부한 바 있다. 진도 출신 소치 허련도 「귤원의 가을 향기」란 시에서 "울타리 가에 푸른 귤 주렁주렁, 가을오면 그 향기 가득하네"라고 읊었다.

그렇지만 강진 등지에서 나오는 귤은 소량에 불과했고, 국내산 대부분은 제주도에서 산출되었다. 따라서 제주도는 매년 많은 양의 귤을 공물로 궁궐에 바쳤다. 이원진이 1653년(효종 4)에 지은 『탐라지』에 청귤 1,250개, 금귤 2,900개, 동정귤 4,380개, 그리고 많은 양의 감자(柑子)를 바친다고 적혀 있다. 이 뒤에 공물 귤이 3만 8천 개라는 기록도 있다. 이런 귤을 확보하기 위해 제주도 안에 많은 공적인 또는 사적인 귤원(橘園, 귤농장)이 있었다. 제주목사를 역임한 이형상이 1704년(숙종 30) 무렵에 지은 『남환박물』에서 말했다.

"제주의 과원은 무릇 42곳인데, 지키는 이가 880여 명이다. 밤낮으로 지키니 백성들은 고통을 견디지 못한다."

산귤 나무가 가장 많은 2천 252그루 있었다. 그 다음으로 청귤 나무가 255그루, 금귤 나무가 165그루 정도 되었다. 유자 나무는 무려 3천 620그루나 있었다. 궁궐에 바쳐진 귤은 국가 제사나 신하들에 대한 선물로 사용되었다. 제주도 사람들은 귤을 배에 싣고 해로로 영암, 해남, 강진, 장흥의 포구로 나온 후 육로로 소말에 싣고 서울까지 갔다. 공물을 운송하는 과정에서 풍랑을 만나 일본에 표착한 적도 있다. 일본이 조사한 선적물을 보면, 1779년(정조 3) 한 난파선의 경우 귤 81각이 실려 있었다. 고급 한약재로 쓰이는 귤껍질을 말린 진피(陳皮)는 제주도에서 전라도 서남해 포구로 반입되었다. 그곳 상인들은 약재상과 손을 잡고 진피를 전국에 유통시켰다.

3) 녹차수도 보성

'보스턴 차 사건'이나 '아편 전쟁'을 통해 알 수 있듯이, 차(茶)는 세계 역사를 뒤흔들었다. 그리고 전라도 역사도 차에 의해 요동쳤다. 전라도가 일찍부터 차의 생산지로 유명했기 때문이다. 차를 마시려면 각종 그릇이 필요 했으니, 전라도 사람들은 다기(茶器)를 만드는 일에도 일찍 눈을 떴다. 그 결과 전라도는 청자와 분청사기의 최대 산지가 되었다. 이리하여 차는 전라도의 역사를 바꾸는 데에 기여하지 않을 수 없었다.

씨앗이 바람에 날려 오거나 해류를 타고 와서 전라도에서 차가 자생했을 수 있다. 또한 차의 고향 중국에서 누군가가 씨앗을 가지고 왔을 수 있다. 이리하여 일찍부터 전라도에서 차가 재배되었다. 전라도 차로는 백제 때 것이 처음 확인된다. 660년 백제가 망한 후 행기(行基)라는 스님이 일본으로 건너가서 망명했다. 그는 갈 때 차나무를 가지고 가서 교토 도다이지 [東大寺]에 심었다. 일본 자료에 기록되어 있는 말이다. 이를 통해 백제에 차가 있었음을 알 수 있다.

이후 신라 흥덕왕은 828년에 중국 당나라에 사신을 보냈다. 당 문종은 돌아가는 신라 사신에게 차 종자를 주었다. 사신이 돌아와서 차 종자를 바치자 왕은 지리산에 심게 했다. 역사서에 등장하는 최초의 차 관련 기록이다. 이 기록을 토대로 하동 사람들은 자신들의 지역에서 차가 처음 재배되었다고 말해오고 있다. 구례 사람들은 그게 아니라 화엄사 장죽전이 우리나라 차 시배지라고 주장하고 있다. 지리산은 경상·전라 양도에 걸쳐져 있음은 두말할 필요 없으니, 논쟁은 피할 수 없을 것 같다. 장보고 선단의 중국 지부 가운데 하나로 법화원이라는 절이 있다. 이 절에서 여러 종류의 차를 취급하고 있었다. 장보고 선단의 본부가 청해진(현재 완도)에 있었기 때문에, 그곳에도 차가 반입되었을 것이다.

우리의 초기 차 역사는 불교와 밀접하다. 백제 불교의 최초 도래지로 영광 불갑사가 거론되고 있다. 그때 전래자가 사찰 주변에 차나무를 심었다고 한다. 신라 말 선종도 영암·나주 등 전라도 서남해안을 통해서 들어온다. 선승들은 전라도에 사찰을 짓고 선종을 보급했다. 강진 무위사, 곡성 태안사, 광양 옥룡사, 남원 실상사, 장흥 보림사, 화순 쌍봉사 등이 대표적이다. 이들 사찰의 승려들은 호족과 결탁하여 고려를 개창했다. 이들이 새로이 연 사회는 이전과는 여러 면에서 달랐다. 특히 차를 널리 애용했다. 그래서 이들 사찰 주변에는 현재 야생 차나무가 널려 있다. 이에 따라 전라도의 차 산업은 크게 도약했다. 화엄사 자료에 "호남은 조선의 다향(茶鄕)이다"고 할 정도로, 전라도는 우리나라 차 생산의 주산지이자 차 문화의 선도지역으로 존재했다.

따라서 전라도 사찰은 우리나라 차 보급의 선봉장 역할을 했다. 이제 우리는 그 구체적인 모습을 알아볼 필요가 있다. ①구례 화엄사는 최초의 차 재배지로 거론되고 있는 곳이다. 화엄사를 지은 사람이 연기 조사이다. 그는 중국에서 차 씨를 가지고 와서 절을 지으면서 부근에 심었다. 화엄사에 있는 공양탑은 연기 조사가 어머니에게 차 공양을 드리는 모습이라고 한다. ②나주 불회사는 백제 때에 건립되었다고 한다. 일제 때 일본인이 조사하러 가자, 사찰 측에서 1천 700년 전부터 이곳에서 차를 재배해 오고 있고 차 분포면적이 50정보나 된다고 말했다. 그 부근에 차를 전문적으로 생산하는 곳이라는 의미를 지닌 다소(茶所)가 고려 때 있었던 것으로 보아, 사찰 측 말은 허언이 아니다. ③장흥 보림사도 넓은 차밭이 있다. 신라 말 선승 체징의 탑비에 차약(茶藥)이 등장한다. 다소가 15세기 초까지 우리나라에서 가장 많은 13곳이나 보림사 주변에 남아 있었는데, 요량(饒良), 수태(守太), 칠백유(七百乳), 정산(井山), 가을평(加乙坪), 운고(雲高), 정화(丁火), 창거(昌居), 향여(香餘), 웅점(熊岾), 가좌(加佐), 거개(居開), 안칙곡(安則谷) 등이 그곳이다. 다소에 남녀는 물론이고 노인과 어린아이까지 징발되어 찻잎을 따고 차를 가공하는 일에 동원되었을 것이다. ④지리산 자락 운봉(현재 남원)에 있는 노규 선사를 찾은 고려 사람 이규보의 말에 의하면, 조아다(早芽茶)는 귀여운 싹과 향기롭고 아름다운 색깔에 달여서 입에 닿게 되면 달콤하고 부드러운 맛을 낸다고 했다.

이어서 전국에서 차가 생산되었던 지역을 알아볼 필요가 있다. 우리나라의 차 분포지에 대한 최초의 기록은 15세기 초에 편찬된 『세종실록 지리지』에 보인다. 이를 보면, 전라남도 19개 고을, 전라북도 8개 고을, 경상남도 6개 고을 순으로 차가 생산되었다. 그 뒤에 나온 『동국여지승람』을 보면, 전라남도 19개 고을, 전라북도 10개 고을, 경상남도 9개 고을 순이다. 전라도 지역의 차 분포지가 압도적으로 많았다. 전라도 사람들은 수확한 찻잎을 덖어서 엽차를, 쪄서 떡차를 각각 만들었다. 일부는 먹고 유통시켰지만, 일부는 공물로 서울에 바쳤다. 이로 인해 전라도와 인연을 맺은 외지인들의 편지를 보면, 차를 구해달라는 내용을 자주 발견할 수 있다. 또한 전라도 사람이나 전라도에 온 사람들은 차 관련 저술을 다수 남겼다. 부안 현감으로 온 이운해는 고창 선운사 차를 맛보고서 1755년에 『부풍향차보(扶風鄕茶譜)』란 저술을 남겼는데, 우리나라 최초의 다서(茶書)로 평가받는다. 진도에서 유배 생활하면서 차 맛에 새롭게 눈을 뜬 이덕리는 『동다기(東茶記)』를 남겼다. 정약용의 「각다고」나 초의 선사의 『동다송』도 중요한 다서이다.

전라도 안에서 강진, 광주, 보성, 순천, 장흥 등지가 현재 우리나라 차의 고장으로 평가받고 있다. 강진 땅에 유배 온 정약용과 '한국의 다성'으로 추앙받는 24세 연하의 초의 선사가 강진에서 만나 차를 사랑하는 마음을 나누었다. 초의가 만든 떡차는 서울에서 인기여서 중국 수입차를 먹는 사람들을 긴장시켰다. 특히 추사 김정희는 '초의차'의 매니아가 되어 홍보에 적극 나섰다. 1890년 무렵에 이한영이 월출산 남쪽 자락 백운동에서 우리나라 최초로 '금릉월산차' 또는 '백운옥판차'라는 판매용 녹차 상품을 개발했다. 현재 월출산 바위와 대조를 이룬 넓은 녹색 차밭은 방문객의 발길을 불러 모으고 있다. 광주는 무등산 자락에 일본인이 조성한 차밭을 의재 허백련이 해방 이후 인수

康津普林寺竹田茶。丁酉水若鑄得之敎亨僧以九蒸九曝之法其品不下普洱茶而穀雨前所採无貴。謂茶雨前茶可也海南等他有粧撻寶最鴻凝而鑄燭不下贗燭沼婦女乳腫亦丁酉水法也潭州庄水仙花秋史始知之取長如法不下江南種而本土有五色花渡海色變又所黃茶遜於燕種而願近可。

湖南四種

9번 찌고 9번 말린 장흥 보림사 차가 중국 보이차에 뒤지지 않는다고 적혀 있다.

하여 '춘설차'라는 제품을 선보였다. 순천은 야생차로 유명하다. 장흥 사람들은 차나무 잎으로 엽전 모양의 전차(錢茶, 돈차)를 만들어 시렁 위에 올려놓고 감기 등의 상비약으로 사용했다. 정부는 '장흥 발효차 청태전 농업시스템'을 국가중요농업유산 제12호로 지정했다. 정읍 천원에도 일제 때 큰 차밭이 있었다고 한다. 노령 너머에서도 차나무가 자랐던 것이다. 요즘 같은 기후에는 더 북상할 여지가 있다.

차하면 뭐니뭐니해도 오늘날 보성이 최고이다. 우선 보성 차밭은 1939년부터 조성되었다고 하는데, 현재 국내 최대 녹차 생산지로 전국 재배면적의 35%에 이른다. 그래서 보성군청은 '대한민국 녹차수도'라는 슬로건을 내걸고 있다. 오늘날 보성의 드넓은 푸른 녹차 밭은 관광자원이 되어 '다향대축제'의 현장이 되고 있다. '보성 계단식 전통차 농업시스템'은 농림축산식품부에서 주관하는 '국가중요농업유산 제11호'로 2018년에 지정되었다. 부족한 농지를 대체하기 위해 산의 비탈진 면을 곡괭이와 삽으로 고르고 새끼줄로 등고선에 따라 간격과 수평을 맞춰 폭 2m 간격으로 층층이 조성한 계단식 차밭은 미국 CNN이 '세계의 놀라운 풍경 31'에 선정할 정도로 매우 아름답기로 유명하다.

4) 다기-강진 청자를 만들다

다기를 만들기 전부터 전라도 사람들은 그릇을 잘 만들어왔다. 그것은 그들의 독특한 장례문화에서 비롯되었다. 특히 영산강 유역의 마한 사람들은 사람이 죽으면 시신을 옹관에 넣어 땅에 묻었다. 사람이 들어가서 놀 수 있을 만큼 큰 옹기를 주변의 황토 흙을 자유자재로 빚어 묘를 만들었다. 또한 이 시기에 기다란 원통형 토기를 만들어서 고분 주위에 묻는 것도 전라도만의 특징이었다. 대형 옹관묘와 원통형 토기는 백제가 전라도를 완전히 점령한 뒤에야 사라졌다.

백제 때 불교가 들어오고, 그와 함께 차 문화도 형성되었다. 전라도 옹관 장인들은 수요가 높은 다기 제작에 뛰어들었다. 그리하여 다기 수요는 한국의 그릇산업을 획기적으로 발달하게 했고, 전라도 역사를 확 바꾸고 말았다. 도자기의 태토와 유약의 원료가 되는 흙을 고령토(高嶺土)라 하는데, 중국 고령촌(高嶺村)에서 생산되는 것이 최고여서 붙여진 이름이다. 전라도 곳곳에서 산출되는 고령토는 양질이었다. 이는 고려의 청자, 여말선초의 분청사기, 조선의 백자, 그리고 일제 강점기의 행남사(杏南社, 현재 행남자기)의 창립으로 이어졌다. 행남사 이야기를 잠깐 하고 넘어가자. 행남사는 "우리 식기는 우리 손으로"라는 슬로건을 걸고 1942년에 목포에 설립되었다. 1953년에 국내 최초로 커피잔 세트를 생산했고, 1963년에 역시 국내 최초로 홍콩에 생활 도자기를 수출한 자기류 회사이다. 이어 행남사는 수입에 의존하던 전사지(轉寫紙)를 전량 자체 수급하고, 우유빛 백색의 아이보리 차이나 제품을 생산하는 등 우리나라 도자산업의 초석 역할을 했다.

먼저, 청자 이야기부터 해보자. 고려 문화를 대표하는 것이 청자이다. 고려에 사신으로 왔던 송나라 사람 서긍(徐兢)은 자신이 쓴 『고려도경(高麗圖經)』에서 청자의 색깔을 '비색(翡色)'이라고 하면서 그 아름다움을 칭송하였다. 고려 청자는 그윽한 색뿐만 아니라 다양한 형태와 고상한 무늬로 오늘날 세계적 수준의 명품 도자기로 평가받고 있다. 신라 말에 선종 사상이 차 문화와 함께 전라도 영암·나주 지역을 통해 들어왔다. 이 무렵 완도에 청해진을 설치한 장보고는 중국 해무리굽 청자를 도입했다. 그리하여 청자는 부안이나 해남·영암에서도 생산되었으나, 주 생산지는 역시 강진이었다. 생산지의 지리적 공통점은 바닷가이다. 이들 지역 가마에서는

진흙 가마, 유약 발색제 성분, 초벌구이 기술 등에서 중국과는 다른 전통기
술로 청자를 만들었다.

고려청자박물관(강진)

강진군 대구면 사당리와 용운리 등에서는 200여 개의 가마터가 조사되었
으며 이 가운데 100곳이 사적으로 지정되었을 정도이다. 강진의 가마는 국
가에 청자를 납품하는 관요(官窯)로서, 최고급의 청자를 만들어 서·남해안
의 해로를 거쳐서 개경으로 공급되었다. 고려청자가 중국을 능가하는 독특
한 세련미와 완성도를 갖추게 되는 시기의 청자 가마터는 대부분 강진에
분포하고 있다. 강진지역에 관요가 들어설 수 있었던 까닭은 입지조건이 훌
륭하였기 때문이다. 일반적으로 청자생산의 3대요소로 흙·나무(연료)·기
술을 들고 있는데, 당시 강진은 3박자를 모두 갖추고 있었던 것이다.

11세기부터 강진 계율리 일대의 가마에서도 세련된 청자가 만들어지기 시작하였다. 생산된 청자는 햇무리 굽을 특징으로 하였는데 청자 접시의 경우 굽이 좁아지고, 몸체가 작아지며 구연부가 밖으로 약간 벌어지는 양식을 가지고 있다. 한편 청자 제작 기술이 절정을 이루는 12세기 중엽 이후 강진 일대의 가마터를 조사해보면, 생산품목에서 고려 초기의 주 생산품이었던 다완이나 제기 외에 정병, 향로매병 등 특수 용기와 더불어 기와, 장식 타일 같은 건축용재 및 화장 용구, 문방용품, 약 용품에 이르기까지 청자 사용이 생활의 여러 부분으로 다양하게 확대되고 있다.

　12세기 후반에서 13세기 전반에 이르는 시기는 고려시대 도자사에서 비색청자에서 상감청자시대로 넘어가는 시대였다. 강진요에서 상감청자가 생산되기 시작한 것은 12세기 중엽부터였다. 상감기법이란 청동기 제작에 사용하던 은입사수법(銀入絲手法)을 청자에 적용한 것으로서, 그릇 표면을 긁어낸 뒤 자토를 채워 넣는 기법인데, 높은 온도로 굽는 과정에서 성분이 다른 흙이 터지지 않도록 하는 고도의 기술이 필요하였다. 상감기법의 청자 적용은 다른 나라에서는 찾아볼 수 없는 우리나라 유일의 장식기법이다. 당시는 고려 내에서 보다 광범위한 청자 소비층이 확보되던 시기로서, 생산지도 용운리 뿐만 아니라 사당리와 삼흥리 등 강진 전역으로 퍼져나가고 번조(燔造, 질그릇·사기그릇을 불로 구워서 만들어냄), 시유(施釉, 도자기 표면에 잿물을 바르는 일) 기법도 대량생산을 위한 방식으로 개선되었다.

　청자의 운반은 서해안을 따라 항해하여 개경으로 운반하는 해로를 주로 사용하였는데, 이는 당시 세금을 나르던 조운선(漕運船)의 항로와 일치하였다. 조운 해로는 우리나라 서해안에서 발견·신고된 234곳의 수중문화재 해로와 대부분 같아서, 서해안의 연안항로를 중심으로 조운과 도자기 운반이 이루어졌음을 알 수 있다.

①2008년 태안 앞바다에서 발굴된 고려 청자운반선 '태안선'은 개경으로 청자를 운송하기 위해 별도로 꾸려진 것으로서 당시 전라도 지역에서 청자 운반 전용의 큰 배가 출항하였음을 짐작하게 한다. '태안선'에서 청자더미에 깔려 있는 유골이 발견되었다. 유골은 배의 가장 아랫부분, 즉 배 밑창과 갯벌 사이에 끼여 있었다. 유골을 분석한 결과 12~13세기 사람의 뼈로 판명되었다. 유골의 주인공은 병력 없고 신체 건강한 키 160cm, 20대 남자로 추정되었다. 그러면 이 사람은 누구일까? 여러 정황을 종합해 보면, 강진 출신의 선원일 가능성이 가장 높아 보인다. 진실은 목포의 국립해양문화재연구소의 지하 수장고에 있는 유골만이 알 것이다.

②또한, 청자는 별공(別貢)의 하나로서 국가의 조운선에 실려 유통되어지기도 했는데, 2009년에 발굴된 세곡 운반선 '마도 1호선'과 '마도 2호선'에서 출토된 청자가 바로 그것들이다. 수중 발굴로 얻어진 화물표와 출토품을 통해 정리하면, 이 배는 정묘년(丁卯年, 1207) 10월에서 무진년(戊辰年, 1208) 2월에 전라도 장흥·해남·나주 일대 포구에서 곡물류(벼, 조, 메밀, 콩, 메주)와 젓갈류(고등어, 게, 새우, 멸치), 도자기 등을 싣고 개경으로 항해하던 중 마도 앞의 거친 바다 '난행량'에서 침몰한 것이었다. 이들 운반선에서 발굴된 목간을 통해 청자의 구체적인 운송 경로 및 모습을 살펴볼 수 있다. 수중에서 고려 시대 목간이 나온 것은 이번이 처음으로, 목간의 분석 결과 여기서 나온 청자가 대부분 전남 강진에서 제작된 것임을 알게 되었다. '탐진(耽津)'이라는 강진의 옛이름이 새겨진 목간이 몇 개 출토되었기 때문이다.

고려청자는 1231년 몽골의 침략 이후 쇠퇴의 길로 접어들게 되었다. 전쟁을 치룬 이후 청자의 제작이 위축되었고, 전에 비해 비색이라는 좋은 청자색을 찾아보기 어려워졌기 때문이다. 상감 문양은 과거의 양식이 이어졌지만 조잡하고 거칠어졌고, 번조 기술력도 떨어졌다. 청자의 질이 이처럼 떨어지게 된 이유로는 우선 그동안 청자 제작이 주로 관의 가마에서 이루어져 왔었는데, 몽골의 침입과 원나라의 내정간섭으로 국세가 기울어져 청자 제작에 집중할 수 없었던 정치적 현실을 들 수 있다. 또한, 주요 청자 생산지였던 강진과 부안 일대의 많은 가마터가 잦은 왜구 침략으로 폐쇄되었던 한편으로 조선사회로 들어가면서 실생활에 필요한 그릇을 만들어 쓰는 사회적 분위기가 조성된 것도 한 몫 하였다.

고려청자의 한 종류인 철화청자는 고려 시대 사람들이 전국적으로 널리 사용하던 생활용기이다. 병, 주전자, 화장품 용기, 장구, 세숫대야, 대접, 항아리 등 다양한 용도로 생산되었다. 상감청자보다 빠른 시기에 전성기를 이루었고, 왕실과 귀족 상류층이 쓴 상감청자와는 달리 백성들의 그릇이었다. 철분 성분이 많아 짙은 갈색·검붉은색 철사안료를 붓에 묻혀 무늬를 그려 낸다. 자연스러운 맛이 강하고 솔직담백한 데다 생동감을 불러일으킨다. 상감청자 가마터가 강진·부안에 집중된 반면, 철화청자 가마터는 해남 진산리가 대표적이다.

5) 분청사기-생활자기

14세기 고려 말에 접어들면서부터 분청사기(粉靑沙器)라고 하는 분을 바른 회청색의 사기가 등장한다. 공민왕대 이후 서남해안 지역에 위치하였던 청자의 주된 생산지는 창궐하던 왜구 때문에 거의 황폐화될 지경이었다. 때문에 서남해안에 자리 잡았던 다수의 청자 가마터가 파괴되고 결국 장인들은 내륙으로 작업장을 옮기게 되었지만 새로운 가마터에서 청자 제작에 적합한 흙을 찾는다는 것이 간단한 문제가 아니었다. 장인들은 어쩔

수 없이 거친 흙으로 자기를 생산할 수밖에 없었고, 제품의 표면은 거칠어지게 되었다. 장인들이 마치 화장하듯 그릇의 표면에 백토를 두텁게 발라 새로이 분청사기를 제작하였던 까닭이 여기에 있다.

한편, 14세기는 고려에서 조선으로 왕조가 교체되는 격변기였다. 따라서 개국에 따른 각종 공공사업이 활발하게 전개되었고, 도자기에 대한 수효도 급증하였다. 이는 『세종실록 지리지』에 324개소의 가마터가 수록되었다는 사실에서도 잘 알 수 있다. 그러나 고려시대 이래의 청자 가마터는 이미 왜구의 노략질로 황폐화되었고, 내륙에 옮겨 새로 만든 가마에서도 아직 좋은 제품을 빚어내지 못하고 있었다. 분청사기의 제작이 15세기 전반기에 전성기를 구가하다가, 백자 중심의 관요(官窯)가 15세기 후반부터 생겨나면서 쇠퇴한 것도 이러한 배경에서 이해된다. 이후 분청사기는 16세기 중엽에 소멸하였던 것으로 알려져 있다.

분청사기는 극히 일부는 왕실에서 사용한 사례가 있으나 대체로 관아, 사찰, 그리고 양반가정에서 사용되었을 것으로 보인다. 이는 분청사기에 새겨진 명문(銘文)의 상당수가 그것을 사용하는 관서명인 것으로 보아 그러하다. 사찰의 경우 폐사지에서 매우 많은 분청사기가 출토되고 있다. 이처럼 분청사기는 전국 각지에서 제작되었고, 그 수요계층도 고려청자보다는 다양하였던 것이다.

분청사기의 특징을 가장 잘 나타내 주는 것은 분장기법과 문양이다. 분장기법이란 그릇에 정선된 백토를 씌우는 것을 말한다. 이는 분장방법과 분장 후 무늬의 표현방법에 따라서 상감기법, 인화기법, 박지기법, 조화기법, 귀얄기법, 덤벙기법, 철화기법 등으로 구분된다. 또한 분청사기에는 다양한 문양이 있다. 초기에는 상감분청, 인화분청, 박지분청 등이 주로 애용되었는데, 모란당초, 연꽃, 연당초, 갈대, 물고기, 빗방울무늬, 풀잎, 나비,

국화 등의 문양이 주로 그려졌다. 후기에는 조화분청이 주류를 이루었는데, 모란, 모란당초, 연꽃, 연당초, 물고기, 나뭇잎, 오리, 새, 소, 게, 포도 등 문양이 훨씬 다양해지고, 소재 또한 생활과 밀접하다는 특징을 지녔다. 이는 분청사기의 사용 계층이 점차 확대되었다는 의미로 이해되고 있다. 이러한 기법과 문양을 알고 실물을 보면 느낌이 훨씬 다를 것이다.

그런데 이러한 분장기법과 문양은 각 지역별로 그 특징이 있었다. 경기도와 충청도의 분청사기의 경우 상감기법에서는 연당초 무늬가 많고, 육각판 무늬와 국화 무늬 등은 인화문 기법에서 자주 사용되었던 문양들이었다. 반면, 경상도 지역은 인화기법에서 같은 무늬를 반복하여 추상적인 분위기를 자아내고, 각종 관청 이름이 많이 들어 있다는 특징을 보였다.

반면에 전남지역은 15세기에는 박지기법과 조화기법이 주류를 이루다가, 이후 귀얄기법과 담금기법으로 변화하는 특징을 보였다. 현 광주시 무등산 자락 충효동에 위치한 가마터는 15세기에 만들어진 대표적인 분청사기 가마이다. 충효동 가마는 관요로써, 공공기관에 상납할 도자기를 제작하였다. 이 곳에서 출토된 도자기에는 다양한 글씨가 쓰여져 있어서 제작자와 제작소, 그리고 제작연대 등을 알려주는 중요한 자료가 되고 있다. 이처럼 도자기에 글씨를 새기는 전통은 고려시대에 시작되었다. 조선시대에는 공공의 도자기를 개인이 소유하는 것을 방지하기 위해 관청의 이름을 새기거나, 만든 사람의 책임을 묻기 위해 제작자의 이름을 새기는 규정이 있고, 또 만든 곳과 때를 밝히기 위해 제작한 지역이나 간지를 새겨 넣기도 하였다. 따라서 도자기의 성격이나 내력을 밝히는데 명문이 지니는 의미는 매우 크다 하겠다.

충효동 가마에서 생산된 도자기도 이러한 고려시대의 전통에 조선초기의 규정이 더해져 많은 글자가 새겨져 있었다. 글자의 종류는 대략 100여 종에 이르며 그 내용은 제작 사기장, 상납 관청, 제작 지역, 제품 등급, 제작 시기 등을 나타낸 것으로 해석되고 있다. 주목되는 글씨로는 제작지를 알려주는 '茂珍'과 '光'자 명이 있는데, '무진'은 광주의 옛 지명이고, '광'은 광주를 나타냄에 틀림없다. 또한 '內贍'은 중앙관청인 내섬시를 말한 것으로, 이는 광주에서 분청사기를 상납한 곳이 내섬시라는 사실을 전해주고 있다. 또한 분청사기 마상배에는 한글로 '어존'이 음각되어 있는데, 이는 도자기에 한글로 새겨진 최초의 예로서 주목된다. 이외에도 제작 시기를 가늠할 수 있는 '成化' 명 묘지명(墓誌銘)이 출토되었는데, '성화'란 1465~1487년에 사용된 연호이다. 충효동 가마에서 제작된 분청사기가 관용으로 사용되었음을 시사해 주는 '公'자 명이 있는 그릇들도 다소 발견되고 있다.

 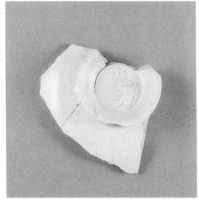

광주 이름 '光'자가 새겨진 분청사기(왼쪽)와 백자(오른쪽). 모두 충효동 가마터에서 출토되었다.

한편, 16세기부터는 충효동 가마에서 백자가 제작되기도 하였다. 처음에는 분청사기와 함께 구워지기도 하였는데, 제작되는 백자는 색이 순백색보다는 미색에 가까웠으며 강도는 약한 편이었다. 이후 분청사기는 소홀하게 제작되었던 반면에, 백자는 더욱 단단해지고 그 빛깔은 순백색으로 발전되어 갔다. 충효동에서 제작된 백자는 그 종류가 발, 합, 대접, 접시, 마상배, 단지, 병 등과 같은 일상생활 용기와 연적, 벼루 등의 문방구, 그리고 각종 제기류 등에 이르기까지 매우 다양하였다. 반면에 무늬가 있는 제품은 거의 발견되지 않고 잔 등과 같은 소형기물에 음각의 곡선만 베풀어져 있는 특징을 드러내고 있다.

충효동 가마에서 백자는 갑발(도자기를 구울 때 보호하기 위해 씌우는 덮개)에 넣어 제작하였으며, '光'자와 같은 지명을 나타내는 명문이 있는 것으로 보아 어느 시기까지는 중앙 관아에 납품된 것으로 여겨진다. 그러나 점차 갑발을 사용하지 않고 여러 겹 포개어 굽기 시작하였다. 이는 충효동 가마가 관요로서의 역할은 끝나고, 민요(民窯)로써 민간 대량 수요에 필요한 그릇을 만드는 곳으로 바뀌었음을 보여주는 것으로 여겨진다.

학계에서는 국내 최대 규모의 덤벙 분청사기 생산지를 고흥군 운대리라고 말하고 있다. 현재 운대리에 분청사기 가마터 25개소가 밀집 분포되어 있다. 그곳에서 대부분 덤벙 기법으로 만든 사발과 접시 등의 일상생활 용기가 주로 출토되었다. 특히 일본 엘리트들이 애용한 '고려다완'이란 분청사기가 운대리에서 출토된 것과 매우 비슷해 그것이 고흥에서 수출된 것이라는 추정도 제기된 상태이다.

보성군 득량면 도촌리에서도 조선초기 사람들이 사용한 분청사기 가마터가 발굴되었다. 상감, 인화, 조화, 박지, 귀얄, 철화, 덤벙 등 분청사기의 모든 제작 기법이 확인되었다. 그 가운데서도 덤벙 분청사기가 90% 이상을 차지하고 있어, 보성 지역이 우리나라 덤벙 분청사기 생산의 중심지였음을 알 수 있다. 그런데 덤벙 분청사기가 차 맛을 깊게 할 뿐만 아니라,

그릇에 적시는 찻물의 미감이 다른 다완에 비해 월등히 잘 어울린다고 한다. 이렇게 보면, 차가 도자기 산업을 이끌었음을 알 수 있다.

6) 옹기-장독대를 만들다

전라도 사람들의 뛰어난 도자기 생산 기술은 일찍부터 나타나 한국사의 중요한 페이지를 차지하고 있다. 신석기 시대 사람들은 전라도 곳곳에서 살며 빗살무늬토기를 만들어 음식을 만들고 곡물을 저장했다. 고인돌을 특징으로 하는 청동기 시대 사람들도 갖가지 민무늬토기를 만들어 사용했다.

철기 시대에 접어들자 농업 생산력이 증가하고 정복 전쟁이 활발해져 곳곳에 소국이 들어섰다. 그 소국들을 연맹체로 한 삼한이 등장했다. 삼한 가운데 마한(馬韓)은 지금의 경기·충청·전라도를 관할 지역으로 했다. 그때 영산강 유역을 중심으로 한 한반도 서남부 일대에 집중적으로 나타난 것이 독무덤[옹관묘]이다. 2001년, 독무덤 속의 대형 옹관의 제작과정을 확인할 수 있는 옹관 가마터가 나주에서 국내 최초로 발굴되었다. 나주시 오량동의 15기 가마터에서 주둥이 토기, 쇠뿔모양 손잡이 토기, 뚜껑 등 다양한 형태의 토기 조각이 발견되었다. 한 가마는 길이가 9미터를 훨씬 넘는 초대형이었다. 이로 미루어 이 지역 토기 생산기술이 고도로 발달했음을 알 수 있다.

전라도의 토기 생산기술은 고려 청자와 조선 분청으로 이어졌다. 그리고 16세기부터는 백자로 이어졌다. 백자는 사기장(沙器匠)에 의해 생산되었다. 전라도 곳곳의 사기점(沙器店)에서 질 좋은 사기가 생산되어 장시에서 팔려나갔다. 전라도 도공은 임진왜란 때에는 왜군에 붙들려 규슈 지역으로 끌려가서 일본 도자기 산업을 꽃피우는 데에 일조했다.

전라도의 옛 토기는 옹기(질그릇)로 이어져 오늘날까지 갖가지 음식물의 발효·저장과 다양한 생활용구로 이용되고 있다. 특히 옹기는 전라도 사람들의 생활을 풍요롭게 만들었다. 『별건곤』(1932년)이란 잡지 속의 「각도 여자 살림자랑」이란 글에서 옹기와 관련된 내용을 정리하면 다음과 같다.

> "전라도 여자들은 장독간 자랑을 하고 있었다. 서울 여자들이 마루에 사기그릇을 많이 진열하듯이, 전라도에서는 장독간에 장독을 많이 진열해 놓았다. 보통 집에도 수 삼십 개, 좀 넉넉한 사람의 집이면 수 백 개씩은 늘어놓았다. 곡성의 어떤 정씨(丁氏)의 집에는 장독이 오백여 개 되었다. 그것은 장이 그렇게 많은 것이 아니라, 장이외의 다른 곡식도 대개는 독에다 담아서 장독간에다 갔다 두었기 때문이다. 그래서 이름은 장독간이지만은 사실은 고깐(庫間)과 마찬가지였다."

장독의 치장을 전라도 지역처럼 극진히 하는 곳이 없으며, 옹기의 숫자에 있어서도 다른 곳은 따를 수 없다는 말이다. 전라도 사람들은 장독대를 '장광'이라고 부르며 주위에 담이나 경계를 두르고, 심지어 출입문을 따로 달기까지 했다.

장독을 소중히 다루는 마음씨는 음식 맛으로 이어질 수밖에 없었다. 그래서 전라도 여자들은 음식솜씨도 좋았다. 1932년에 나온 『별건곤』속의 「음식 잘 하는 전라도 여자」글에 다음과 같이 묘사되어 있다. 정리하면 다음과 같다.

> "대체로 말하면 전라도의 여자들이 다른 도의 여자보다는 요리를 잘 한다. 그 중에 전주 여자의 요리하는 법은 참으로 칭찬할 만하다.

맛도 맛이거니와 상(床) 보는 것이라든지 만드는 본때라든지 모두가
서울의 여자는 눈물을 흘리고 호남선 기차를 타고 도망질 할 것이
다. 서울의 신선로(神仙爐)가 명물은 명물이지만, 전주 신선로는 그
보다 더 명물이다. 그 외 전주의 약주 비빔밥이며, 순창 고추장, 광
주·담양의 죽순채(竹筍菜), 구례·곡성의 탁주·은어회, 고산의 식
혜, 남원의 약주, 군산의 생어찜 등이 다 음식 중 명물이다."

　이렇듯 온난한 기후로 인하여 전라도 사람들의 성품은 낙천적이다. 전
라도는 교통이 편리하여 외부와의 교섭이 빈번한 곳이어서 사람들이 개방
적이고 활동적이며 사교적이다. 농림산물과 해산물이 풍부하여 그만큼 지
역 인심도 후한 편이다. 전라도 지방의 송편은 다른 지방에 비해 크기가
크다. 그리고 음식상은 가지 수가 많고 푸짐하다. 오늘날에도 이 전통이
남아 있어 호남의 어느 곳을 가더라도 술집에 가면 거창한 안주를 거저 준
다. 이런 것들이 후한 인심과 풍부한 물산 때문이다. 그러나 최근의 전남과
전북의 경제력이 전국 최하위를 맴돌고 있다. 2014년 7월에 통계청에서 지
역별 1인당 소득을 발표했는데, 전남은 1,312만 원으로 전국 16개 광역지
자체 중에서 꼴찌를 차지했고, 그 다음을 강원과 전북이 차지했다. 반면에
울산이 1,884만 원으로 전국 평균을 크게 상회했고 그 뒤를 서울과 부산이
차지했다.

역사 속으로 한 걸음 더

전라도의 차

강진(康津) 보림사(寶林寺) 대밭의 차는 열수(洌水) 정약용(丁若鏞)이 체득하여 절의 승려에게 아홉 번 찌고 아홉 번 말리는 방법을 가르쳐 주었다. 그 품질은 보이차(普洱茶) 못지않으며, 곡우(穀雨) 전에 채취한 것을 더욱 귀하게 여긴다. 이는 우전차(雨前茶)라고 해도 될 것이다.

해남(海南) 등지에 생달나무가 있다. 열매에서 기름을 취하여 응고시켜 초를 만들면 품질이 기름초[膩燭]보다 뒤떨어지지 않는다. 부녀의 유종(乳腫)을 치료하는 약으로도 쓴다. 이 또한 정열수(丁洌水)가 고안한 방법이다.

제주(濟州)에서 나는 수선화(水仙花)는 추사(秋史)가 처음 알았다. 올바른 방법으로 키우면 강남(江南)에서 나는 것보다 뒤떨어지지 않는다. 그러나 본토에서는 오색화(五色花)가 피지만 바다를 건너면 색이 변하고 만다.

또 황차(黃茶)를 취하는데, 연경에서 나는 것보다는 못하지만 상당히 괜찮다. 〈『임하필기』〉

4. 대나무, 부채를 만들다.

본도는 원래 가정 수공업이 발달하여 면포·죽제품과 같은 것은 전국에 유통되지 않은 곳이 없는 가운데 새롭게 정미, 조면, 청주, 장유, 한천, 납석세공, 죽세공, 제지, 요업, 완석, 가마니 등의 각종 공업이 일어나 (중략) 그 제품 중 산액이 전 조선에서 최다인 것은 직물(특히 면직물), 가마니, 죽제품, 조면, 건해태, 면유 등이고, 품질이 우수하기로 내외에 유명한 것은 죽세공품, 정제면유, 가마니, 참빗, 삿갓, 한천, 부채, 해태 등이다. 〈「전라남도 답사기」, 1925년〉

1925년 기록입니다. 전라도에서 나는 죽세공품, 참빗, 부채가 우리나라에서 품질이 가장 우수하다는 말이 들어 있습니다. 이전부터 그러했습니다. 이는 대나무가 전라도에서 많이 나고 그것을 다루는 전라도 사람들 솜씨가 우수해서 나온 결과입니다. 따라서 우리는 대나무, 참빗, 부채, 죽세공품의 생산과 유통을 통해서 전라도 사람들의 멋과 우리 역사에 기여한 점을 알아보면 좋겠습니다.

1) 대나무-무거운 공물

오늘날까지 여수·해남 지역에 '이순신의 야죽불 전설'이 남아 있다. 전설은 대나무를 뗏목이나 목선에 싣고 사람들이 타고 있는 것처럼 나무나 짚을 이용하여 허수아비를 만들어 세워 마치 전함처럼 위장을 한 후, 대나무에 불을 지핀 다음 그 목선을 조류나 바람을 이용하여 적진에 침투시킨다는 것이다. 대나무가 불타면서 터지는 소리는 마치 화포의 폭약이 터지는 소리와 같아 적을 교란시키는데 효과적이고, 불붙은 배가 적선에 다가오면 적군은 피하는데 정신이 없는 틈을 이용하여 왜군을 격파하였다는 것이 전설의 개요이다. 우리는 이 대목에서 대나무를 전투에 활용할 생각은 어디에서 나왔을까가 궁금하지 않을 수 없다. 우선 떠오르는 것은 전라도의 풍부한 대나무, 그리고 삶 속에서의 대나무 활용이다.

대나무는 그 자체가 국가에 세금으로 내는 공물이었다. 청대죽, 전죽, 장대죽, 죽순, 죽제품 등이 공물로 배정되었다. ①청대죽(靑大竹)은 약재로 사용되는 죽력(竹瀝)을 만드는 데에 사용되었다. 이는 내의원에 납품되었다. ②전죽(箭竹)은 무기로 사용되는 화살을 만드는 데에 이용되었다. 이는 내궁방이나 병조에 납품되었다. 청대죽과 전죽은 인조 때에 그것이 산출되지 않는 후금 · 청에게 주는 외교선물로도 사용되었다. ③장대죽은 야외 천막 지주대나 군대 깃대 용도로 사용되었다. ④죽순도 공물이었는데, 궁중요리나 국가제사에 사용되었다. 고려 중기 때 어떤 사람이 "솥에서 삶아 내 풍로에 구워 놓으면 냄새가 좋으며 맛이 연하여 입에는 기름이 흐르고 뱃속은 살이 오릅니다."면서, "아침마다 늘 먹어도 싫증이 나지 않습니다."고 말한 것으로 보아, 민간에서 식재료로 죽순을 널리 사용했음을 알 수 있다. ⑤빗 · 자리 · 상자 · 부채 · 담뱃대 등 죽제품도 공물이었다. 이들 죽제품은 외교예물로 중국이나 일본에 제공되었다. 이렇게 보면 대나무는 약재나 군수품 및 외교선물이나 생활도구로 사용되는 긴요한 원자재였다. 이를 확보하기 위해 정부는 대나무 재배를 권장했고, 재배지를 확장하기 위해 함경도에까지 가져다 심기도 했다.

우리나라에서 대나무 주산지는 전라도이다. 18세기 정조 때에 닥나무밭과 대나무밭을 조사한 『저죽전사실』을 보면, 전라도에는 전국에서 가장 많

『저죽전사실』. 삼남의 대·닥·옻·뽕나무 현황과 장려책이 적혀 있다.

은 무려 1천 400여 곳에 대나무밭이 있었다. 그래서 전라도에 공물로 부과한 대나무 수량이 전국에서 가장 많았다. 전라도는 청대죽을 매년 300~360개씩 배정받아 23개 죽산읍에서 돌아가며 매월 25개씩 상납했다. 전죽은 한 때 2만 개를 배정받아 이를 감영·병영·수영에서 예하 군현에 재배정했다. 죽순의 경우 생죽순 713본, 염죽순 7말 6되를 죽순철에 상납한 적이 있었다. 이러한 공죽(貢竹)은 도민들 손으로 서울까지 운송되었다. 15세기 태종 때에 나주에서 출발하여 서울로 향하던 조운선['마도 4호선']이 충청도 태안반도에서 좌초되었다가 2014년에 발굴되었는데, 발굴선 안에서 일정한 간격으로 잘려진 공물용 대나무가 다량 나왔다. 이를 통해 알 수 있듯이, 대나무 공물은 세곡선에 함께 실려져 서울로 운송되었다.

그런데 난대성 식물이라 겨울철 혹한으로 냉해를 입어 대나무 작황이 좋지 않을 때가 잦았다. 가령, 1690년 후반에는 연이은 겨울 혹한으로 전라도의 청대죽 50%가 고사한 적이 있었다. 한 번 냉해를 입으면 정상 복구되는데 3~4년은 걸린다. 그럴 때마다 대의 길이와 굵기가 작거나 죽순의 싹이 썩거나 하여 전라도는 곤혹을 치렀다. 감사·병사·수사가 지휘 책임으로, 각 읍 수령이 의무 불이행으로 문책을 받았고, 백성들은 다른 지역에서 비싸게 사오고 운송해 오느라 고생이 이만저만이 아니었다. '죽폐(竹弊)'라고 하여 대나무 공물이 전라도의 큰 민폐가 되었다. 이런 유형의 기록은 도처에 남아 있다. 이규경의 「팔로리병변증설(八路利病辨證說)」을 보면, 전라도 안에 많은 죽전(竹田)이 있어 백성들은 청대죽과 전죽 및 죽선(竹扇)을 공납하고, 수령은 많은 부채를 만들어 조정대신과 인척 및 친구에게 보내니 그 비용이 적지 않고 그 피해를 백성들이 입는다고 했다.

그러나 정반대의 기록도 많다. 전라도 사람들은 대나무밭을 잘 가꾸었다. 공물로 내고 남은 것은 본인들 수입원이 되었기 때문이다. 수입이 좋았다. 우하영이 지은 『천일록』을 보면, 전라도 마을마다 대나무 밭이 있는데, 그 수입이 농사 100배와 맞먹는다고 했다. 대나무를 채취하여 생활용품을 만들어 사용하고 판매한 결과였다. 이런 경향은 20세기 중후반까지 이어졌다.

2) 어디 참빗–영암 참빗

죽제품의 기원은 아주 오래 된다. 가정용 일상용품은 참빗, 바구니, 상자 등 대나무로 만든 것이 대부분이었다. 죽립(竹笠), 우립(雨笠) 등 서민들이 쓰는 갓도 대나무로 만들었다. 상류층 남자의 문방구와 여자들의 화장대도 대나무로 만들었다. 조선후기 서민문화 발달로 인한 부채의 대중화, 그리고 담배의 전래 이후 담뱃대의 사용은 대나무 수요를 더욱 증가시켰다. 이 가운데 참빗 이야기부터 해보자.

참빗은 빗살이 매우 촘촘한 빗으로 머리를 가지런히 정리하거나 비듬이나 이 등을 제거하기 위해 사용한 가정 필수품이었다. 마한시대의 광주 신창동 유적지, 백제시대의 광양 마로산성 유적지에서 참빗 유물이 출토되었다. 참빗은 진소(眞梳) 또는 죽소(竹梳)라고 했다.

참빗은 전라도 안 곳곳에서 생산되었다. 그래서 진소리(眞梳里)라는 마을이 여러 군데 있었다. 당연히 담양 것이 유명했다. 영암, 강진 것도 유명했는데, 이 말은 한글소설 『흥보가』에서 놀보가 박을 타는 장면에서 나온다. 세 번째 박을 타니 사당패들이 나온다. 그 가운데 하옥이라는 사당이 이렇게 말한다.

"순창·담양 처자는 바구니 장사 처녀, 영암·강진 처자는 참빗
장사 처녀"

순창·담양은 바구니로, 영암·강진은 참빗으로 유명했음을 알 수 있다. 뭐니 뭐니 해도 영암 참빗이 최고 명품이었다. 견고하고 모양이 예뻐서였다. 그래서 "어디 망건 전주 망건, 어디 참빗 영암 참빗"이라는 동요가 경향각지에서 유행했다. 1928년 잡지 『신민』에 지금부터 약 300년 전부터 만들기 시작했다고 하나, 이는 이때부터 전국에 명품으로 알려진 것으로 해석함이 마땅할 것 같다. 각지 상인들이 양질의 참빗을 값싸게 사기 위해 영암에 대거 몰려들었다. 1871년에 낙안군 서면 옥산리 사람이 장사차 돈 190냥을 가지고 배로 출발하여 영암 덕진포에 도착했다. 참빗 2천 500개를 180냥으로 사서 강원도 울진(현재 경북)에 가서 220냥에 팔았다. 이로 보아 참빗 한 개를 영암에서 7푼 2리에 사서 울진에 가서 8푼 8리에 팔아 총 쌀 10석 가치에 해당되는 40냥의 시세차익을 남겼음을 알 수 있다. 당시 서울에서도 참빗 값이 8푼이나 1전이었고, 평안도 의주에서는 1전 정도 했다.

영암에 참빗 제작자도 많았다. 읍성 안과 밖, 남녀와 노소를 가리지 않

고 종사하지 않은 사람이 없었다. 1920년에 원료의 구입·배부, 자금의 융통, 제품의 공동판매를 위해 '영암진소산업조합'이 조직되었다. 이원우(李元雨)의 주도하에 200여 명이 조합원으로 가입했다. 1925년에 제조업자가 278호, 연산액이 300만 개에 18~20만 원에 이르렀다. 조선 전역, 일본, 중국, 만주 등지로 팔려나갔다. 나날이 성장하여 1928년에는 조합원이 891명, 1936년에는 조합비가 30만 원에 이르렀다. 이 무렵 이원우는 영암보통학교 학무위원과 영암면 협의원 등을 맡고 있었다. 영암 안에서도 읍내 망호리가 유명한 마을이다. 마을 주변에는 원료인 대나무가 무성하다. 일제 때 100호가 넘는 집 중에서 90여 호가 만들었고, 그래서 장꾼들이 전국 각지에서 참빗을 사러 마을까지 왔다고 한다.

참빗의 유통 목적은 다음과 같다. ①참빗은 상인과 소비자가 구매하는 상품이었다. ②부피가 작고 모양이 예뻐 선물로 많이 이용되었다. 임금이 궁궐에서 잔치를 열 때 신하에게 선물로 주었다. 중국이나 일본 외교관에게도 선물로 지급되었다. 선비들이 지인들에게 선물로 한두 개 주었음이 편지에 종종 보인다. 상인들이 멀리 장삿길을 떠날 때에도 선물로 챙겼는데, 강진 병영 상인들이 대구 약령시로 약재를 구매하러 갈 때에 외상을 하고 좋은 제품을 입수하기 위한 선물용으로 참빗을 가지고 갔다. 대구 쪽에서 참빗은 귀한 물건이었기에 그리 했음이 분명하다. ③일본으로 팔려나가는 수출품이었고, 우리 민족이 북간도로 이주하자 그곳으로도 보급되었다. 일제 강점기 때에는 유럽과 미국으로도 수출되었다. 한때 영암과 담양 등 전남 일대에서 50만 개를 주문받은 적이 있었다.

3) 죽향 담양

이 대목에서 담양 참빗 이야기를 안 하고 넘어갈 수 없다. 담양산은 빗의 이와 이 사이가 조밀하고 머리의 찌든 때가 잘 빠질 뿐만 아니라 내구력이 좋다고 소문났다. 참빗 한 개를 만드는 데에 80명에서 100명에 이르는 사람의 손을 거쳤다고 한다. 담양 참빗 생산자들은 진소계를 조직하더니 진소조합으로 발전시켰다. 진소조합은 1918년에 정상호(鄭相鎬)가 5만 원을 투자하여 조직하여 자신이 조합장, 국길재가 서기를 맡았다. 1935년 언론 보도를 보면, 1천 625인이 참빗 생산에 종사하여 1년간 252만 개를 만들어 값으로 75만 원에 달했다. 담양 장날 하루에 5만 개가 쏟아져 나왔다.

『매일신보』(1921년 11월 29일). 담양 참빗조합의 현황이 보도되었다.

내친 김에 담양 죽세공품에 대해 자세히 알아보자. 1930년대 담양의 1년 죽세공품 생산액과 종사자 현황이 있다. 죽세공품은 참빗 300만 개, 농립 (農笠) 50만 개, 발 38개, 부채 92만 개, 장선(長扇) 51만 개, 기타 바구니·

가방 등이 있었다. 어른 아이 할 것 없이 밤낮 가리지 않고 여름에는 부채·발을 만들고 참빗은 사철 만들었다. 이 일에 2천 575호, 1만 명이 종사하고 있었다. 담양의 인구 절대 다수가 죽세공품 제작에 종사했다. 이는 대나무밭이 가장 많은 곳이 전라도 안에서도 담양이었기 때문이다. 담양은 각종 죽세공품의 제작이 가장 성한 곳이었다. 그래서 담양에는 각전 진상 단오선을 만드는 도회소가 설치되었다. 그때 담양에는 각읍에서 보낸 대나무, 서울에서 내려온 선장으로 북새통이었다. 그리고 어떤 담양부사는 장인을 독려하여 많은 죽기(竹器)를 만들게 한 후 윗사람을 섬기는 뇌물로 삼았다가 곤혹을 치렀다. 또한 팔기 위해 죽물과 죽제품이 천변 장터에 산더미처럼 쌓여 있었다. 그리하여 1910년 전후 담양의 공업 생산액 가운데 죽제품이 86%를 차지했다. 1980년 말까지 담양군의 담양읍, 월산면, 수북면, 금성면, 봉산면, 무정면 등 6개 읍면의 약 2천 호에 이르는 농가에서 죽물을 만들었다. 담양 사람들이 자신들 고향을 '죽향'이라고 하고, '한국대나무박물관'을 설립하고, 대밭을 관광자원으로 활용한 것이 여기에 있는 것이다.

일제 강점기 들어서 전라도 죽제품은 국내 각지는 물론이고 일본과 만주 및 북경·상해에까지 수출되었다. 조합이 설립되어 제작기술 개량을 위한 강습회를 열거나 공진회 같은 전시회 출품을 지원했다. 1911~1915년 관보에 개재된 우리나라 사람이 세운 20여 회사가 보인다. 그 가운데 전라도에는 죽세공품을 만드는 순창의 '영창실업합자회사', 그리고 목죽 제품을 만드는 광주의 '광주공업합명회사'가 있었다. 둘 다 죽제품 만드는 회사였으니, 전라도의 근대기업이 대나무로부터 출발한 셈이다. 1920년대 초반에 서울에서 '부업 공진회'가 열려 전남 사람 10명이 입상을 했고, 그때 부업 공로자로 죽세공업 관계자 2명을 표창하기도 했다. 전라도 사람들은 대밭으로 논밭을 사고 자식 대학을 보냈다. 그런데 지금은 플라스틱 제품에 밀려 죽제품 수요가 저조하자, 대밭은 애물단지가 되고 말았다.

4) 전주 합죽선-한국문화 표상

우리나라는 부채의 나라라고 할 수 있다. 부채의 용도가 너무 다양해서이다. 우선 부채는 더위를 날리고, 파리를 내쫓고, 신변을 보호하는 도구였다. 아낙네들이 웃을 때 단선(團扇, 둥근 부채)으로 입을 살짝 가렸다. 그리고 부채는 우정을 나누고 멋을 내는 데에도 긴요했다. 선비들은 친구에게 정의의 표시로 부채를 선물로 주었고, 다 떨어진 부채를 정표로 남정네에게 준 기생도 있다. 또 그리고 부채는 멋을 내고 예술을 표현할 때에도 없어서는 안되는 것이어서, 의관을 정제할 때에 첩선(貼扇, 접는 부채)을 쥐어야 외출이 가능했다. 시인묵객들은 부채에다 시를 쓰고 그림을 그렸는데, 임진왜란 때 일본에 끌려간 우리 선비들에게 왜인들은 부채에 글을 써주라고 부탁했다. 소리꾼이 소리할 때 손에 쥐고 있는 것도 부채였다. 또한 부채는 정치활동 도구로 이용되었다. 임금이 단오날 신하들에게 부채를 선물로 주었는데, 그 부채를 절선(節扇)이라 했다. 고려 때 일인데, 오랫동안 가물었다고 삿갓 착용과 부채 사용을 금지한 적이 있다. 마지막으로 우리 부채는 외국으로 팔려나가는 수출품이었다. 고려 때 중국에 접는 부채가 수출되었다. 그것을 송나라 소동파는 고려선(高麗扇)이라면서 즐겨 사용했다고 한다. 접는 부채는 조선시대에도 중국에 수출되었고, 청나라에 가는 연행사도 가지고 가서 그곳 사람들에게 인사로 주었다.

이리하여 조선시대에 부채를 안 쓰는 사람이 없었다. 장가가는 신랑은 도홍선(桃紅扇)을, 장례를 치르는 상인은 포선(布扇)을 가지고 있었다. 무당이 굿할 때, 광대가 소리할 때, 사당패가 줄타기할 때에도 채색선(彩色扇)이란 부채가 필요했다. 기생은 화초선(花草扇)을 가지고 춤을 췄다. 흥부가 놀부 형에게 경제 지원을 요청하기 위해 차려 입고 나가는 장면이 『흥부전』에 묘사되어 있다. 그곳을 보면 편자 없는 헌 망건에 박쪼가리 관자 달고, 깃만 남은 중치막에 헌 술띠를 흉복통에 눌러 띠고, 떨어진 헌 고의(袴衣)에 청올치로 대님 매고, 헌 짚신 감발하고, 서홉들이 오망자루 꽁무니에 비슥 찼다. 그리고 손에 세 살 부채를 쥐고 있었다. 이를 통해 아무리 가난하고 신분이 낮아도 부채는 필수품이었음을 알 수 있다. 조선은 부채의 나라였다.

그래서 부채 종류가 매우 많았다. 20세기 초 시중에서 판매되는 것만 50여 종 된다고 했다. 태극선, 비취선(翡翠扇), 도홍선, 파초선(芭蕉扇), 홍일선(紅日扇), 반월선(半月扇), 백운선(白雲扇), 합죽선, 미선(尾扇), 상아선(象牙扇), 공작선(孔雀扇), 칠선(漆扇) 등 별의별 부채가 다 있어서 보통 사람으로는 잘 알기가 어려웠다. 부채는 과거에 최고 인기 품목 가운데 하나였다. 부채 추에 호박이나 마노 같은 보석을 달면 값이 천정부지 치솟는 고가 명품이었다.

특히 18세기 이르면 이런 말이 종종 나왔다.

  "요즘은 기교의 풍습이 날마다 성하여 심하기로는 부채를 주석으로 장식하는 데까지 이르렀다."

부채가 엄청 사치스러워졌다. 이것으로 그치지 않았다. 줄부채의 길이가 한 자에 가깝고, 살도 30개가 넘었다. 그래서 대 하나를 베어 쓸 수 있는 것은 겨우 한두 마디뿐이니, 만약 줄부채 한 자루를 만들려면 큰 대 몇 개를 소비해야 한다고 했다. 전라도를 시찰하고 돌아온 암행어사 서유문은 "이후로는 첩선의 명색을 일체 제거하고, 그 외의 부채 만드는 제도도 오로지 튼튼하고 소박하게 만들도록 하고 부채살 수는 단오선(端午扇)의 살수를 넘지 못하게 해야 합니다. 겉에 뿔을 대어 기교를 부린 것이나, 합죽을 하거나 종이에 옻칠한 것 따위들을 일체 엄금하소서."라고 말했다. 그때 좌의정 김이소는 서유문의 말이 옳다면서, 부채살을 20개를 넘지 않고 부채 길이도 6·7치 넘지 말도록 하자고 했다. 1805년대 당시 전라감사였던 심상규(沈象奎)도 길이 5·6치 정도의 소선(小扇)을 만들었다. 사람들은 이 부채를 심선(沈扇)이라는 명칭으로 불렀으며 일시 유행했다고 한다. 나날이 커지고 화려해지는 부채를 당시 사람들은 애호했던 것이다.

부채를 한자로 선자(扇子)라고 했고, 그 장인을 선자장(扇子匠)이라고 했다. 부채 장인은 대나무와 종이를 자르고 붙여 부채를 만들었다. 따라서 대나무가 산출되고 종이가 생산되는 곳이 부채 고향이었다. 대나무와 종이를 기술로 결합하고, 시와 그림을 예술로 승화하고, 보석을 멋으로 장식하면 이른바 '부채 문화'가 탄생하게 되는 것이다. 우리나라의 부채 명산지는 전주, 남원, 담양, 광주, 남평(현재 나주), 강진 병영 등이었다. 멋을 아는 전라도에서 생산되는 부채를 전국 최고로 쳐주었다. 가히 전라도를 부채의 고장이라고 할만하다.

1928년 7월 1일자 『별곤건』에 부채의 생산지로 말하면 전라도의 전주·남원·나주·담양과 경상도의 대구·진주·통영 등이 다 저명하지만, 그 중에서도 명산지는 전주·나주·담양이라고 했다. 서울 시중에서 고가를 부르고 있고 외국으로 수출되어 조선의 공산계(工産界)를 빛나게 하는 것도 이 몇 군의 것이라고 했다. 부채를 잘 가지지 않는 어떤 서양 사람은 조선을 구경하고 돌아가서는 왠지 이상하였던지 어떤 잡지에 발표하기를 '조선

광주 조선청. 조선청이란 부채를 만드는 관청이다.

은 '부채의 나라'라 하였다고 잡지는 보도했다. 개항 이후에는 외국인이 우리 부채를 대거 수집해 갔다. 그래서 외국 박물관에는 우리 부채가 상당수 소장되어 있다. 프랑스의 '파리 부채박물관'을 포함한 여러 박물관, 그리고 일본의 여러 박물관에 소장되어 있다.

특히 전주는 호남 제일의 도시로서, 수공업과 상업이 발달하였다. 상업이 발달했음은 『만기요람』에 전국 7대 장시 가운데 하나인 전주 읍내 장이 들어 있음을 통해 알 수 있다. 전주에는 은기, 유기, 목제가구, 부채, 죽세공, 기와, 주류, 유류, 종이 등의 생산이 발달했다. 전주의 관리들과 주민들, 단오절선이라는 중앙 상납품의 수요 때문이었다. 그 중 부채는 단연 전국 제일이었다. 감영 기구 내에 선자청(扇子廳)이라는 부채 제조소가 있었을 뿐만 아니라, 민간 제조소도 적지 않았다.

선자청은 전주의 읍지에 나와 있고, 고지도에는 서문과 남문 중간의 성벽 가까이에 있는 것으로 그려져 있다. 19세기말 『호남영사례』에는 선자청에서 부채 만드는 데에 소요되는 자재의 원가가 적혀 있다. 대 한 자루가 0.15냥, 옻칠 한 되가 5냥, 어피 한 장이 0.15냥, 아교 한 근이 0.8냥 등등이다. 일제 때에 편찬된 『전주부사』에도 선자청에서의 부채 만드는 과정이 상세히 기록되어 있다. 그에 의하면, 진상 부채가 첩선과 별선(別扇)을 합하여 334자루 정도 되었다. 이를 1만 냥 정도 투입해서 순창·담양에서 대나무를 사고, 관내에서 백동·황동·칠·종이를 사고, 장인을 고용하여 통인(通引)이란 향리 감독 하에 세 방으로 나누어 작업에 들어갔다. 전주에 부채문화관이 건립되어 전주 부채에 대한 역사적 가치와 문화사적 의미를 소개하고 있다.

5) 남평 승두선

전주뿐만 아니라, 대나무와 종이가 생산되는 전라도 여러 고을에 부채가 진상이나 공물로 배정되었다. 부채는 남원도 유명했다. 조산동에서 주로 생산된다고 하여 '조산동 부채'로 불렸다. 이는 오동잎이나 연잎 모양으로 만든 단선(團扇)이었다. 음력 9월부터 다음해 5월까지 부채를 만들었다. 일제 때 마을 호수 172호 가운데 106호가, 주민 823명 가운데 428명이 부채 만드는 일에 종사했다. 남녀노소가 한 자리에 모여 앉아 분업에 의해 대를 깎고, 살을 고르고, 종이를 부치고, 색을 칠하여 연간 200만 자루를 만들었다. 일본이나 만주에까지 부채가 수출되었고, 부채산업조합이 설립되어 수출업무를 대행하기도 했다.

광주에서는 조선청(造扇廳)이라는 관영 부채 제작소를 두어 직접 만들었다. 조선의 접는 부채는 백제 중엽의 광주사람 탁(卓)모씨의 것을 보고 본떠서 만든 것이라는 말이 20세기 초까지 내려왔다. 이로 보아 광주 부채도 유명했던 것 같다.

절선은 강진 병영에도 배정되었다. 칠첩선, 백첩선, 칠별선, 유별선 등 화려하게 옻칠을 하거나, 기름을 바르거나, 그냥 종이만 붙인 부채가 있었다. 그래서 『오주연문장전산고』에는 감영과 병영에서 만든 부채 외에 남평선(南平扇)을 일국의 제일로 삼는다고 했다. 김려(金鑢, 1766~1812)라는 선비는 자신이 애장하고 있는 명품 42가지를 자랑했다. 명품 리스트를 작성해 소유 경위와 제품 특징 등을 기록했는데, 그 가운데 단천 벼루, 해주 먹, 정주 탕관과 함께 남평 부채도 보인다. 남평 부채는 승두선(僧頭扇)이라는 이름으로 소문난 전국 명품이었다. 18세기 선비 이하곤이 남평에 들어와서 첩선과 승두선이 기묘하다고 했고, 특별히 승두선에 대해서는 정교하여 견줄 만한 상대가 없다고 했다. 승두선은 우리나라에 들어온 청나라 사신에게 외교선물로 제공되었고, 반대로 우리 사신이 중국 들어갈 때도 노자로 가지고 갔다.

이 외에 전라도의 궁벽한 고을 옥과현에 있는 김희옥(金喜玉)이라는 사람은 부채에 관한 제일의 기술을 가진 장인이었다. 그는 이복현(李復鉉, 1767~1853)이 옥과현감으로 내려왔을 때, 부채 만드는 기술을 배웠고 뒤에 해거궁(海居宮)에 들어가서도 이복현에게 배웠다. 당시 사람들이 한 자루를 얻으면 보배를 얻은 것 이상으로 좋아할 정도로 김희옥이 만든 부채는 명품이었다. 그래서 그 부채를 그의 이름을 따서 옥선(玉扇) 또는 궁선(宮扇)으로 불렀다고 한다. 이유원의 『임하필기』에 나온다. 브랜드를 얻은 상품은 자연스럽게 명품 반열에 올랐다.

여러 가지 부채

우리나라의 쥘부채[摺扇]는 그 양식이 매우 편리하게 되어 있다. 그러므로 명(明)나라의 성조(成祖)가 천하에 반사(頒賜)하니, 이로 말미암아 둥근 부채[團扇]의 사용이 점점 드물어졌다. 영묘조의 부채 중에 '승두삽(僧頭篸)'이라는 것이 있으니, 이는 부챗살에 옻칠을 한 다음 두꺼운 종이를 붙이고 푸른색의 종이로 선을 두른 것으로, 길이가 한 자나 된다. 그 모양이 사치스럽기는 하지만 견고하다. 내가 그 모양대로 만들고자 하였는데 그 본을 구할 수 없었다. 뒤에 고가(古家)에서 얻어 그 모양대로 만들어 사용했다. 근래에는 옷소매가 변하여 좁아졌는데, 부채도 따라서 작아져 도리어 심삽(沈篸)에도 미치지 못한다. 이른바 심삽이란 것은 두실(斗室) 상공(相公) 심상규(沈象奎)가 전라도 관찰사가 되었을 때 만든 것으로, 길이가 겨우 대여섯 치이다. 물건의 변역(變易)이 세속의 좋아하는 것에 관계된 것이긴 하지만, 부채가 너무 작은 것도 쓰는 데 적당하지 않다. 〈『임하필기』〉

5. 종이, 출판을 이끌다.

통에 든 가늘고 윤기 나는 관북의 포
곱게 눌러 가볍고 깨끗한 호남 종이.
상인들의 배와 수레는 땅과 바다로 통하고
또 변방의 비단과 연경의 비단도 있네. 〈「성시전도시」〉

이는 규장각에서 근무하던 28세 서유구가 서울의 모습을 읊은 시입니다. 상인들의 배와 수레에 의해 시전에 반입된 전라도 종이가 가볍고 맑아 서울에서 명품으로 알려져 있음을 알 수 있습니다. 그래서 전라도 종이는 우리의 출판문화와 서화세계를 이끌어왔고, 외국 수출품으로도 주목을 받았습니다. 이런 모습과 그것이 우리 역사에 어떤 영향을 미쳤는지를 알아보겠습니다.

1) 닥나무-종이 원료

종이는 문자를 기록하거나 그림을 그리기 위해 인류에 의해 발명되었다. "무릇 풀의 껍질이나 두껍고 연한 것은 모두 종이를 만들 수 있다"고 했으니, 자연에서 자라는 나무나 풀이면 모두 종이 원료가 될 수 있었다. 중국은 주로 뽕나무 껍질을 이용하지만, 우리나라는 종이를 주로 닥나무로 만들었다. 뽕나무과에 속한 닥나무의 껍질을 깨끗이 씻고 잘 삶아 죽을 만든 후 '외발뜨기'로 틀에 떠서 말리면 종이가 된다.

우리 종이는 몇 가지 특징이 있다. 우선, 질기다. 그래서 1천년 이상을 견디어 오고 있다. 그리고, 매끄럽다. 그래서 먹물을 잘 받아 글씨와 그림에 좋다. 이 두 가지를 위해 종이를 초벌 건조 후, 모아 쌓아 놓고 방망이로 '다듬이질'을 하여 지면을 고르게 다듬는 작업을 마지막으로 한다. 이런 과정을 거친 우리 종이는 세계에서 품질이 가장 우수했다.

그리하여 삼국시대 때 고구려 승려 담징이 일본에 종이 만드는 방법을 전해주었다. 고려 때부터 중국과 일본에 수출되었다. 몽골은 우리 종이 기술자를 데리고 가서 중국 땅에서 종이를 만들게 했다. 조선시대에 들어와서도 종이 수출은 계속 되었다. 그리하여 해외로 반출되는 양이 적지 않았다. 송, 요, 금, 원, 명, 청 등 중국에서 우리 종이 안 쓴 나라가 없다. 특히 후금·청을 세운 여진족이 시신을 종이에 싸서 매장함으로써 우리나라에서 가져가는 종이 양은 폭증했다.

종이는 국내에서 공문서나 시험지 또는 서책이나 서화 그리고 창호지나 공예재료 등으로 사용되었다. 후대로 갈수록 두껍고 큰 종이를 사용했다. 서책 발간이 잦아지고, 과거 응시생이 급증하고, 종이로 만든 우산이나 옷 및 신발을 많이 사용하면서 종이 수요도 증가했다. 종이는 양반들에게 주된 선물 품목이었다.

닥나무는 전라도와 경상도에서 가장 많이 재배되었다. 잘 자라는 곳은 산간지대이다. 그래서 제지업은 닥나무와 화목을 확보하기 쉽고 맑은 물과 넓은 바위를 구비한 전라도와 경상도 산자락에서 가장 활발했다. 그 중에서 전라도가 단연 으뜸이었다. 통일신라 때 무진주·완산주 사람들은 뿌리에 향수를 뿌려 정결하게 가꾼 닥나무로 만든 종이에 화엄경을 정성들여 써서 화엄사 석탑 안에 안치했다. 고려 중기 때 송광사의 창건 연혁과 가람 현황을 기록한 「수선사형지기」(현재 송광사 소장)라는 문서 또한 닥종이로 작성되었다.

조선시대에 간행된 주요 전국 지리지 속에 종이가 생산되고 닥나무가

산출되는 고을을 건수별로 찾아서 합산해 보면, 전라도가 153으로 압도적
으로 많았고, 그 다음으로 경상도 82, 평안도 62 순위였다. 1795년(정조 19)
에 전라감사 서정수가 보고한 것을 보면, 전라도에 전국에서 가장 많은
2,736곳에 닥나무 밭이 있었다. 그래서 이 무렵 전라도의 닥나무 재배 지역
이 산간지대에서 연해지대로까지 확산되었다. 닥나무를 심어서 생계를 꾸
려가는 사람들이 전라도에 많이 있었다. 전라도에서 몇 경(頃)에 닥나무를
심으면 생활할 수 있다고 했다. 들어오는 수입이 좋아 백성들 생업에 도움
이 된다면서 닥나무 재배를 권장할 정도였다. 심지어 서남해의 안마도 섬
에서도 닥나무를 길러 육지로 가지고 나와서 팔았다. 흑산도 사람들은 훈
련도감에 납부할 종이를 자체에서 생산할 정도였다.

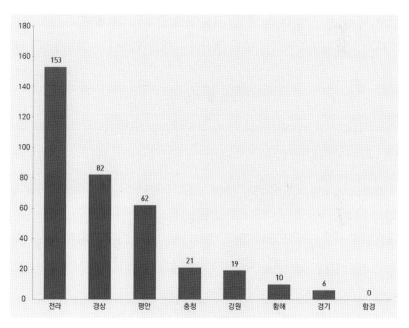

종이·닥나무 산출 지수

2) 지소-종이 공장

종이를 만드는 장인을 지장(紙匠)이라고 한다. 지장의 존재는 고려 때부터 확인된다. 그들은 향·소·부곡 가운데 하나인 지소(紙所)에 예속되어 종이를 만들었다. 지소 운영을 위해 정부는 닥나무 재배를 권장하는 정책을 폈다. 하지만 작업량이 너무 무거워 장인들이 도망치기 시작했다. 지소에서 탈출한 장인들은 사찰로 들어갔다. 이런 체제는 조선왕조에 들어와서 소가 혁파되자 사라지고 말았다.

이제 지장은 서울 조지서와 각 고을별로 소속되었다. 『경국대전』에 따르면, 지방 지장은 경상도가 265명으로 가장 많고, 전라도가 237명이고 충청도가 130명으로 그 다음을 이었다. 하지만 고을 별 지장은 전라도가 평균 4.39명으로 가장 많고, 경상도 3.96명과 충청도 2.41명이 그 뒤를 따라갔다. 이 통계는 전라도의 종이 생산이 그만큼 많았다는 점을 말해준다.

고을 별 지장 수

전라	경상	평안	충청	강원	황해	경기	함경
4.39	3.96	0	2.41	1.32	1.62	0	0

전라도 가운데 지장이 가장 많은 곳으로는 전주·남원 23명이다. 이 수치는 전국 최고이다. 그 뒤를 이어 나주 10명, 광주 8명, 장흥·순천 7명, 고부·금산·담양·순창 5명이다. 나머지는 익산·영광·영암·무장·장수·진도·해남 4명, 김제·광양·무안·옥구·함평·진산·여산·임피·낙안·보성·용담·임실·정읍·흥덕·부안·고창·금구·만경·진안·무주·용안·함열·고산·태인·구례·장성·진원·남평·창평·옥과·

곡성·운봉·동복·흥양·능성·강진·화순 3명이다. 지장 숫자를 통해 전라도 안에서 전주와 남원이 종이를 가장 많이 생산하는 곳이었음을 쉽게 알 수 있을 것 같다.

종이 또한 중앙에 때때로 상납해야 하는 것이었다. 1434년(세종 16) 『자치통감』을 인쇄할 때, 정부는 종이 10만 권을 경상도에, 7만 8천 권을 전라도에 각각 배정한 바 있었다. 그와 더불어 인쇄에 필요한 먹도 배정되었는데, 1457년(세조 3)『대장경』50부를 찍기 위해 먹 1천 750정을 전라도와 경상도에 각각 배정했다. 건국 직후 국가문물을 정비하는 과정에서 대량으로 발간했던 서적들의 종이는 상당량이 전라도에서 올라왔다.

나라 틀이 잡히면서 종이는 정기적으로 바치는 공물 가운데 하나가 되었다. 그래서 『세종실록 지리지』를 보면, 전라도에서는 표전지, 자문지, 단자지, 주본지, 피봉지, 서계지, 축문지, 표지, 도련지, 중폭지, 상표지, 갑의지, 안지, 세화지, 백주지, 화약지, 장지, 상주지, 유둔지 등 각종 종이가 공물이었다. 그러면서 전라도 안에서도 오직 전주와 남원 것의 품질이 가장 좋다고 했다. 그 외 고을에서도 중앙관부와 지방영문에 각종 종이를 납부했는데,『승평지』(1618년)를 보면 순천에서는 주지, 도련지, 계목지, 장지, 백지 등을 서울의 풍저창, 장흥고, 교서관, 예조, 관상감, 그리고 도내의 감영, 병영, 수영 등에 보냈다. 이리하여 전라도에서 상납하는 종이 양은 엄청났다. 가령, 1786년(정조 10)의 경우 순창은 훈련도감, 금위영, 어영청 등에 납부할 백지, 후백지, 계목지 등이 7천 속에 이른다고 했다. 힘들지 않을 수 없어 당시 전라도 사람들은 틈만 나면 말했다.

"전라도에서 종이를 생산하는 고을은 폐해가 매우 심하다."

각종 상납용과 자체 소비용 종이를 각 고을에서는 지소(紙所)라는 관영 제지공장을 두어 조달했다. 지소는 맑은 냇물이 흐르는 곳에 있어야 했기에, 형편에 따라 지소를 읍치 옆 냇가에 둔 곳이 있는가 하면 다소 멀리 떨어져 있지만 사찰에 둔 곳도 있었다. 예를 들면, 순창은 객사 바로 남쪽 경천에 두었고, 남원은 남문 밖 요천에 두었다. 그런가 하면 전주·순천·광양은 송광사·용대암·송천사에 지소를 각각 두었다. 사찰에 지소를 둔 곳이 적지 않았다는 점이 눈에 띈다. 순천의 경우 용대암 외에 대광사는 종이 만드는 것을 업으로 삼고, 선암사는 서울 내수사에 납품하는 지소가 있었다.

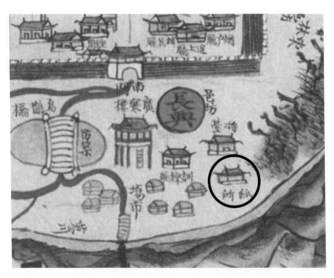

남원 지소. 남문 밖 광한루 앞의 요천 변에 있다.

그런데 조선후기에는 관영지소보다는 민간업자에게서 구매하여 필요한 종이를 조달하는 형태가 활발해졌다. 그에 따라 지소, 지통(紙桶), 지점(紙店) 등으로 불리는 민영 제지소가 곳곳에 들어섰다. 19세기 후반 자료를 보면, 운봉에는 산내면의 영대·황치·장항 마을에 지소가 있었고, 장수에는 여섯 군데에 지소가 있었다. 지소가 있는 마을을 보통 지촌(紙村)이라 했고, '지소리'란 이름으로 공식 명명된 곳도 있었다. 지촌에서는 가족 노동력에 의한 부업형태로 또는 마을 주민에 의한 공동형태로 지소를 운영했다.

민영 제지소가 많아지자, 그곳에서 생산된 종이는 장시 안의 지전(紙廛)에서 매매되었다. 임실에서는 갈담장 지전에 4.34냥의 세금을 부과한 바 있다. 지고(紙庫) 또는 무지소(貿紙所) 등으로 불리는 구매업무를 전담하는 기구가 지방관아에 설립되었다. 그에 따라 사찰·민간에 의한 민영 제지업과 지전(紙廛)과 지상(紙商)이 경영하는 종이 유통업이 발달하게 되었는데, 그런 상황에서 서울 대상인들이 전라도 종이 산지에 내려와서 매점 매석 했고, 헐가로 강제 구매해 감으로써 사찰이 텅 비고 승도가 도산하는 사태가 벌어지기도 했다.

3) 1천년 종이

앞에서 말한 것처럼, 전라도는 우리나라 종이의 최대 산지였다. 이제 구체적으로 알아보도록 하자. 1940년 한 잡지에 종이와 관련하여 다음과 같은 기사가 보도되었다. 우리나라 종이의 주산지는 전주, 순창, 진안, 고창, 임실 등 5군으로 대장지, 온돌지, 대롱지, 분백지, 견면지, 호척지 등을 주로 생산한다고 했다. 그러면서 백제가 부여로 도읍을 옮기고서 종이 만드는 기술을 일본에 전파해 주었다고 덧붙였다.

전국에서 가장 유명한 종이는 어디 것이었을까? 서유구가 말했다.

> "평강의 설화지(雪花紙)와 전주 · 남원의 선자지(扇子紙), 간지(簡
> 紙), 장지(壯紙), 주지(注紙), 유지(油紙)가 명품이어"

　전주와 남원 종이는 세종 때에 서울에 있는 국영 종이공장의 품질보다
낫다는 평가를 받은 바 있다. 이는 계속되어 서유구 말대로 전주, 남원이
전국 최고의 부채를 만드는 종이, 편지 종이, 두꺼운 종이, 왕명을 적는 종
이, 기름칠한 종이를 생산했다. 전주 종이의 우수성은 고려 때부터 확인된
다. 지방관들이 전주산 명표지(名表紙)를 거두어들여 권세 있고 지위가 높
은 자들에게 뇌물로 보내고 있어 전주 주민들이 제조하느라 고통을 받고
있다는 말이 『고려사』의 정가신 열전에 수록되어 있다. 정가신은 나주 출
신이다. 전주에서도 만마동에서 생산되는 것이 전국 최고였다. 남원 종이
는 색깔이 희고 윤택하여 그 품질이 서양 종이를 능가한다고 했다.
　우리나라 종이 품질에 대해 이규경도 말했다.

> "남원, 나주, 순창, 동복, 순천, 운봉, 무장 등지의 종이가 나라 안
> 에서 상품(上品)이다."

　나주, 순창, 동복, 순천, 운봉, 무장 종이도 유명했다. 이 외에 승두선이
란 부채를 만드는 남평 종이도 유명했다. 용담에서 생산되는 종이는 희고
질겨서 부채를 만드는 데에 많이 썼기 때문에 용담의 '용'과 부채의 한자
'선'을 써서 용선지(龍扇紙)라 했다.
　하지만 물의 성질에 따라 전라도 종이는 각자 특징이 있었다. 이 점에
대해 이유원이 한 마디로 정리한 적이 있다.

"호남의 전주 종이 품질은 다듬어지지 않으나 부드럽고, 순창은 정결하나 약하고, 남평은 단단하나 어둡고, 남원은 색깔이 백설과 같고 부드러움이 기름덩이와 같다."

이처럼 확인된 바, 고려~조선시대에 전라도 종이는 수량과 품질 양면에서 전국 최고였다. 이 추세는 개항 이후에도 계속되었다. 1909년 한지의 수출액이 23만 7천여 근(7만 8천 6백여 원)이었는데, 조선 총 수출액의 상당 부분을 차지했다. 당시 한지 생산이 가장 많은 곳은 전북이었고 그 다음으로 경남과 경북이었는데, 3도의 생산량이 전국의 70~80%를 차지했다. 전북에서는 임실, 용담, 전주, 고창, 운봉 진산, 진안, 무주, 순창, 고산, 장수, 태인, 금산, 남원, 흥덕 순으로 종이가 생산되고 있었다. 하지만 서양의 펄프 종이에 밀리고 중국의 값싼 종이에 치인 나머지 현재는 겨우 명맥을 유지하고 있는 실정이다.

4) 방각본-지방 출판서

전라도에서 종이가 많이 생산되니 자연스럽게 부수적인 산업과 문화가 발달할 수밖에 없었다. 아름다운 부채를 만들게 하고, 서화를 성행하게 했다. 그리고 인쇄나 출판업도 발달하게 되었다. 이제 이 이야기를 해보겠다. 국보 제196호가 "신라백지묵서대방광불화엄경"이다. 이는 '화엄경'이란 경전을 필사한 것인데, 통일신라 때 화엄사를 창건한 연기(緣起)란 스님이 발원하여 이룩된 것이다. 바로 그것을 전라도의 장성 사람들이 닥나무를 향수를 뿌려가며 정성스럽게 키워서 만든 종이에 광주·남원·전주 출신 필경사들이 손수 쓴 것이다.

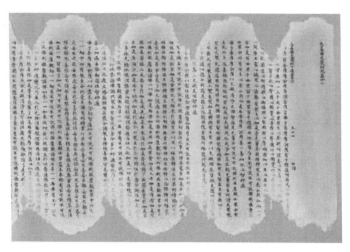

「신라백지묵서대방광불화엄경」

전라도는 경상도와 함께 우리나라 출판문화를 이끌어 온 지역이다. 1585년(선조 18) 책판 목록을 보면, 경상도에 387종, 전라도에 336종이 그곳 관아에 각각 소장되어 있었다. 나머지는 도는 몇 십종뿐이다.

출판은 관에서, 민간에서, 사찰에서 각각 담당했다. 조선전기에는 관에서 출판을 주도했다. 관에서 찍은 책을 관판본이라 한다. 책을 찍기 위해 전라도에는 336종의 책판이 있었다. 그 가운데 전주 67종, 남원 38종, 광주 32종, 나주·금산 28종, 순천 24종, 무장 13종, 능성 12종, 장흥·담양 9종, 태인 8종, 순창 7종 순으로 책판을 소장했다. 1~2종 소장한 곳도 있었다. 전라도의 경우 법률서, 농서, 의서, 경전, 문학서 등을 주로 발간했다. 다른 지역에 비해 농서, 의서, 중국 문집을 많이 간행한 것이 특징이다. 특히 『동의보감』판본이 전주에 있어 중국 사신이 오면 책을 찍어 중국에 보냈다. 당시 전주는 전국에서 가장 많은 종류의 책판을 소장하고 있었다. 그 다음이 경주 61종이다. 그런데 후대로 갈수록 전주 책판 종류는 늘어나 18

세기 말에 이르면 100종을 넘게 된다. 이리하여 전주는 우리나라 출판의 중심지로 알려지게 되었다.

사찰에서도 각종 서적을 간행했다. 순천 송광사의 경우 각종 불서를 간행했다. 그 가운데 1765년에 송광사에서 출판한『묘법연화경언해』라는 책에 구두점이 나타난다. 구두점은 근대 국어의 구성 요소인 띄어 쓰기의 시초로 평가받고 있다. 1777년에 화순 만연사에서『중간진언집』을 목판으로 중간했는데, 독특한 국문표기법을 비롯하여 한글 자모의 용법을 설명한 언본과 범자가 한글로 설명되어 있는 등 국어학 연구에 중요한 자료적 가치를 지니고 있다(원주 고판화박물관 소장). 이 외에 고산 안심사·화암사, 태인 용장사, 광주 증심사, 해남 대흥사, 낙안 징광사, 여수 흥국사 등지에서도 불서, 승려 문집, 천자문 등을 간행했다. 이 가운데 일부는 중간에 폐사된 곳도 있다.

후기에 이르면 민간에서 출판을 주도했다. 민간에서 영리를 목적으로 출판한 책을 방각본(坊刻本)이라 한다. 방각본의 출판은 조선후기 사회를 이전과 달리 보게 하는 요인 가운데 하나이다. 당시 전라도에서 전주·태인·나주가 전국에서 방간본이 가장 성행한 곳이었다. 전주에서는 서민들이 찾는 소설『구운몽』등 50종 이상을 간행한 것으로 알려져 있다. 서울에서 간행된「수전전도」도 전주에서 다시 간행되어 서울 정보를 필요로 하는 사람들에게 값싸게 보급되있다. 태인의 경우 아전(衙前) 전이채와 각수(刻手) 박치유가『농가집성』등 15종의 책을 간행했다.

역사 속으로 한 걸음 더

유희춘의 서적 출간

　미암(眉巖) 유희춘(柳希春, 1513~1577)은 본래 해남 출신인데 만년에 담양으로 옮겨서 생을 마쳤고 그 후손들도 담양에서 살았다. 그는 『표해록』의 저자 최부의 외손자이고, 김굉필에게서 수학한 유계린의 아들이고, 여류 문학자 송덕봉의 남편이다. 유희춘은 최산두의 제자가 되었고, 정철을 제자로 두었고, 자신의 외아들을 김인후 딸에게 장가보냈다. 유희춘과 혈연과 학연으로 연결된 사람들은 호남을 대표하는 전국적인 인물이었다.

　유희춘은 생원시와 문과에 급제하여 관직에 나갔으나, 을사사화로 함경도 종성에서 16년간 유배 생활을 하였다. 유배 기간 내내 적막함을 이겨내고 학문에 나날을 집중했다. 『주자대전』과 『주자어류』를 읽고 또 읽으며 교정하고 주해하기 시작했다. 사서삼경을 우리말로 읽을 수 있도록 구결에 착수하는 한편, 시경과 서경의 본 뜻을 밝히는 『시서경해』도 완성했다. 우리나라 학자들이 보다 수월하고 편리하게 경전을 이해하고 공부할 수 있는 기초 작업이었다. 또한 『자치통감』의 오류를 바로 잡고 어려운 부분을 쉽게 해석한 『강목고이』를 지었다. 초학자가 역사를 쉽게 배울 수 있도록 『역대요록』이라는 책도 엮었다. 그리고 찾아오는 어린 학생들을 가르치기 위해 『속몽구분주』란 책을 편찬했는데, 이 책은 중국과 우리나라의 주요 역사적 사실이나 인물을 뽑아 4자 구로 만든 것이다. 한자 학습서인 『신증유합』도 지었는데, 이는 3천 자의 한자에 음을 달고 뜻을 적어 천자문보다 쉽게 한자를 배울 수 있는 책이다. 이처럼 유희춘은 유배지에서 조선 역사상 가장 많은 기초학문을 연구하고 간행하였다. 하지만 이들은 정유재란 때에 대부분 소실되거나 일본에 유출되었고, 『신증유합』만이 일본에서 발견되었다. 따라서 유희춘의 학문 수준에 대한 정황은 파악되지만 그 실상을 자세히 알 수 없어 아쉬울 따름이다.

　유배에서 풀린 후 복직되어 해박한 지식을 토대로 이이와 함께 경연관으로 활약했다. 그때의 형세를 실록은 "주상이 바야흐로 유학에 뜻을 두어 경연관이 된 유희춘과 이이가 아뢰는 말을 채택하여 받아들이는 것이 많았다"고 기록했다. 박식하고 암기력이 좋아 사람들을 감탄시켜 "5천 권 경·사·자·집의 문자를 남김없이 가슴에 채웠고, 흥망치란에 대한 수만 글을 분명하게 알고 있다고"란 말을 들었다. 유생들 사이에 '동방의 주자'로 불리었고, 선조 임금의 학문에 끼친 영향은 절대적이었다. 그래서 국가에서 책을 간행하는 일을 도맡았는데, 사림파 선배들의 저술과 언행을 정리한 『국조선유록』이나 임금이 가야 할 길을 정리한 『헌근록』 등은 모두 유희춘의 손을 거친 것이었다. 유학 경전의 음독·구결이나 번역 작업도 그의 책임이었다. 유배지에서 시작한 『주자대전』의 교정사업도 마무리 지었는데, 이후 학자들은 이 책을 가지고 유학을 공부했다. 특히 조정에 복귀하여 죽을 때까지 10년간 쓴 『미암일기』(보물 제260호)는 당시의 역사문화를 연구하는 데에 귀중한 자료로 이용되고 있다.

6. 사금과 옥돌, 전라도 광물을 대표하다.

광업에 관한 한 특히 우수영반도(화원반도)의 명반석 광산을 언급할 만하다. 그 광산에서는 부분적으로 회색과 붉은 색의 반점이 있긴 하나 반투명의 부드러운 백색 광석을 생산한다. 그 광석은 인근의 군청 소재지 이름을 따서 '해남옥'이라 불리며, 일부는 설화석고(雪花石膏)처럼 예술 조각품에 쓰이고, 또 일부는 화학공업 및 요업의 원료로 사용되기도 한다. 《코레아》

위 기사는 독일 학자가 쓴 책 속에 들어 있는 것입니다. 해남 지역에서 옥이 많이 생산되고, 그것은 전라도 장인에 의해 예술품으로 탄생하고 각종 공업원료로 사용되고 있다는 말입니다. 전라도에서 많이 생산되는 광물로 이 외에 무엇이 더 있을까요? 그리고 그것은 전라도 역사에 어떤 영향을 미쳤을까요? 하나씩 알아보는 것도 재미있을 것입니다.

1) 광물-도내 광산촌

조선왕조 이전에 전라도 땅에서 어떤 광물이 많이 나왔는지에 대해서는 알 길이 없다. 마한이나 백제 때의 다양한 철제 무기나 농기구를 보면, 그곳에서 철이 생산되고 가공되었을 가능성은 있어 보인다. 신라 말에 선종이 유입되면서 남원 실상사, 장흥 보림사, 곡성 태안사 등지에 거대한 철불이 조성되었다. 이를 통해 인근에서 철이 생산되었고 철을 다루는 기술 수준이 높았을 것이라는 정도는 생각할 수 있다. 남원 운봉고원은 우리나라에서 철 생산유적이 가장 밀집된 최대 규모의 철 산지라고 학계는 보고 있다. 실제 전라도 일대에는 고대 제철 유적이 각지에 분포해 있다.

조선시대 지리지를 보면, 각도·각읍에서 산출되는 광물이 기록되어 있다. 그러나 이도 이름이나 산지만 나열되어 있을 뿐 수량에 대한 언급이 없어 한계가 있다. 가령, 15세기『동국여지승람』을 보면, "철, 무등산 장불동에서 생산된다"(광주), "화반석, 황원현의 매옥산에서 난다. 자연동, 현의 서쪽 황원리 망포에서 난다"(해남)는 식이다. 순천에서 회회청(回回靑)과 비슷한 돌을 캔 적이 있었다. 회회청은 청화백자 표면에 무늬를 그릴 때 쓰이는 푸른색 물감으로 고가의 중국산이었다. 수입 부담 때문에 사용 금지되었다가 후기에 가서야 해금되었으니, 순천산 광물을 본격 채굴했으면, 도자기의 역사를 바꿀 뻔 했다.

일제가 1936년에 도별 광산액을 28개 광물별로 나누어 조사한 결과에 의하면, 수량과 비중이 기록되어 있다. 그 가운데 전국적 산출량을 보인 광물로는 전북에는 수연(72%), 사금(34%)이 있고, 전남에는 명반석(94%), 납석(27%), 규사(23%), 구리(18%) 등이 있다. 산이 많은 북한 지역에 비하면 많지는 않지만, 우리 삶에 꼭 필요한 것이 제법 나오고 있음에는 분명하다.

1936년 전라도 주요 광물의 전국 점유율

전북	수연	72%
	사금	34%
전남	명반석	94%
	납석	27%
	규사	23%

『조선의 취락』을 보면, 우리나라 광산촌이 소개되어 있다. 수연 광산이 있는 전북 장수군 계내면 명덕리, 사금 광산이 있는 전북 김제군 하리면,

명반석 광산이 있는 전남 해남군 황산면 부곡리와 문내면 용암리, 금 광산이 있는 전남 광양군 광양면 초남리와 골약면 황금리가 그곳이다. 일제 때의 통계와 조사를 종합해 보면, 수연, 사금, 명반석이 전국적인 비중을 지닌 전라도산 광물임을 알 수 있다. 이 중에서 사금과 명반석을 중심으로 전라도의 광업 이야기를 해보겠다.

2) 사금, 금구에서 준설기로

금의 사적인 채굴은 우리나라 역사에서 금지가 기본이었다. 관의 허가와 통제를 받아 공납을 위한 채굴만 허용되었다. 중국에 금을 외교 선물로 바쳐야 하는 상황에서 국부 유출에 대한 걱정 때문이었다. 19세기 말기에 열강에 의해 평안도 지역에 금광이 개발되어 암금(岩金)을 채굴하기 이전까지 금은 냇가 모래에서 채취하는 사금(沙金)이 전부였다. 세조가 경기·충청·전라·경상 4도 관찰사에게 말했다.

> "금이 나는 개천이 없는 곳이 없다."

사금이 도처에 있다는 말이다. 열심히 깨어 공물로 바치라는 의도이다. 정부는 산금처에 채금별감(採金別監)을 보내어 채굴을 독려했다. 암금 채굴 초기까지만 해도 사금은 전체 금 생산량의 60%를 차지할 정도였다. 금은 역대로 한반도 북부지방에서 많이 생산되었지만, 전라도도 금이 나오는 곳이었다.

전라도 금의 역사는 고대시대로 거슬러 올라간다. 어디에서 어떻게 깼는가는 모르겠으나, 당시 전라도 사람들은 자신들이 깬 금으로 나주와 익산 등지의 고대 고분에서 발견된 금동관이나 금동신발을 만들었다. 고려 때 전라도 금에 대해서는 특별한 기록이 보이지 않는다. 조선왕조 세종 때 에는 금산, 용담에서 금과 함께 은, 구리, 납, 철이 산출되었다. 정조 때에 는 무주와 순천에서 사금을 깨는 자가 줄을 잇고 있었다. 그로 인해 농사짓 기를 천하게 여긴다고 정부 당국자는 걱정했다. 19세기 말이나 20세기 초 자료를 보면, 금구, 전주, 임실, 남원, 보성 등지에서도 사금이 산출되었다.

전라도 안에서도 금구(金溝, 현재 김제)는 '금 도랑'이라고 할 정도로 사 금으로 유명한 곳이다. 조선 정부가 광산 개발을 억제하는 정책을 펴자 금 구 사람들도 정부 눈치를 보니, 금구 도처에 캐다마다한 사금 채굴지가 산 재해 있었다. 그런데 1887년부터는 사정이 바뀌 었다. 개화 정부는 광무국(鑛務局)을 설치하고서 '사금개채조례(砂金開採條例)'를 제정한 후 개인 의 사금 채굴을 허용하는 정책을 폈다. 그에 따라 금구에서도 왕실에 의해 금 채굴이 재개되었다. 물주가 영업사장에 해당되는 덕대(德大)를 고용 하고 덕대가 인부를 사서 금을 채굴했다. 채굴된 금은 객주가 매입하여 인천항이나 부산항으로 가 지고 가서 중국이나 일본으로 수출했다. 궁내부 에서는 사람을 보내 세금을 거두어갔다. 그런데 채굴한 사금은 매우 많은데 수납한 세금이 매우 적은 적이 있었다. 그래서 궁내부 대신은 1896년 에 금구군수 조병식에게 훈령을 내려 보내어 세 감(稅監)을 붙잡아 징치하고 광부들에게서 거둔 세금의 장부를 올려 보내라고 했다.

『매일신보』(1939년 7월 17일). 금구 사금광산에 서 가뭄으로 물이 없어 채굴 작업을 중단했다.

일제 강점기, 1924년에 일본인이 채굴 허가권을 출원하여 얻어냈다. 이를 '미쓰비시광업회사'가 인수하여 지표조사에 들어갔다. 회사는 1927년에 기사를 미국에 파견하여 그곳의 사금 채취 실상을 시찰하게 했다. 그리고 미국 샌프란시스코에서 준설기를 주문하여 입수했다. 준설기를 하리면 화봉리 일대의 논이나 원평천 소하천에 설치하고서 조업을 개시했다. 준설기란 흙이나 모래를 퍼서 물과 함께 여과기에 넣어 사금을 걸러내는 기기이다. 그래서 대가뭄이 든 1939년에는 물이 없어 채굴을 중단한 적도 있었다. 이 준설기 설치는 당시 조선에서 처음 있는 일이었고, 그 다음으로 충남 직산에 설치되었다. 회사는 사무소를 사평리에 두었고, 일본인 25명과 조선인 1천 174명 등 1천 199명이 한 때 일한 바도 있었다. 1930년에는 40만 엔 이상의 금을 채취했고, 채취한 금은 가까운 김제역을 통해 반출되었다.

3) 옥돌-해남에서 예술품으로

전남이 자랑하는 광물로 명반석(明礬石)이 있다. 명반석은 화반석(華班石), 납석(蠟石)이라고도 했다. 이들은 쉽게 말하면 옥석(玉石)이다. 마한의 옹관고분에서 다양한 옥 제품이 발굴된 것으로 보아, 옥 가공업은 일찍부터 전라도 지역의 토착산업으로 자리를 잡았음에 분명하다. 전라도 안에서도 해남 우수영에서 생산되는 옥이 전국 최고였다. 『전라우수영지』를 보면, 그곳의 물산으로 목화, 도미, 석화, 낙지, 청태, 옥석이 기록되어 있다. 독일 지리학자 헤르만 라우텐자흐가 일제 강점기 때에 한국을 방문하여 수집한 문헌을 토대로 지은 『코레아』라는 책을 보면, 해남산 옥에 대해 다음과 같이 기록되어 있다.

"광업에 관한 한 특히 우수영반도(화원반도)의 명반석 광산을 언급할 만하다. 그 광산에서는 부분적으로 회색과 붉은 색의 반점이 있긴 하나 반투명의 부드러운 백색 광석을 생산한다. 그 광석은 인근의 군청 소재지 이름을 따서 '해남옥'이라 불리며, 일부는 설화석고(雪花石膏)처럼 예술 조각품에 쓰이고, 또 일부는 화학공업 및 요업의 원료로 사용되기도 한다."

'해남옥'은 회색, 적색, 백색이었다. 조각품, 화학공업, 요업 원료로 사용되었다. 그 가운데 백옥은 색이 아름다워 조각품으로 사용되었다. 이 점에 대해 1907년 모 잡지에 다음과 같은 기사가 실렸다.

"납석은 전라와 충청 곳곳에서 산출되나 양질은 적고 오직 전라남도의 해남군 우수영에 산출이 매우 많고 또한 품질도 우수하다."

전라도 안에서도 해남 우수영에서 생산되는 옥돌이 전국 최대의 수량이면서 최고의 품질을 자랑했다. 이 아름다운 옥은 해남 사람들을 뛰어난 옥장(玉匠)으로 만들어 주었다. 그들은 현란한 손놀림으로 수준 높은 예술품을 다양하게 만들었다. 옥돌의 가공에 대해서 『국민보』라는 신문의 1914년 기사를 보면, 다음과 같은 내용이 수록되어 있다.

"전라남도 해남군에서 나는 곱돌세공은 우리나라의 아름다운 소산물 중에 한 가지라 근래 일인들이 이것을 많이 사가는 고로 해남군에서는 그 제조품을 개량하여 매매하는 것을 확장하기로 계획하여 모든 세공이 면목을 일신케 만드는데 권련함과 필통과 차그릇과 차관과 향로 등 기타 장식품까지 제조가 우미하고 또한 신식 기계한 틀까지 사서 더욱 확장했다."

해남 사람들은 옥돌로 담배통, 필통, 찻잔, 차 주전자, 향로 등을 만들었다. 이 외에 설합, 인형, 잉크병, 다듬이돌, 재터리, 문패 등도 옥돌로 만들었다. 옥돌을 다루는 해남 사람들의 세공 기술이 매우 뛰어 났음을 알 수 있다. 1927년『별건곤』에 의하면, 서울이고 시골이고 조선 13도 어느 곳을 막론하고 밥술이나 두고 먹는 집 치고 옥석 설합, 옥석 필통을 문방구로 안 비치한 집이 없는데, 그것이 모두 우수영에서 만들어 내는 명물이었다.

하지만 옥과 곱돌은 해남 사람들을 일제 만행의 희생자로 만들고 말았다. 해남 서남쪽 매옥산에서 옥이 나온다고『동국여지승람』에 기록되어 있다. 뒤로 가면 이 산의 이름이 옥매산(玉埋山)으로 바뀌게 된다. 옥매산 자락에는 옥동리(玉洞里)란 마을이 있다. 옥이 많이 산출되어 산과 마을 이름이 그렇게 불리었음에 분명하다. 광무개혁 때 우리 정부의 농상공부에서는 서울 사람 심상직이 청원한 옥매산 채굴권을 허가해 주었다.

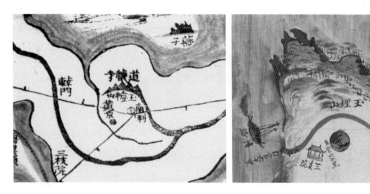

옥매산은 옥이 나는 산이어서 붙여진 이름이다. 대동여지도 속의 옥매산(왼쪽). 1872년 고지도 속의 옥매산(오른쪽).

일제 강점기 때에 일본인이 이 옥매산에 옥과 곱돌을 캐는 광산을 개발했다. 『동아일보』1932년 9월 22일자에 옥매산에 2천만 톤의 명반석이 매장되어 있다고 보도되었다. 『매일신보』1936년 5월 17일자에는 옥매산·성산·효산 등지에 3천 800여 명이 갱부로 투입되었다고 하면서, '전남의 골드러시'라고 보도되었다. 그런데 옥매산 광산의 우리나라 사람 광부 225명이 제주도 군사시설 공사에 강제로 투입되었다. 일본이 패전하자 배를 타고 해남으로 돌아오다 청산도 앞바다에서 화재로 침몰하면서 118명이 물에 빠져 죽고 말았다. '옥매광산 집단수몰사건 희생자 유족회'는 합동 추모제를 거행해 오고 있다. 바닷가에는 아직도 광물을 실어 나르기 위해 지었던 건물이 남아 있다.

4) 석탄-화순에서 노동운동을

우리의 전통시대 최고 연료는 나무를 태워 만든 숯이다. 숯은 탄(炭), 목탄(木炭)이라고 한다. 석탄(石炭)은 돌에서 나온 숯이다. 현재는 그렇지 않지만, 석탄은 산업혁명 이후 열차·선박 등의 운송수단은 물론이고 난방의 대표적인 연료였다. 우리 역사에서 언제부터 석탄을 사용했는가에 대해서는 자세하게 알 수 없다. 조선시대에 평양의 산에 석탄이 있었다. 검정색이어서 흑토(黑土), 태워도 연기가 나지 않아서 무연탄(無煙炭)이라고 했다. 그곳 사람들은 석탄을 황토·진흙에 버물려 취사나 난방 용도로 사용했다. 군영에서 초소 야간 보온용으로 사용했다는 기록도 보인다. 하지만 별 관심 없는 것이었다. 석탄이 우리의 주목을 받은 때는 19세기 말기이다. 개화정부는 부국강병을 위해서, 열강은 이권침탈을 위해서 탄광 개발에 뛰어들었다. 주로 북쪽 지역에 탄광이 집중 개설되었다.

전라도에서는 화순에 처음으로 탄광이 들어섰다. 화순탄광은 화순의 지주었던 박현경에 의해 1905년에 개설되었다. 당시 이름은 전남탄광이었다. 이와 관련된 일화가 전한다. 박현경 여동생 박경희가 기생이 되어서 친일 반민족행위자가 된 박영효 첩이 되었다. 그 배경으로 박현경은 전북·전남 관찰부 주사(현재 도청 국장급)가 되었고, 탄광을 개설하여 초기 사장으로 매제 박영효를 앉혔다. 전남탄광은 운영상의 어려움을 겪었다. 1934년에 광주에 공장을 둔 일본인이 세운 종연방직으로 운영권이 넘어가 방직공장에서 필요로 하는 석탄을 공급했다. 전남탄광은 이름이 종연탄광으로 바뀌었고, 종업원이 1천 6·700명 정도였다. 석탄 수송을 위해 전라선의 화순읍 화순역과 동면 복암역을 연결하는 화순선이 사설 철도로 개통되었다. 전남탄광 개설 무렵 일본인도 탄광회사를 세웠다. 이 회사는 남선탄광으로 이름이 바뀌었고, 종업원이 1천 4·500명 정도 되었다. 이들 탄광은 큰 규모가 아니어서 당시 전국적인 주목 대상은 되지 못했다.

탄광은 일본인 사장·소장 아래에 한국인 책임자가 있었던 구조였기 때문에, 영화나 소설에서 나오듯이 말단 광부들은 일본인과 한국인 간부들과 2중적으로 맞서야 했다. 일제 말기 화순탄광 광부들은 광업이 군수산업으로 인정받아 징병·징용에서 제외되었지만, 열악한 환경에서 무리한 채굴 작업에 동원될 수밖에 없었다. 이 탄광에 의해 화순군 동면의 복암리, 천덕리, 오동리 일대에 탄광촌이 들어섰고, 화순에 연탄공장도 있었다.

해방 이후 건준이 결성되자 화순탄광 지역에서도 예전 공장 책임자를 중심으로 건준 자치위원회가 구성되어 새로운 방향을 모색 중이었다. 화순에 미군이 들어왔다. 미군은 화순탄광을 미군정청으로 이속시키고 말았다. 곧이어 종연탄광과 남선탄광을 통합했다. 또한 화순탄광에는 노동조합도 결성되었다. 노조 지도자 가운데 광주서중 재학 중 반일활동을 하다 피체·수감된 경력이 있는 사람도 있었다. 마침 미군정이 석탄을 마구 실어

가면서도 대금을 지불하지 않아 광부들은 식량이나 자재 확보에 필요하니 돈을 달라고 요구했다. 전적으로 들어줄 수 없다고 하자, 마침내 1946년 8월 15일 새벽, 해방 1주년 기념식을 치르기 위해 광부들은 광주로 출발했다. 너릿재에서 미군에 의해 제재되자, 투쟁에 들어가 9월에 총파업에 들어갔다.

이런 역사도 뒤로한 채, 화순탄광은 현재 겨우 명맥만 유지하고 있는 실정이다. 1989년부터 시행된 '석탄 산업 합리화 정책'에 의해 경제성이 적은 탄광은 점차로 폐쇄되고 전국의 석탄 생산량은 감소되었다. 그와 함께 화순 탄광촌도 쇠락하지 않을 수 없다.

3장
최초로 열린 장시에서
장타령이 불리어지다

3장
최초로 열린 장시에서 장타령이 불리어지다

전라도는 물산이 풍부한 곳이어서 전국에서 가장 먼저 정기시장인 장시가 탄생했다. 장시의 분포도 또한 전라도가 8도 가운데 가장 높다. 장시의 이름은 면이나 마을 이름으로 지어졌다. 장시는 읍내 · 포구 · 군진 · 역원 등지에 들어섰는데, 장터는 나중에 면 소재지로 발전했다. 5일마다 서는 장날로 인해 유통권이 형성되어 생활권으로 작용했다. 장터는 넓고 장날은 사람이 많이 모이기 때문에 대자보를 붙이거나 시위를 일으키기에 좋았다. 1919년 각지의 3 · 1운동이 대부분 장터에서 장날에 일어났다. 장시에는 중국 · 일본의 수입품과 전국 각지의 특산품이 반입되어 거래되었다. 상인 대부분은 그때그때 자리 잡은 노점상이었지만, 천막이나 가건물로 된 가게의 점포상도 있었다. 몇 개 장시를 무대로 하는 보부상은 한말에 의병을 소탕하는 일에 동참해주라는 일제의 권유를 거절한 적도 있다. 지방관청은 이들 상인을 상대로 세금을 부과하여 재원으로 사용했다. 장터에는 소매치기와 잡기가 횡행하여 선량한 사람의 주머니를 털었고, 장꾼들은 장타령으로 손님을 끌어 모으고 상품을 홍보했는데 특히 각설이는 품바를 공연하며 구걸을 하기도 했다.

1. 장시, 전라도에서 최초로

전라도에서 장문(場門)을 만든 것은 서울의 저자와 같습니다. 예전에 고태필이 관찰사가 되어 흉년 든 것을 계기로 하여 장문을 설립해서 진휼하는 방책을 삼았던 것인데, 농업을 힘쓰는 사람은 적고 상업을 좋는 사람은 많아서, 이 때문에 도적이 많이 발생하오니, 청컨대 감사에게 하유하여 혁파하소서. 〈『중종실록』 4년 6월 4일〉

위 기사는 국정 감찰을 책임지는 대사헌이 전라감사 고태필이 설립한 장문을 혁파하자는 깃입니다. 고태필은 왜 장문을 설립했을까요? 흉년으로 인한 배고픈 사람들을 구제하기 위해서였습니다. 대사헌은 왜 혁파하자고 했고 그 향방은 어떻게 되었을까요? 무조건 혁파하는 것만이 능사가 아니어서 존속되어 오늘에 이릅니다. 이러한 장시의 개설과 논란은 우리 역사에 어떤 의미가 있는지를 함께 생각해보면 좋겠습니다.

1) 탄생-15세기 서남부에서

우리의 진일보한 역사 가운데 하나로 15세기 말의 장시 등장을 들 수 있다. 우리 역사에서 지방 시장은 삼국시대나 고려시대에 향시(鄕市)라는 이름으로 존재했던 것으로 확인되고 있다. 이때 향시는 일부 대도회지나 해안지역 및 국경도시에서만 개설되었고, 부정기적이며 귀족층을 위한 것이었다.

조선왕조에 들어와서도 지방 소읍이나 일반 백성을 위한 시장은 출현하지 않았다. 이러한 상황에서 일찍이 중국을 여러 번 갔다 온 적이 있는 신상(申商)이 1433년(세종 15)에 다음과 같이 말했다.

> "중국은 비록 작은 고을일지라도 모두 시장이 있는데, 지금 우리
> 나라에서는 서울에서만 시장이 있고 각도의 고을에는 모두 시장이
> 없습니다."

그러면서 그는 지방에 시장을 열면 돈이 저절로 통용될 것이라고 말했다. 이에 대해 세종마저 시장을 열면 놀고먹는 사람이 많아질까 두렵다면서 반대 의사를 분명하게 표했다.

그런데 얼마 지나지 않아 '장시(場市)'라고 불리는 지방 시장이 열리게 되었다. 조선전기에 처음 열린 장시는 이전과는 완전 달랐다. ①이름에 있어서 '시(市)' 또는 '시장(市場)'이라 하지 않고, '장시(場市)' 또는 간단히 '장(場)'이라 불렸다. ②지역에 있어서 일부 큰 고을에만 한정되지 않고, 전국에 걸쳐 열렸다. ③대상에 있어서 특정 귀족층만 한정하지 않고, '농민에 의한 농민을 위한' 시장이었다. ④기간에 있어서 부정기적이지 않고, 수요와 공급에 대한 예측이 가능한 정기시장으로써 이전의 향시와는 완전히 다른 '신형 시장'이었다. ⑤장시는 단순히 상품의 매매에 그치지 않고, 각종 공연이 행해지는 오락장이자 사람을 만나는 사교장일 뿐더러 국가정책이 선포되는 홍보장이기도 했다. 여러 가지 일의 중심지 역할을 장시가 한 셈이다.

그러면 우리 조상들은 언제부터 지방 시장을 '장'이라 불렀을까? 이 점에 대해 고려 때 불사법회로 열리어 승려와 속인이 붐빈 도량(道場), 귀화한 외국인의 집단 거주 마을인 거란장(契丹場)이나 귀원장(歸原場), 북방 국경

지역의 특별시장인 각장(榷場) 등에서 유래하지 않았느냐는 추측이 있으나, 확인하기 어렵다. 결국 장(場)이란 장소, 공터, 광장 등의 뜻이 있는 것으로 보아, 장시도 '공터에 들어선 시장' 정도로 사용되었을 것 같다.

이러한 장시는 15세기에 전라도 서남부 지역에서 '장문(場門)'이라는 이름으로 처음 개설되었다. 『조선왕조실록』의 1472년(성종 3) 7월 27일 기록에 의하면, 전라도의 광주·나주·함평·무안 사람들이 장문이라 일컫는 곳에 모여서 물건을 사고팔고 있었다. 장문은 고을 읍내 길거리에 매월 두 차례씩 열렸다. 읍내에 15일마다 서는 정기시장이었다. 난생 처음 등장한 장문의 존폐를 놓고 중앙부처 관리들 사이에 의논이 양분되었다. 그때 전라도 관찰사 김지경은 즉각 금지시켜야 한다고 보고했다.

"도내 여러 고을의 인민이 그 고을 길거리에서 장문이라 일컫고 매월 두 차례씩 여러 사람이 모이는데, 비록 있는 물건을 가지고 없는 것과 바꾼다고 하나, 근본을 버리고 말리를 따르는 것이며, 물가가 올라 이익은 적고 해가 많으므로, 이미 모든 고을로 하여금 금지시켰다."

호조판서 또한 그렇게 해야 한다고 임금에게 요청했다. 그들은 장문이 사람들로 하여금 근본[농업]을 버리고 말리[상업]를 추구하게 하여 농본주의 경제정책을 해친다고 생각하여 장문 개설을 즉각 금지시키자는 주장을 펼쳤다. 물가 상승도 장문 금지의 원인으로 지적되었다.

그러면 어떤 상황에서 장시가 우리나라 역사상 최초로 전라도에서 등장하게 되었을까? 이 점에 대해 나주 금안동 출신으로 정부 고위직에 있던 신숙주(申叔舟)가 수개월 뒤에 다음과 같이 말했다.

"1470년에 흉년이 들었을 때에 전라도의 백성이 스스로 서로 모여서 시포(市鋪)를 열고 장문이라 불렀는데, 사람들이 이것에 힘입어 보전하였습니다. 이것은 바로 외방에 시포를 설치하는 기회였으나, 호조에서 수령(守令)들에게 물으니 수령들이 이해를 살피지 않고서 전에 없던 일이라 하여 다들 금지하기를 바랐으니, 이는 상습만을 좇는 소견이었습니다. 다만 나주목사(羅州牧使) 이영견(李永肩)은 금지하지 말기를 청하였으나, 호조에서는 군이 금지하여 천년에나 한 번 있을 기회를 잃었으니 아까운 일이었습니다. 신이 전에도 이것을 아뢰었고 지금도 반복하여 생각해 보니, 큰 의논을 세우는 자는 아래로 민심에 순응하면 그 성취가 쉽습니다. 지금 남쪽 고을의 백성은 전에 이 때문에 스스로 보전하였으므로 그들이 바라는 것이 반드시 같을 것입니다. 이제 외방의 큰 고을과 백성이 번성한 곳에 시포를 설치하도록 허가하되, 강제로 시키지 말고 그들이 바라는 대로 하여 민심이 향하는 바를 관망하면 실로 편리할 것입니다."

신숙주는 흉년으로 먹을 것을 잃은 전라도의 백성들이 시장을 개설하여 서로 의지하고 있다면서, 시장 설치를 허가해주자고 말했다. 백성들이 바라는 대로, 민심이 향하는 대로 하면 된다는 것이 신숙주의 기본적인 생각이었다. 장문에 의지해서 삶을 지탱해가고 있는 백성들을 현장에서 목격한 나주목사 이영견도 장문을 금지하지 말기를 조정에 요청했다. 많은 수령들이 정부 금지령에 동조하는 상황에서 나주목사와 신숙주의 의견은 돋보이는 혜안이었다.

2) 기근-장시로 극복

결국 정부는 장문 개설을 허용하는 정책을 선택할 수밖에 없었다. 전라도 서남부 사람들의 개설과 동조에 의해 장문은 합법화의 길로 향하고 있었다. 장문은 곧이어 장시라는 이름으로 바뀌어 오늘에 이른다. 우리 역사상 최초로 15세기 말기에 장시가 탄생한 곳이 전라도 땅이다. 장시의 탄생은 우리 역사의 사회·경제적이나 문화·예술적 측면에서 큰 의미가 있다.

그런데 장시 개설 동기는 흉년에 있었다. 따라서 1470년 당시 흉년 상황을 자세히 알아 볼 필요가 있다. 지난 겨울철로부터 눈이 없었고, 봄에는 또한 비가 오지 아니하였으며, 여름 6월에 이르러서는 우물이 고갈되고 냇가까지 말라버렸다. 그리하여 보리도 없고 벼도 없고 메마른 붉은 땅이 천리에 이어져 가을에 유례없는 대기근이 들었다. 임금이 나서서 8도 관찰사에게 말했다.

"지금 농사철을 당하였는데, 비가 흡족하지 못하여 경작할 시기를 이미 놓쳤고 김매는 일도 할 수 없으며 추수할 희망이 이미 허물어졌으니, 흉년을 구제할 모든 일을 미리 생각하지 아니할 수 없다. 그 시행할 조건을 뒤에 갖추어 기록하니, 경은 그것을 자세히 알아서 조치하라."

임금의 말대로 1470년은 혹독한 가뭄에 의한 전국적인 대흉작이었다. 그런데 가뭄의 정도가 전라도와 경상도 지역에서 특히 심했다. 여름 보리를 하나도 거두지 못했고, 기장과 벼는 반 이상이 볕에 타고 바람에 말라 가을 수확을 기대할 수 없는 지경이었다. 사람들이 소나무 껍질을 벗겨 식량으로 삼고 있자 임금은 소나무 베는 것을 금하는 명령을 정지하도록 지시했고, 칡을 채취하여 기근에 대비하도록 했다. 바닷가 여러 고을에서는 소금을 굽고 해조류를 따고, 산 고을에서는 도토리를 따는데 전력을 다했다. 고을마다 무료 급식소인 진휼소를 개설했다. 진휼소는 죽을 끊여 준다고 하여 죽소(粥所)라고 했다. 정부는 비축곡을 방출하고 진휼사를 곳곳에 파견하여 진휼을 감독하게 했다. 그럼에도 불구하고 기아자들이 속출하면서 떠돌거나 아사하기 시작했다. 특히 전라도 아래 지방의 바닷가 고을이 매우 심하여 다른 도의 갑절이나 되었다. 전라도 진휼사가 이 지역 사정을 급히 보고했다.

> "도내의 백성들이 기근으로 오로지 구휼만을 바라고 있습니다.
> 그러나 나주, 광주, 무안, 함평 등 20여 고을은 흉작이 더욱 심합
> 니다."

흉작이 심한 이들 20여 고을의 상황은 나주목사 이영견이 보고한 것처럼, 죽고 병들고 아이를 버리는 등 참혹한 지경이었다.

> "제가 지나간 고을에서 굶주려 죽은 자나, 부종(浮腫)이 생긴 자
> 나, 아이를 내버린 자가 여러 고을이 아울러 모두 그러하였습니다."

바로 이러한 지역에서 우리 역사상 최초로 장시가 등장하였으니 그 직접적 동기는 대기근이었다.

이 외에 다른 요인은 없었을까? 장시가 처음 발생한 곳은 광주·나주·함평·무안 등 전라도 서남부 지역이었다. 모두 영산강 유역이다. 영산강 유역은 기후가 화창하고 물자가 많으며, 지역이 넓어서 마을이 별과 같이 깔려 있다. 또 바다를 통해 물자를 실어 들이는 이익이 큰 곳이다. 18세기 사람 이중환이 『택리지』에서 한 말이다. 영산강 유역은 물산이 풍부한 곳이고, 풍부한 물산을 소비하고 남으면 그것을 처분해야만 하는데 그것을 위해 광주 등지에 장시가 필요했던 것이다. 또 하나 지적하자면 어려움에 처했을 때에 발휘되는 전라도 사람들의 상부상조 정신이 우리 역사상 최초

로 장시를 개설하게 한 원동력이 되었다. 그래서 그들은 장시를 열어 있고 없는 것을 서로 교환하며 어려움을 함께 해결해 나갔던 것이다.

3) 도별-전라도 최다

고태필 감사가 허용한 이후 뒤를 이어 부임한 김지경, 김종직, 남곤 등은 전임자와 달리 한결 같이 장시 개설을 금지하는 정책을 폈다. 그럼에도 불구하고 장시 개설이 축소되거나 혁파되지는 않았다. 가령 전라감사를 마치고 서울로 돌아온 남곤은 1520년(중종 15)에 이렇게 말했다.

> "지금 여러 도에 모두 장문을 설치하고 있습니다. 신이 전라감사
> 로 있을 때 철저하게 금지했는데도 지금은 전날보다 심하여 장에 나
> 오는 자가 몇 만 명에 이릅니다."

장시 개설을 금지했는데도 오히려 장보러 나오는 사람은 늘어만 갔다. 이 무렵 전주 장시에는 가게가 열리어 상품을 교역하고 있었다. 이러한 상황에서 기대승의 계부 기준(奇遵)이 1518년(중종 13)에 말했다.

> "방방곡곡에 장시가 서지 않는 곳이 없다."

장시가 전라도를 떠나 전국으로 확산되었다. 결국 정부는 장문 개설을 허용했다. 장문은 곧 이어 장시라는 이름으로 바뀌었고, 자료에 장(場), 장기(場基), 시기(市基), 향시(鄕市) 등으로도 기록되었다. 장시는 곧 바로 많은 변화를 맞게 되었다. ①개설 지역이 확대되었다. 장시가 처음에는 전라

도 서남부에만 들어섰지만, 점차 전국 곳곳으로 확대되었다. ②장터가 확산되었다. 장시가 처음에는 읍내의 관아 앞 도로에 개설되었지만, 점차 읍내를 벗어나 산간벽지에까지 확산되었다. ③장날이 빈번해졌다. 장시가 처음에는 15일장이나 30일장의 형태로 한 달에 1~2회 서는 정도였으나, 점차 5일장의 체제를 갖추며 한 달에 6회 열리었다.

이로 인해 물가가 폭등할 것을 기준은 우려했다. 1607년(선조 40)에 사헌부에서 대읍에는 2곳과 소읍에는 1곳만의 장시를 허락하자고 할 정도로, 16~17세기에 장시는 확산 일로였다. 특히 이때는 임진왜란 직후여서 난리를 겪은 백성들이 정처가 없어 장사로 생업을 삼고 있었다. 그것이 마침내 풍속을 이루어 농사에 힘쓰는 사람은 적고 장사에 종사하는 사람은 많아졌다.

그리하여 18~19세기에는 전국에 1천 개 이상의 장시가 개설되어 사방 수십 리에 장이 서지 않는 날이 없을 정도라고 하였다. 증가 일로의 모습은 순천 사례를 통해 확인된다. 1618년 2개이던 장시가 1729년에 9개로 증가하고, 1770년에는 13개로 증가했다. 숫자의 증가와 함께 매월 개시 횟수도 9회에서 54회로 그리고 78회로 늘어났다.

순천 지역의 장시 수 변화

	1618년(승평지)	1729년(신증승평지)	1770년(동국문헌비고)
장시 수	2	9	13
월 개시 횟수	9	54	78

장시의 팽창은 인삼·담배 등의 상업작물이 재배되고 수공업이 발달하여 상품생산이 증가하고, 농민층의 분화로 상업인구가 증대함에 따라, 그리고 수령이 '지역경제'의 활성화나 지방재정의 충당을 위해 개장에 앞장선

결과였다. 일반백성들은 장시를 통하여 손쉽게 자신들의 잉여 생산물을 내다 팔고 일상 생필품을 구입하기 위해서였다. 장시 상인들은 자신들의 상권을 지키고 확장시키기 위해 장시의 신설·폐지나 이설·분설에 촉각을 세웠다. 수령은 민생 안정을 위해 공터를 장터로 제공하여 개장을 돕거나 불법행위를 단속하는 행정을 폈다. 이리하여 장시의 수가 크게 늘어나게 되었던 것이다.

성호 이익은 장시가 20~30리 당 1개씩 들어서 있다고 했다. 당시 정부는 도로 정책을 짜면서 사람이 하루 걸을 수 있는 거리를 90리로 보았다. 따라서 집을 출발하여 장을 보고 돌아올 수 있는 최대 거리는 30리 정도였다. 이런 거리로 전국에는 몇 개의 장시가 있었고, 고을별로는 어떠했을까? 그것을 알아보기 위해 전국의 장시 분포를 정리하면 다음과 같다.

18~20세기 전국의 장시 수

도(읍수)	1770년(평균)	1809년(평균)	1830년(평균)	1908년(평균)
경기(34)	101(3.0)	102(3.0)	93(2.7)	102(3.0)
충청(53)	157(3.0)	157(3.0)	158(3.0)	162(3.1)
전라(53)	216(4.1)	214(4.0)	188(3.5)	216(4.1)
경상(71)	276(3.9)	276(3.9)	268(3.8)	283(4.0)
황해(23)	82(3.6)	82(3.6)	109(4.7)	82(3.6)
평안(42)	134(3.2)	134(3.2)	143(3.4)	134(3.2)
강원(26)	68(2.6)	68(2.6)	51(2.0)	68(2.6)
함경(14)	28(2.0)	28(2.0)	42(3.0)	28(2.0)
계	1062(3.4)	1061(3.4)	1052(3.3)	1075(3.4)

전국의 장시 분포를 알 수 있는 자료로 최초는 1770년(영조 46)에 편찬이 완성된 『동국문헌비고』인데, 이를 보면 전국에 1,062개의 장시가 있었고 고을별로는 평균 3.4개 정도 되었다. 이 분포도는 일제에 나라를 잃을 때까지 거의 그대로 유지되었다. 하지만 철도와 신작로가 건설되고 상설시

『만기요람』. 전라도 214곳에 장시가 있고, 전주 읍내장과 남원 읍내장이 큰 장이다.

장이 개설된 일제 강점기 이후에는 전체적으로 줄어드는 추세였다. 대형마트와 통신판매까지 등장한 요즘에는 더더욱 장시가 줄어들어 그 명맥마저 위태로운 상황이다.

1770년에 전라도에는 모두 216개의 장시가 있어 고을당 평균 4.1개가 되었다. 당시 전라도의 면(面) 수가 772개 정도 되었으니까, 3.5면당 1개꼴로 장시가 있었다. 이 평균치는 전국의 평균치 3.4개를 크게 상회하는 것으로써, 8도에서 가장 높은 수치이다. 이러한 추세는 일제 강점기 이후에도 거의 그대로 유지되었다. 이 결과는 전라도의 물산이 풍부하고 유통경제가 발달했기 때문에 나타난 것임에 분명하다. 공식 기록에는 쉽게 보이지 않지만, 심지어 서남해 도서 지역에까지 장시가 개설되어 있었는데, 이는 그 어느 지역에서도 보이지 않는 현상이다.

그렇다고 하여도, 전국적 추세와 함께 전라도의 장시도 20세기 들어와서 줄어들기 시작했다. 18~19세기에는 전라도에 평균 209개가 있었는데, 20세기에 들어서면 전남·전북 합쳐서 180~190개밖에 안되었다. 가령 강진군의 경우 그동안 고군내장, 고읍장, 금천장, 대구장, 백도장, 보암장, 읍내장,

칠량장 등 8개가 있었는데, 20세기 전반에는 병영장, 보암장, 석제장, 영동장, 주교장 등 5개만 남아 있었다.

4) 군현별―나주·순천 최다

앞에서 말한 것처럼, 1770년에 전라도에는 216개의 장시가 고을당 평균 4.1개씩 분포되어 있었다. 이를 고을별로 보면 편차가 아주 심함을 얼른 발견할 수 있다. 그것을 자세히 알아보기 위해 그때의 고을별 장시 현황을 다음의 표에 정리해 보았다.

1770년 전라도 고을별 장시 현황

고을	장수	장명
고산		현서
고창		읍내
구례		읍내
만경	1	읍내
여산		읍내
용담		읍내
용안		난포
화순		읍내
곡성		읍내, 석곡
광양		읍내, 옥곡
금구		읍내, 종정
남평		읍내, 대초
낙안		읍내, 단교
능주		읍내, 이양원
옥과		읍내, 흥복정
운봉	2	읍내, 인월
익산		읍내, 회화
정읍		읍내, 천원
진안		읍내, 마령
창평		읍내, 삼지천
함열		읍내, 황등
흥덕		석교, 와석

고을	장수	장명
고부 금산 담양 옥구 임피 진도 진산	3	읍내, 난산, 두지 읍내, 대곡, 제원 북문외, 서문외, 삼지천 읍내, 경포, 지경 읍내, 일운, 서시포 의신, 고군내, 목장 읍내, 서면, 동면
동복 무안 무주 영암 장수	4	읍내, 방석, 사평, 남재 읍내, 남창, 공수, 장송 읍내, 무풍, 소천, 안성 동문외, 독천, 쌍교, 송지 읍내, 장계, 완경, 송탄
김제 무장 순창 장성 태인 함평	5	읍내, 엄목, 재남, 화교, 원기 읍내, 발산, 안자산, 갑촌, 고현 읍내, 연산, 삼치, 녹사, 피노리 읍내, 승가마, 황룡, 개산,덕치 읍내, 용두, 고현내, 감산, 엄지 읍내, 망운, 선치, 나산, 사천
광주 남원 임실 흥양	6	읍대, 읍소, 서창, 대치, 신장, 선암 읍내, 오수, 아산, 산동 번암, 동화 읍내, 독교원, 오원, 구고, 갈담, 양발리 읍내, 죽천, 가화, 과역, 도양, 유둔
보성 영광	7	우막, 동문외, 복성, 가전, 기정, 오성, 해창 읍내, 성외, 구수, 원산, 불갑, 대안, 사창
강진 부안 해남	8	읍내, 금천, 고읍, 칠량, 대구, 백도, 보암, 고군내 읍내, 신치, 동진, 객사외, 사거리, 율지, 호치, 장전포 읍내, 고암, 남리, 수영, 목장, 용암, 선장, 용당
장흥	10	읍내, 고읍, 대흥, 유치, 안량, 수문, 장동, 부평, 웅치, 천포
전주	11	부남, 부서, 부북, 부동, 봉상, 소양, 인천, 삼례, 옥야, 이성, 이성
나주 순천	13	읍내, 남문, 창흥, 용두, 도마교, 박산, 도야, 남창, 대산, 음산, 선암, 접의, 초동 읍내, 수영, 석보창, 촉마, 성생원, 방축두, 해창, 구만, 백아, 선원, 부유, 본곡, 도고개

관내에 고작 1개의 장시가 들어선 고을이 있는가 하면, 무려 13개나 들어선 고을도 있었다. 고을의 경제력에 따라 큰 차이가 났던 것이다.

자세히 살펴보면, 고산·고창·구례·만경·여산·용담·용안·화순 등 8고을에는 각각 1개의 장시가 개설되어 있었다. 그리고 곡성·광양·금구·낙안·남평·능주·옥과·운봉·익산·정읍·진안·창평·함열·흥덕 등 14고을에는 각각 2개가 개설되었는데, 가장 많은 분포도이다. 또한 고부·금산·담양·옥구·임피·진도·진산 등 7고을에는 각각 3개, 동복·무안·무주·영암·장수 등 5고을에는 각각 4개, 김제·무장·순창·장성·태인·함평 등 6고을에는 각각 5개, 광주·남원·임실·흥양 등 4고을에는 각각 6개, 보성·영광 등 2고을에는 각각 7개의 장시가 개설되어 있었다. 이와는 달리 강진·부안·해남 등 3고을에는 각각 8개, 장흥 등 1고을에는 10개, 전주 등 1고을에는 11개, 나주·순천 등 2고을에는 각각 13개씩 개설되어 있었다.

이렇게 보면, 인구와 토지가 적은 소읍(小邑)에는 적은 수의 장시가, 많은 대읍(大邑)에는 많은 수의 장시가 있음을 알 수 있다. 가령, 전라도의 대읍은 광주, 나주, 남원, 순천, 영광, 영암, 전주 등 7읍인데, 6~13개의 장시가 열렸다. 소비인구와 생산물자가 많고 교통이 편리한 지역에 장시가 다수 개설될 수밖에 없었던 것이다.

특히 전라도 안에서 10개 이상의 장시를 보유한 고을이 장흥, 전주, 나주, 순천 등 4고을이나 되었다. 당시 전국에서 10개 이상의 장시를 보유한 고을은 경주(21개), 공주(14개), 상주(13개), 평양(12개), 안동(11개), 진주(11개), 대구(10개), 청도(10개) 등 8곳에 불과했다. 이 수치만 놓고 보아도, 국가경제의 중심이 전라도와 경상도에 있었음을 알 수 있다.

시사설(市肆說)

　상고(商賈)가 모여서 있고 없는 것을 무역하는 곳을 시사(市肆)라고 한다.

　처음에 내가 연경(燕京)에 와서 위항(委巷)에 들어가 보았더니, 예쁘게 치장하고서 간음하라고 가르치는 자가 그 용모의 고운 정도에 따라서 값을 올리고 내리면서 조금도 부끄러워하는 기색이 없이 공공연히 거래하고 있었다. 이런 곳을 여사(女肆)라고 하는데, 이를 통해서 풍속이 아름답지 못하다는 것을 알 수 있었다.

　또 관부에 들어가 보았더니, 붓을 함부로 놀려 법규를 농락하는 자가 그 사건의 경중에 따라서 값을 올리고 내리면서 조금도 두려워하는 마음이 없이 공공연히 거래하고 있었다. 이런 곳을 이사(吏肆)라고 하는데, 이를 통해서 형벌이 문란하다는 것을 알 수 있었다.

　지금에 와서는 또 인사(人肆)를 보게 되었다. 지난해부터 홍수와 가뭄으로 백성들이 먹을 것이 없어진 나머지 강한 자는 도적이 되고 약한 자는 유리걸식하기에 이르렀다. 그리하여 입에 풀칠할 길이 없게 되자, 부모는 자식을 팔고 남편은 아내를 팔고 주인은 하인을 팔 목적으로, 저자에 늘어놓고는 헐값으로 흥정을 하고 있는 형편이다. 이는 개나 돼지만도 못한 짓이라고 할 것인데, 유사(有司)는 이런 일을 아예 거들떠보지도 않고 있다.

　아, 앞의 두 시장은 그 정상이 가증스러우니 통렬히 징계하지 않으면 안 될 것이다. 그리고 뒤의 한 시장(人肆)은 그 정상이 가련하니 이 또한 빨리 없어지도록 조처해야 할 것이다. 그런데 세 번째 시장이 없어지지 않는 한, 내가 알기에 여사(女肆)로 인해 풍속이 아름답지 못하게 되고 이사(吏肆)로 인해 형정이 문란해지는 것이 장차 이 정도로만 그치지는 않을 것이다. 〈『가정집』〉

2. 장터, 지역 중심지

이조판서 김구가 아뢰기를, "적도들이 장시에 출몰하는 것은 의례적인 근심입니다. 이런 흉년에 백성들이 이익을 찾아 살아갈 길을 없앤다는 것도 매우 염려스럽습니다. 다만 산골의 새로 설치된 장시만은 철폐하고, 관문 앞의 장시와 오래된 장시는 다 철폐할 수 없습니다. 또한 각 고을로 하여금 감관(監官)과 도장(都將)을 가려 정해서 기찰하고 체포토록 하는 것이 좋을 듯 합니다." (『비변사등록』 숙종 29년 3월 17일)

흉년으로 도적이 횡횡하여 민심이 어수선 했다. 장시 안에서 도적이 심히 많다는 말이 1703년 어전회의에서 나와 그 해결책을 놓고 열띤 논의가 있었다. 그 자리에 있던 대신들은 장시를 없애는 길이 급선무라고 했다. 그때 이조판서는 '官門場市'와 '年久之場'은 민생을 위해 그대로 두고 '山谷間新設之場'은 없애는 것이 좋다는 타협안을 제시했다. 산골에 새로 설립된 장시가 있음을 알 수 있는데, 오래된 장시는 어디에 들어섰을까요? 또한 관문 앞 장시는 무엇일까요?

1) 장명-면명·리명

이처럼 전라도에는 전국에서 가장 먼저, 그리고 가장 많은 수의 장시가 개설되었다. 이는 전라도의 물산이 풍부하여 유통경제가 그 어느 도보다 발달했음을 알려주는 증거가 되지 않을 수 없다.

장시는 길가, 산기슭, 강가나 냇가의 모래밭, 해변 등 넓은 공터에 들어섰다. 그러면 장 이름은 어떻게 지어졌을까? ①장이 속한 면 이름, ②장이

서 있는 마을 이름을 따다 붙이는 것이 대부분이었다. 그러니까 시장의 명칭은 대체로 지명에 '장'을 붙였다. ③장이 서는 날짜를 따다 붙인 경우도 간혹 있었다. 일제 때 해남 8개 장시 가운데 '이일시(二日市)'와 '구일시(九日市)'가 있었다. 매월 2일에 서는 장, 9일에 서는 장 이름이다. 이와 비슷하게 진도에도 4개 장시 가운데 '오일시(五日市)', '십일시(十日市)', '사일시(四日市)'가 있었다. 각각 매월 5일, 10일, 4일에 서는 장이다. 그런가 하면 완도군 고금면에는 '사구시(四九市)'란 장이 있었다. 4·9일 장이 서기 때문에 그렇게 이름 지어졌다.

그렇다고 장시 이름이 고정되어 있었던 것은 아니다. 예를 들면, 강진에서는 고읍면에 들어선 장시를 '고읍장'이라고 했다가, 그 장시가 서 있는 석제원 지명을 따서 '석제원장'이라고 고친 후, 성전면 면 이름을 따서 다시 '성전장'으로 바꾸었다. 특히 일제 강점기 때의 통폐합으로 면 이름이 바뀌자, 그에 따라 장 이름도 많이 바뀌었다.

또한 장시는 이름 외에 위치, 장날, 치폐도 상황에 따라 자주 바뀌었다. 이 가운데 장시는 어떤 곳에 개설되었을까? 이에 대한 해답은 우리 조상들의 삶의 토대를 알게 해준다는 점에서 중요하다. 그래서 이야기의 일관성을 유지하기 위해 1770년 자료를 중심으로 하여 입지별로 분류해 보면 읍내, 포구, 역원, 창촌, 군진, 고읍, 벽촌 등지에 장시가 분포되었음을 발견할 수 있다. 하나씩 살펴보자.

2) 읍내장-큰장·작은장

읍내는 고을의 중심지이다. 읍내에는 어김없이 장시가 들어섰다. 18세기 후반의 경우 용담, 용안, 진도, 흥덕 등 4읍은 읍내장(邑內場)이 보이지 않고 외촌장만 기록되어 있다. 19세기 전반으로 가면 용안·흥덕은 여전히 읍내장이 보이지 않지만, 용담·진도는 읍내장이 개설되었다. 하지만 19세기 중반에 이르면 흥덕은 읍내장이 있었고 용안도 현북 40리에 있던 난포장(亂浦場, 또는 蘭浦場)이 읍서변 5리로 이전함으로써 읍내장 역할을 하게 되었다. 이리하여 도내 모든 고을의 읍내에는 장이 들어서게 되었다.

읍성의 밖(고창), 안(낙안)　　　관문의 주위(김제), 밖(곡성)

고지도 속의 장시

읍내장은 읍시(邑市)나 읍장(邑場)이라고도 했다. 성 안에 있으면 성내장(城內場), 성 밖에 있으면 성외장(城外場), 관문 밖에 있으면 관문외장(官門外場), 고을 등급이 부이면 부내장(府內場) 등으로도 불리었다. 결국 읍내장은 성문이나 관문의 안이나 밖에 개설되었다. 그 모습은 고지도를 보면 알 수 있는데, 1872년 고지도를 기준으로 읍성이 있는 고창은 북문 밖에, 낙안은 남문 안에 각각 있었다. 읍성이 없는 김제는 관문 주위에, 곡성은 관문 밖에 각각 있었다. 읍내는 평야·옥야의 곁과 4통 5달의 길에 있어 선비와 농민이 모여들고 상인과 장인이 생업을 즐기는 곳에 있었다. 읍내는 관속들의 일용품, 수령·사신의 접대물, 3단 1묘에 대한 제수물, 기타 관용물이 항상 필요로 하는 곳이기도 하다. 사람이 운집하고 상품의 수요·공급이 상존하고 교통이 발달한 곳이 바로 읍내이다. 그래서 읍내장은 관내에서 상거래 활동이 가장 왕성한 곳이었다. 이는 읍내장의 장세 징수액이 가장 많거나 장세를 걷는 장으로 읍내장이 주로 거론되었던 점을 통해 확인된다. 그리고 전국적인 유통망을 지닌 대형 장시로 전주와 남원의 읍내장이 들어 있었다(19세기 『만기요람』). 전주 읍내장의 경우 청과 일본에서 수입해 온 상품도 팔려나가고 있었다. 이로 인해 읍내장은 몇 가지 특징을 지니고 있었다.

첫째, 읍내장의 장날을 보면 2일과 7일이 압도적으로 많았다. 읍내장은 대부분 5일장이었다. 그런데 1 · 6장, 2 · 7장, 3 · 8장, 4 · 9장, 5 · 10장 가운데 2 · 7장이 가장 많았다. 가령, 19세기 전반 『임원경제지』를 토대로 볼 때, 확인된 읍내장 51개 가운데 2 · 7장이 전체의 33.3%를 차지하는 17개나 된다. 왜 그랬을까? 2와 7은 음양 가운데 음수(짝수)와 양수(홀수)를 모두 포함하고, 두 수를 합하면 수 가운데 가장 큰 9가 되기 때문일 것으로 추정된다. 읍내장이 2일과 7일로 장날을 정하면, 인접 장들은 나머지 날짜를 택하여 장날을 정할 수밖에 없었다.

19세기 전반 전라도 읍내장 개시일(『임원경제지』)

1 · 6일장	고부, 광양, 남평, 동복, 무장, 무주, 순창, 여산, 진산	9읍
2 · 7일장	광주, 금산, 김제, 나주, 낙안, 담양, 보성, 부안, 순천, 익산, 임피, 장성, 장흥, 전주, 정읍, 진도, 함평	17읍
3 · 8일장	고창, 곡성, 구례, 금구, 영광, 옥구, 함열, 화순	8읍
4 · 9일장	고산, 남원, 만경, 옥과, 용담, 창평, 흥양	7읍
5 · 10일장	상진, 능주, 무안, 영암, 운봉, 임실, 장수, 진안, 태인, 해남	10읍
합계		51읍

둘째, 읍내장 가운데는 월 6회 서는 '일반장'과는 달리 월 9회 또는 12회 서는 '대형장'이 있었다. 그런 장으로는 영암 동문외장, 강진 읍내장이 있었다. 그런가 하면 읍내지역에 5일장이 두 개나 서 사실상 읍내장으로서의 역할을

했는데, 그런 곳으로는 전주, 담양, 영광, 나주, 광주, 부안 등지가 그러했다. 이 가운데 전주는 10일장을 4대문 밖에 네 개를 두어서, 반면에 담양은 5일장을 북문과 서문 밖에 두 개를 두어서 각각 월 12회 개시하게 했다. 월 9회 또는 12회 개시되는 읍내장을 둔 곳은 대읍으로서 교역이 발달한 곳이었다.

셋째, 읍내장 가운데는 월 6회 서는 5일장을 둘로 나누어서 각기 월 3회 서는 10일장으로 운영한 곳이 적지 않다. 고산은 현서에 4·9일에 서던 읍내장을 4일에 서는 상장(上場)과 9일에 서는 하장(下場)으로, 만경은 4·9일에 서던 읍내장을 9일에 서는 관문외장과 4일에 서는 성외장으로, 운봉은 관문 밖에 5·10일에 서던 읍내장을 5일에 서는 상장과 10일에 서는 하장으로 각각 나누어서 운영했다. 이들 지역은 읍내 사람들의 고른 경세적 혜택을 위해 5일장을 둘로 쪼개어 10일장으로 운영했을 것이다. 이렇게 하든 저렇게 하든 간에 읍내 지역만 한정한다면 5일마다 장시가 서는 것과 같다. 그러나 이들 지역도 나중에는 읍내장을 다시 하나로 합쳐 큰장으로 키웠다. 이렇게 살펴본 바, 읍내에 장을 두 개 둔 곳에서는 그 이름을 윗장이나 아랫장, 큰장이나 작은장 등으로 불렀다.

읍내에 장을 두 개 이상 둔 곳

	동국문헌비고		임원경제지	
전주	대시: 부남 2일, 부서 7일 소시: 부북 4일, 부동 9일	12회	대장: 남문외 2일, 서문외 7일 소장: 북문외 4일, 동문외 9일	12회
담양	북문외: 2·7일. 서문외: 4·9일	12회	부내: 2·7일	6회
영암	동문외: 3·8·5·10일	12회	동문외: 5·10일	6회
영광	읍내: 1·6일. 외성: 3·8일	12회	남문외: 3·8일. 서문외: 1·6일	12회
나주	읍내: 2·7일. 남문: 4·9일	12회	읍내: 2·7·4·9일	12회
광주	읍대: 2·7일. 읍소: 4·9일	12회	공수: 4·9일. 부동 :2·7일	12회
부안	읍내: 2·7일. 객사외: 4·9일	12회	상장: 2·7일. 하장: 4·9일	12회
강진	읍내: 2·5·9일	9회	읍내: 5·10일	6회

3) 포구장-대형장

전라도에서 처음 발생한 장시가 전국으로 확산될 때에 가장 먼저 자리 잡은 곳이 포구와 역원이고, 가장 흥성한 장시 또한 포구장과 역원장이었다. 이는 이 두 장시가 당시 사회의 가장 특징적인 모습을 보여준다는 점이다.

포구장(浦口場)은 해상교통의 중심지인 포구나 나루터에 개설된 장시를 말한다. 1770년을 기준으로 경포장(옥구), 구수장(영광), 난포장(용안), 단교장(낙안), 서시포장(임피), 선창장(해남), 수문 · 천포장(장흥), 장전포장(부안) 등이 해안 포구장으로 확인된다. 그리고 동진장(부안) 등이 강가 포구장으로 확인된다. 연해읍의 경우 포구를 끼고 있는 장시도 적지 않다. 포구상업이 발달하여 각지 포구가 현지 특산물과 외지 상품의 거래처로 되었기에, 이들 장시가 등장했던 것이다. 이 가운데 수문포에는 한국전쟁 직후 부산에서 여수를 거쳐 오는 배가 정박해 부산에서 생산된 옷이나 일용잡화가 반입되었다. 특히 인근 어물과 전국 상선이 운집했고 인근 도서와 멀리 경상도 선박이 대거 입항한 낙안군 벌교포(단교포)는 단교장이라는 장시가 개설되어 정기적인 교역을 했다. 그런 장시 때문에 벌교(현재 보성)가 속해 있는 남면이 관내 6개 면 가운데 인구가 압도적으로 많았고, 나중에는 남면이 남상면과 남하면으로 분면되기까지 했다. 그리고 비만 오면 떠내려가는 목교 대신 튼튼한 석교가 1705년(숙종 31)에 완공되었다. 그 다리는 몇 차례 중수를 벌교 홍교(보물 제304호)라는 이름으로 현존하고 있다.

역원장(驛院場)은 내륙교통의 중심지인 역이나 원에 개설된 장시를 말한다. 갈담장(임실), 남리장(해남), 삼례장(전주), 선암장(광주), 소천장(무주), 오수장(남원), 오원장(임실), 인월장(운봉), 제원장(금산), 천원장(정읍) 등을 들 수 있다. 도내 6개 찰방 역 가운데 읍내와 지근거리에 있는 경양역, 청암역, 벽사역을 제외한 삼례역, 오수역, 제원역에 장시가 개설되어 있었다. 그리고 도내 53개 속역(屬驛) 가운데 갈담역, 남리역, 선암역, 소천역, 오원역, 인월역, 천원역 등에도 장시가 있었다. 감영, 병영, 수영, 군현의 치소 바로 아래(보통 5리 내외)에 있는 속역이 적지 않음을 감안하면 이는 적은 숫자가 아니다. 이들 역에는 역을 운영하는 관원이 상주하고 역을 이용하는 여행객이 있기 때문에, 물품 수요가 있어 장시가 들어섰던 것이다. 이 외에 구고원(임실), 성생원(순천), 이양원(능주), 석곡원(곡성) 등의 원에도 장시가 개설되어 있었다. 원이란 일반 여행객이 숙식과 휴식을 이용하는 곳이다. 이러한 교통로의 중간에는 점막이 개설되어 내륙상업을 더욱 활발하게 하였다.

이러한 포구장·역원장과 중복되는 입지를 지닌 장시가 창촌장(倉村場)이다. 창촌장이란 창촌, 즉 창고가 들어선 마을에 개설된 장이란 말이다. 고려 이래의 조운제도가 16세기에 조운읍과 직납읍(直納邑)으로 개편되어 조운읍은 도내 조창에서, 직납읍은 본읍 해창에서 세곡을 발송하도록 했다. 그래서 전라도 직납 26읍은 관내 포구에 해창을 개설했다. 해창은 본래 어선과 상선이 드나드는 포구인데다 일 년에 한두 번 세곡을 실어 나르는 일로 사람과 물자가 많은 번화한 곳이 되었다. 그런 해창이 있는 곳에 장시가 들어섰는데, 용안 난포장, 보성 해창장, 장흥 수문장, 순천 해창장이 그것이다. 낙안의 경우 해창이 있는 장좌포에 19세기 접어들면서 장시가 개설되어 20세기 전반까지 존재했다. 해남도 해창에 해창장이 열렸다. 그리고 환곡을 보관하고 수급하는 창고도 군현 안 여러 곳의 교통 요지나 인구 밀집지에 설치되어 있었다. 창고 이름은 보통 동서남북 방위명을 띄거나 본래 지역명을 띄기도 했다. 특히 18~19세기 환곡이 빈민구휼을 넘어 재원조달 수단으로 전용되면서 환곡의 원곡량이 크게 불어났다. 그런 창고가 있는 곳에 장시가 들어섰는데, 무안 남창장, 광주 서창장, 영광 사창장, 해남 선창장, 순천 석보창장·부유창장, 나주 남창장 등이 보인다.

이러한 포구나 역원이 있던 곳에 해창·창고가 겹쳐 설치되었기 때문에, 그런 곳에 들어선 창촌장은 꽤 번성한 장시가 될 수밖에 없었다. 그래서 18세기 전반에 어떤 선비는 "팔도의 여러 고을에 단지 읍시(邑市)와 창시(倉市)만을 설치하고 그 저자 곁에 한 공공건물을 지어 이름을 상평창(常平倉)이라 하고서 본읍의 환곡을 먼저 그 절반을 여기로 옮기고"라고 말한 바 있다. 읍시, 즉 읍내장 다음으로 창시, 즉 창촌장이 중요하다는 말로 들린다.

특히 해창은 경제력이 풍부하고 지역적 공간이 넓을 뿐만 아니라, 인구 밀집도가 높고 외부인의 출입이 빈번하기 때문에, 이곳에는 자연히 외부인을 상대로 하는 유흥업이 발달하지 않을 수 없었다. 이와 관련하여 다산 정약용(丁若鏞, 1762~1836)이 말했다.

> "장차 조창을 열려 할 때에는 창촌(倉村)에 방을 붙여 잡류(雜流)
> 를 엄금할 것이다."

그러면서 금해야 할 것으로 우파(優婆, 사당), 퇴기(娼妓, 늙은 기생), 주파(酒婆, 술을 파는 자), 화랑(花郞, 광대), 악공(樂工, 거문고 타고 피리 불고 노래하는 사람), 뢰자(檑子, 초라니), 마조(馬弔, 투전), 도사(屠肆, 소나 돼지 잡는 일) 등 8가지를 거론했다. 이들은 노래와 여색과 술과 고기로 온갖 유혹을 하여 창리(倉吏)와 뱃사람을 빠지게 한다 하였다. 그러면서 공진창, 가흥창, 성당창 등의 조창은 말할 것 없고 바닷가의 포구에서도 역시 엄금해야 한다고 덧붙였다. 이런 점으로 인해 해창장은 상업이 매우 왕성했을 것이다. 이는 순천의 장세 징수액 가운데 해창장이 관내에서 압도적으로 많았던 사실을 통해서 확인 가능하다.

4) 병영장-어음 사용

조선의 장시 가운데 군사 중심지 군진에 들어선 군진장(軍鎭場)도 있다. 그러한 장시로 강진 병영에 개설된 고군내장, 순천 전라좌수영에 개설된 수영장과 해남 전라우수영 개설된 수영장이 있다. 이들 군진에는 많은 군인이 상주하고 군수물자가 필요한 곳이기 때문에 장시가 발달할 수밖에 없었다. 이 가운데 특히 고군내장, 즉 병영장은 18세기 당시 3·6·8일 월 9회 개시되는 매우 큰 장이었다. 나중에는 3·8일 개시장으로 조정되었지만, 그곳 상인들은 '북 송상, 남 병상'이라고 할 정도로 활발한 활동을 했다. 이는 함경도 사람들과 교역을 하거나 어음을 사용하여 인근 상인은 물론이고 멀리 공주·대구 상인들과 교역했던 점을 통해 알 수 있다. 병영성이 폐지된 후에도 병영상인들은 장흥이나 광주에 나가 장사를 계속했는데, 그들 대부분이 성공하여 병영사람 하면 장사 잘하는 사람들로 꼽히게 되었다. 그래서 나라 안에서 장사 잘하기로 소문난 개성사람과 같은 격에 병영사람을 두는 '북 개성상인, 남 병영상인'이라는 말이 나왔다.

이들 수영 산하에는 많은 수군진이 있는데, 그곳 전면이나 배후에도 장시가 있었다. 문자 기록에는 좀체 보이지 않지만, 퍼즐을 맞추듯이 몇 군데 찾아보자. ①옥구 군산진. 읍지나 백과전서 등을 보면, 옥구에는 5·10일에 서는 경포장(京浦場) 또는 경장리장(京場里場)이라는 장이 보인다. 고지도를 보면, 이곳은 군산진 진촌으로서 진과 지근거리에 있다. 따라서 경포장은 군산진의 배후 장시였음을 알 수 있다. ②영광 법성진. 법성진에

장이 있다는 기록은 『동국문헌비고』, 『임원경제지』 등에는 보이지 않는다. 그런데 1850년대에 김정호가 편찬한 『여도비지』를 보면, 3·8일 개시하는 법성장이 기록되어 있다. 그리고 1872년 법성진 고지도를 보면, 남문과 선창 사이 빈 공간에 '장시'라는 글씨가 적혀 있다. 이로 보아 그곳에 장시가 있었음을 알 수 있다. 1897년 『영광읍지』에는 법성장이 진 안에 있다고, 1921년 『영광군지』에는 법성시(法聖市)가 법성면 옛 진 안에 있다고 기록되어 있다. ③순천 고돌산진. 1872년 고돌산진 고지도에 진에서 5리 거리에 나지장시(羅支場市, 현재 여수시)가 적혀 있다. 문헌상 처음 등장한 것인데, 고돌산진과 곡화목장의 배후 장시였음에 분명하다. 이는 일제 강점기에는 나진포시(羅津浦市)로 개명되어 4·9일 개시한다고 적혀 있다. ④ 강진 고금도진. 1925년 『완도군지』를 보면, 고금도 사구시(四九市)는 도남리에 있는데 1625년(인조 3)에 연동포 위에 신설했다가 중간에 이 중앙지로 옮겼다고 적혀 있다. 이 기록은 고금도에는 1600년(선조 33) 소모별장이 설치되었다가 곧 혁파된 후, 1673년(현종 14)에 다시 별장을 두고 1681년(숙종 7)에 첨사진으로 승격시켰기 때문에, 시기의 착오는 있을지는 몰라도 장시가 있었던 것만은 사실이다. 실제 고지도를 보면, 고금진에서 15리 떨어진 곳에 장시가 있다. 이 지역은 섬의 중앙지로서, 나중에 부근에 고금면 면사무소가 들어선 곳이다.

이 외에 고읍장(古邑場)은 옛 치소가 있던 자리에 개설된 장으로, 고군내장(진도), 고읍장(강진, 장흥), 고현내장(태인), 고현장(무장) 등이 그것이다. 이들 옛 치소 자리는 인구 밀집지역이기 때문에 장시가 들어설 수 있는 조건을 가지고 있었다.

1900년 전후 전주 남문장 모습(전주역사박물관)

5) 장터-면 소재지로

앞에서 말한 법성진 고지도를 보면, 대로점막(大路店幕), 진두점막(津頭店幕) 등의 점막이 진 입구와 나루 머리에 있다. 그리고 고돌산진 고지도를 보아도 진으로 들어가는 대로 상에 창매점(蒼梅店), 문곶점막(門串店幕) 등의 점이 있다. 점이나 점막은 교통요지에 있는 소규모 상설점포로 장시를 보완하는 역할을 하고 있었던 것이 조선후기 유통경제에서 나타난 특징 가운데 하나이다. 따라서 위 점막은 배후에서 법성장과 나지장을 뒷받침하고 있었던 것이다.

장터는 전라도의 지명 형성에도 영향을 미쳤다. 강진 석제원에 시변(市邊)이라는 마을에 있었다. 장이 있기에 마을 이름을 시장 주변이라는 뜻을 지닌 시변이라고 했던 것 같다. 그런데 1949년에 마을 사람들이 마을 이름을 시천(市川)으로 바꿔 오늘에 이른다. 시변이라는 이름이 촌스러워 그랬을 것으로 추정된다.

장시가 사라져가고 있는 오늘날에 있어서도 장터의 흔적이 곳곳에 남아 있다. 함평의 경우 18세기 기준 5개 장 가운데, 망운장과 나산장이 20세기 면 개편 때 망운면과 나산면의 이름이 되었다. 그리고 장시 터라는 뜻의 장기(場基)라는 지명이 남평에, 시기(市基)라는 지명이 정읍에 남아 있다. 해남의 경우 마산면에 육일시(六日市)란 마을이 있는데, 6일에 섰던 고암장이 마을 이름으로 바뀐 것이다. 1910년에 조사·작성된 『조선지지자료』에 육일시는 엿세장동으로 불린다고 기록되어 있다. 또 해남 현산면에는 구시리(九市里)란 마을이 있는데, 9일에 섰던 구일장이 바뀐 것이다. 진도에는 오일시와 십일시라는 마을이 있는데, 이 이름은 5일에 섰던 고군내장과 10일에 섰던 석교장에서 유래한다. 장시로 들어가는 마을이라는 장등리(場登里), 시등리(市嶝里)라는 마을 이름도 여러 곳에 남아 있다.

이처럼 이 지역에는 전국에서 가장 먼저, 그리고 가장 많은 수의 장시가 개설되었다. 이는 이 지역의 유통경제가 그 어느 지역보다 발달했음을 알려주는 지표가 되지 않을 수 없다. 장시가 들어선 지역은 인구의 조밀지, 교통의 요지, 물화의 생산지였다. 그리고 장시는 부지가 넓어야겠기에 터를 천변이나 공한지에 잡았다. 이런 조건으로 인해 장시는 나중에 대부분 면의 중심지로 자리를 잡게 된다. 그리하여 대원군 때 몇 개 면을 묶어서 사창(社倉)을 설치할 때 장터가 그 대상이 되었고, 일제 강점기 때 면소재지를 정할 때에도 장터가 그 대상이 되었다.

역사 속으로 한 걸음 더

장시에 대한 시각

1. 영사(領事) 남곤(南袞)이 아뢰기를, "지금 여러 도에 모두 장문(場門)을 설치하고 있습니다. 신이 전라도 관찰사로 있을 때 철저하게 금지했는데도 지금은 전일보다 심하여 시장에 나오는 자가 몇만 명에 이르니, 이는 모두 농사일에 힘쓰지 않는 사람으로 민사(民事)를 방해함이 심한 것입니다."고 하고, 시강관 박수문(朴守紋)이 아뢰기를, "장시(場市)는 근년부터 생기기 시작하여 시장이 열리는 날에는 남녀간에 주육(酒肉)을 마련하여 시장에서 팔아 그 이를 취하고 있으니, 근본을 버리는 폐가 이보다 더한 것은 없습니다."하니, 임금이 이르기를, "장시의 일을 어떤 사람은 편리하다고 한다. 그러나 과연 이것은 말(末)을 추구하는 것이다."하였다. 〈『중종실록』 15년 3월 21일〉

2. 원상(院相) 이언적(李彦迪)이 아뢰기를, "근래에 해마다 기근이 들어 도적이 더욱 성한데 호서·영남이 더욱 심하여 명화적(明火賊)이 방자하게 날뛰면서 살인·약탈을 꺼림없이 하고 있으니, 이는 모두 장시를 금하지 않는데서 연유된 것입니다. 장시의 설립이 전라도는 예전부터 있었지만 경상도와 충청도는 설립된 지 오래지 않으니, 일체 금하여 도적의 근심이 없게 하소서."하니, 임금이 답하기를, "장시를 금단할 일은 아울러 대신에게 의논하라."하였다. 〈『명종실록』 1년 2월 21일〉

3. 장날, 시위하기 좋은 날

사헌부가 아뢰기를, 각 고을에 장시가 서는 것이 적어도 3~4 곳 이상 이어서 오늘은 이곳에 서고 내일은 이웃 고을에 서며, 또 그 다음날에는 다른 고을에 서서 한 달 30일 동안 장이 서지 않는 날이 없으므로 간사함이 성행하고 모리(牟利)가 날로 심해지니 매우 염려됩니다. 담당 관부로 하여금 규정을 마련해 내려 보내어 큰 고을은 두 곳, 작은 고을은 한 곳에 한 달에 세 번 모두 같은 날 개시(開市)하는 외에는 일체 금지하여 민심을 진정시키소서. 〈『선조실록』 40년 6월 24일〉

한 고을에 3~4곳 장시가 있어서 사방에 한 달 내내 장이 열리어 간사함과 모리가 성행하니, 장시의 수를 줄이고 장날을 같은 날로 정하자고 사헌부가 1607년에 건의했습니다. 그렇게 되었을까요? 장시 수는 늘면 늘었지 줄지 않았고, 장날은 '장권'을 형성하며 서로 다른 날로 정해졌습니다. 우리는 이 대목에서 민생 경제 대책은 어떻게 되어야 하는지를 생각하지 않을 수 없습니다.

1) 5일장-5일마다

뒤늦은 감이 있지만, 장과 관련된 용어를 정리하고 넘어갈 필요가 있다. 장에 물건을 사러가거나 팔러 가고 사람을 만나러 가는 것을 무어라고 했을까? 당시 사람들은 견시(見市)나 관시(觀市)라고 적고, '장을 보러 간다'고 말했다. 그래서 흔히 '장보러 간다'고 오늘날까지 말한다.

우리는 장시하면 5일장을 떠올린다. 5일장이란 무슨 말일까? '5일마다 서는 장'이란 말이다. '5일에 서는 장'이 아니니 잘 구분해야 한다. 5일장과 비슷하게 '2·7장'이 있는데, 이는 매월 2일과 7일로 끝나는 날, 즉 2일, 7일, 12일, 17일, 22일, 27일에 월 6회 서는 장이라는 말이다. '1·6장', '3·8장', '4·9장', '5·10장'도 마찬가지이다. 결국 5일장이란 5일마다 매월 6회 서는 장시인 것이다.

그러면 모든 장시가 5일장이었을까? 그렇지 않았다. 장시가 처음 발생했을 때는 15일마다 매월 2회 서는 것이 보통이었다. 그러던 것이 차츰 '5일장 체제'로 자리를 잡아갔다. 18세기 말 자료인『동국문헌비고』를 보면, 전국의 장시 가운데 5일장은 91.1%였고 나머지는 3~4일장이나 10일장이었다. 이런 비율도 19세기 끝자락에 가면 무너지고, 5일장이 100%에 이르게 된다. 그래서 우리는 오늘날 장시 하면 으레 5일장을 떠올린다. 그러면 우리 조상들은 왜 5일마다 장을 열었을까? 그 유래에 대해서는 현재 명확하게 알 수 없지만, 가장 효과적인 간격을 닷새로 보아서 그러했을 것이다.

18세기 말 장시 개시일

	10일장 (3회 개시)	5일장 (6회 개시)	9회 개시	12회 개시	기타	합계
경기		101				101
충청		149				157
전라	26	174	2	7	1	216
경상	16	241		1	13	276
황해	2	80		1	18	82
강원	2	66				68
평안		131			3	134
함경	2	26				28
계	48	968	2	9	35	1,062
%	0.45	91.1	0.01	0.08	0.32	100

18세기 말 전라도의 장시 개시일을 자세히 알아보자. ①10일마다 매월

3회 개시되는 10일장이 26개로 12%나 되었다. 이는 벽지에 개설된 소형장이었다. ②5일마다 매월 6회 개시되는 5일장은 174개로 전체의 80.5%를 차지한다. 5일장은 중형장으로서 대부분을 차지하고 있었다. 개시일은 고르게 나타난다. 174개 가운데 1·6장은 40개(22.9%), 2·7장은 32개(18.3%), 3·8장은 37개(21.6%), 4·9장은 30개(17.2%), 5·10장은 35개(20.1%)이다. 이는 유통권의 형성과 지역민의 고른 경제혜택과 관련된 결과이다. ③4일마다 매월 9회 개시장이 2개, 3일마다 12회 개시장이 7개나 되어 전체의 4.1%를 차지한다. 이는 물산과 사람이 많은 곳에 개설된 대형장으로, 강진·광주·나주·담양·부안·영광·영암·전주 읍내장과 강진 고군내장이 그것이다. 이를 보면, 전라도의 소형장과 대형장이 타도에 비해 월등히 많음을 알 수 있다. 이는 장시가 궁벽한 곳은 물론이고 번화한 곳에까지 널리 개설된 결과로써, 전라도가 유통경제가 발달한 곳이라는 점을 말해준다.

장시는 사람들로 대성황을 이루는 공간이기도 하여 광대들의 공연이 행해졌다. 상권을 장악한 상인들이 소비자를 유인하기 위해 '이벤트'를 기획하여 공연까지 하였는데, 송파 산대놀이가 그 대표적인 것이다. 부랑자들 사이에 도박이 횡행되고, 심지어 남녀 간에 매춘마저 자행되어 사회적 물의를 일으키기도 하였다. 그 외에 장시는 사치풍조를 만연시키는 장소이기도 하였다. 중국이나 일본의 수입품이 매매되는 장시가 적지 않았고, 우금(牛禁)과 주금(酒禁)에도 불구하고 장시마다 쇠고기와 술을 파는 가게가 즐비하였던 것이 그것이다.

2) 유통권-생활권

그리고 또 이들 장시는 개시일을 달리하는 4~5개의 장시를 하나로 묶어 그 권에 있는 사람들이 연중 무휴 돌면서 장을 볼 수 있도록 한 유통권을 형성하고 있었다. 장시 상인들을 '장돌뱅이'라고 한 것은 이 때문이었다. 이 유통권은 단순한 매매권에 그치지 않고, 하나의 생활·문화권으로 여겨지고 있었다. 그리하여 권내에서는 동일한 방언을 쓰거나 노래를 부르고, 식생활이나 혼인을 함께 하기도 하였다. 저울이나 되 같은 도량형도 함께 썼으니, 유통권은 하나의 경제권 역할까지 겸하였다.

각 지역에서는 4~5개의 장시가 상호간에 밀접한 연계관계를 맺으며 개시일이 서로 중복되지 않도록 장날을 조정하고 있는 것으로 나타난다. 이때 장이 1~2개 서는 작은 고을 사람들의 경우 오늘은 이 고을, 내일은 이웃 고을, 모래는 또 다른 고을의 장을 보니, 한 달 삼십일 동안 장을 보지 않는 날이 없었다. 우리의 고을 간 거리는 당일 이동이 가능한 30~40리 정도였다. 예를 들면, 금구는 동쪽으로 전주 30리, 서쪽으로 김제 30리, 남쪽으로 태인 40리였다.

그런가 하면 장이 4~5개 서는 큰 고을 사람들의 경우 그 고을 읍내장 장날이 정해지면, 그 날을 중심으로 타원형을 이루면서 다른 날을 택하여 개시하여 하나의 시장권을 형성하게 되는 것이다. 가령 남원의 경우 4·9일 읍내장(남문 외) → 5·10일 산동장(남30리 산동방) → 1·6일 번암장(동45리 하번암방) → 2·7일 오수장(북40리 둔덕방) → 3·8일 아산장(서40리 아산방)을 봄으로써, 한 달 내내 연중무휴 장을 볼 수 있었다.

지역주민이나 상인 모두에게 있어 인접한 지역의 개시일은 서로 달라야 편리하겠지만, 주민들의 입장에서는 인접한 장시와의 개시간격이 멀수록 다른 장시를 편리하게 이용할 수 있는 반면에 상인들은 그것이 짧을수록 장시의 개시일을 따라 순력하기에 편리했다. 따라서 일정한 시장권내의 장시들은 이러한 점들을 고려하여 개시일을 상호 조정하며 개설되는 것이 일반적이었다. 그리고 이러한 지역적 시장권은 또 다른 인접 시장권과 연계하여 상품유통을 더욱 활발하게 촉진시켰다.

3) 장날(1)-대자보 게시

이어서 장시의 사회적 기능에 대해 알아보겠다. 장시는 열리는 날짜가 정해져 있고, 사람이 많이 모이고 터가 넓은 곳에 들어선다. 더군다나 당시 갖가지 정보나 유행은 장시를 통해 놀랄 정도로 빠르게 번져나갔다. 이를 이용하여 정부는 국가 정책을 홍보하거나 형벌을 집행하는 장소로 장시를 이용했다. 그런가 하면 자신의 의사를 널리 표현하기 위해, 사람들은 장날에 장터에서 대규모 행사를 열거나 홍보문을 걸기도 했다. 관과 민 가릴 것 없이 무언가를 드러내는 데에 장시를 이용하였던 것이다. 하나씩 자세히 알아보겠다.

첫째, 정부 측에서 장시를 국정을 홍보하거나 신정책을 선포하는 장소로 이용했다. 18세기 후반 정조의 어명이 옥과현에 내려왔다. 풍속 교화에 관한 것인데, 그것을 주민들이 이해하기란 쉬운 일이 아니었다. 그래서 장흥 출신의 현감 위백규가 그것을 간추려 6조목으로 정리하여 나무판에 새겨서 장시와 관문에 각각 매달았다. 왕래하는 사람들로 하여금 쉽게 보고 깨달아 아름다운 풍속을 이어가도록 하기 위해서였다. 또 19세기 중반 대원군이 환곡을 개편한 사창(社倉) 제도를 실시할 때 그 규정을 각 고을에 반포하게 하고, 고을 수령으로 하여금 한문과 한글로 각각 적어 마을과 장시에 널리 게시하게 하여 모든 백성이 손쉽게 알 수 있도록 했다. 이런 일은 지방을 순찰하는 암행어사에 의해서도 종종 이루어졌다.

둘째, 장시는 모역자의 처형 장소로도 이용되었다. 그 기원은 신라에서 반란을 일으킨 사람을 붙잡아 경주 동시(東市)에서 목을 베어 죽이고, 고려에서 반원정책에 불만을 품고 반란을 일으킨 사람을 삼각산에서 붙잡아 시장에서 곤장을 친 일로 거슬러 올라간다. 전라도의 천주교 신자들이 장터에서 많이 순교했다. 예를 들면, 한국 천주교 최초 순교자인 윤지충·권상연이 전주 남문장이 있는 읍성 남문 밖에서 참수형에 처해졌다. 그리고 윤지충이 전교했던 최여겸은 무장 지각장터에서 목숨을 잃었다.

셋째, 불만을 품은 민중 측에서는 장시에서 대자보를 걸거나 집회를 열어 자신들의 요구 사항을 표출하거나 군중을 선동했다. 영조가 즉위하자, 괘서(掛書, 대자보)를 통한 유언비어가 유포되기 시작했다. 유언비어의 내용은 경종이 대비와 영조에 의해 독살되었으며, 영조가 숙종의 자식이 아니고, 노론이 거사하여 소론이 전멸할 것이라는 등이었다. 특히 전라도의 전주, 남원, 임피, 옥구, 부안 등지의 장시를 중심으로 집중적으로 유언비어가 유포되었다. 이런 일을 듣고 당시 위정자들은 이렇게 말했다.

"흉서(凶書)가 가시(街市)에 계속 나붙고 있다"

12일 전주장에 걸린 괘서가 이틀거리 남원장에 14일 걸렸으니, 전주에서 곧 바로 남원으로 전달되었다. 마침내 1728년(영조 4), 영조를 왕위에서 쫓아내기 위한 반란(이인좌의 난 또는 무신란)이 청주, 안음, 전주 등지에서 일어났다. 정부 진압군에 의해 사방으로 쫓기던 잔당들이 전라도 곳곳에 숨어들었다. 바로 그때 전라도 바닷가 고을의 장시 거리에 익명의 괘서가 붙었다. 괘서의 내용은 알 수 없지만, 요사스러운 말을 퍼뜨리고 백성들을 속이는 것이었다. 마침 기근 뒤 끝이어서 이를 본 마을 사람들은 더더욱 술렁대기 시작했다. 일단 '戊申餘孽漏網之類', 즉 무신란 잔당들의 목표는 달성된 셈이다. 한 관리의 상소에 의해 이 사실은 정부에 알려졌다. 정부는 이대로 두었다가는 큰일 나겠다고 판단하여 포졸을 풀어 단속에 나섰다. 여러 장터에 정부를 비방하는 벽대자보이 붙여졌음을 알 수 있다.

넷째, 장시는 도둑들이 은신하기에 산 속과 함께 아주 좋은 곳이었다. 붐비는 군중 속에 자신의 몸을 숨기고, 음식점에서 먹을 것을 챙기고, 물건을 팔아 비자금도 조달할 수 있어서였다. 1877년(고종 14)에 전라병사가 영암군 송시장(松市場, 현재 해남군 송지면) 고개에 머물러 있는 비적 무리 34명을 붙잡았다. 조사를 해보니, 경상도의 각 고을 사람과 전라도의 곡성·능주 사람으로 구성된 또 다른 조직이 발견되었다. 깜짝 놀란 병사는 각 고을에 공문을 보내 이들 조직원 검거에 나섰고, 압수한 편지와 『병요 (兵要)』·『무경체주(武經體注)』·『행군수지(行軍須知)』등의 병서를 서울로 올려 보냈다. 그래서 이 사실은 『실록』에 기록되었다. 상당히 조직화된 비적단 여럿이 영암 송지장에서 활약하고 있었음을 알 수 있다.

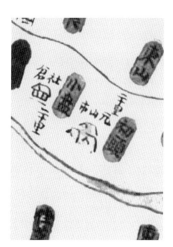

고지도 속의 영광 원산시. 원산시는 화적떼의 습격으로 폐지되고 말았다.

영광 사례를 하나 더 보자. 1897년에 나온 『영광읍지』에 수록된 내용이다. 당시 영광에는 5개의 장시가 있었다. 그 가운데 읍내에서 20리 거리 원산면에 원산시(元山市)가 있었다. 병술년에 화적(火賊)들이 이곳을 집으로 삼아 살다가 사라졌다. 명화적들이 원산장에 상당기간 은신하다가 다른 곳으로 이동했음을 알 수 있다. 명화적이 사라지자 주민들은 원산시를 없애고 장터를 정해년 봄에 15리 거리의 포천으로 옮겨버렸다

[포천시(浦川市)]. 1872년 고지도에 원산시가 나온 것으로 보아, 병술년은 1886년임에 분명하다. 이 두 장시의 혁파와 신설에 대해서는 일제의 조사 자료 속에도 나온다. 그런데 포천시는 20세기 초에 일본인이 거주하자, 1 백여 명에 이른 항일 의병들의 공격 목표가 된 적도 있었다.

4) 장날(2)-3·1운동

장시는 터가 넓고 교통이 좋아 대규모 군중집회를 열기에 충분했다. 1862년 함평 농민항쟁은 식지면의 너른 장터에서 일어났다. 식지면 장이란 나산장(羅山場)을 말한다. 장터에 모인 농민군은 오색 깃발을 들고 자신들의 요구를 주장하며 읍내로 들어가 읍정을 장악했다.

이러한 전통을 이어서 일제 강점기에 장시에서 독립운동이 일어났다. 이 점에 대해 일본학자 무라야마 지준이 자신의 저서『조선의 장시연구』에 다음과 같이 적어 놓았다.

　　　"1919년 발발한 반통치 무저항 시위운동인 3·1운동이 경성에서
　　시작되자마자 바로 시장을 통해 전 조선에 파급되어 장날에 데모가
　　거행되었으며 최근의 사회운동이나 사상운동이 하나같이 시장망에
　　의해 전파되었다."

유관순 열사가 목촌 아우내 장터에서 독립만세를 외쳤듯이, 특히 1919년 3·1 독립만세 운동은 대부분 장날에 장터에서 일어났다. 3·1운동은 전라도 곳곳에서 일어났다. 전북에서 가장 먼저 일어난 곳은 3월 5일 군산이다. 군산 영명학교 교사들은 서울에서 내려온 학생으로부터 독립선언서를 전

수받아 학교 등사판을 이용하여 등사하고 6일 군산 장날을 거사일로 정했으나 일제 경찰에 발각되자 하루 앞당겨 옥구군 개정면 구암리에서 만세시위를 전개했다. 이 외에 익산 금마, 고창 무장, 김제 만경, 무주 읍내에서도 장날을 이용하여 만세시위가 일어났다.

전남 도처에서도 장터나 장날에 만세운동이 일어났다. 광주에는 큰 장과 작은 장이 있었는데, 거사는 큰 장날인 8일 오후 2시로 정해졌다. 광주의 3·1운동 준비는 각기 책임을 분담하여 치밀하게 이루어졌다. 태극기와 선언문 준비는 최한영, 일반시민 동원은 서정희, 농업학교 동원은 최영균·금용규, 숭일학교 학생 동원은 최병준, 수피아여학교 학생 동원은 홍승애, 양림동교회 교인 동원은 김강, 준비 자금은 이기호 등이 맡았다. 그런데 총 책임을 맡았던 최흥종이 체포되자, 거사일을 작은 장날인 10일로 연기했다. 사방에서 광주천변 장터로 모인 1천여 명의 시위대는 독립만세를 외치고 시내 곳곳을 행진했다. 유리 걸식자에서부터 일반시민까지 다양한 계층이 참가하자, 일제는 현 광주우체국 앞에서부터 기마헌병대를 주축으로 시위 참가자를 가혹하게 진압·검거했다.

이 외에 곡성에서는 보통학교의 교사 신태윤과 다수의 학생들은 곡성읍 장날인 3월 29일 태극기를 들고 만세를 부르며 행진했다. 학생들에게 우리 역사를 강의하며 민족의식을 강조했던 신태윤이 앞장서 나가자 학생들도 뒤따라 만세시위에 참여했다. 강진에서는 읍내 장날인 4월 4일에 장터에서 봉기하여 독립선언서를 뿌리고 태극기를 흔들고 독립가를 부르며 남문 앞 광장에 집결하여 시위행진에 나섰다. 함평 해보면에서는 4월 8일에 문장리 장터에서 독립만세운동이 일어났다.

영광 장시와 포천장

　시장 중 포천시(浦川市)는 우마(牛馬)만의 시장이지만 다른 곳은 일반 시장
이다. 시장은 수백 년 전부터 있는 것이라서 잘 모르지만, 상인과 지방 사람들
과 상담한 후, 군(郡)에 신청해서 개시(開市) 허가를 받은 것으로 생각된다.

　이 군의 시장 중 포천시는 지금부터 32년 전 병술년(丙戌年) 원산면(元山面)
영안리에 있었던 것을 이곳으로 옮긴 것이다. 그 이유는 원산면이 화적(火賊)
의 소굴이 되었기 때문이다. 부지는 특별히 설지한 것이 아니다. 모두 개인 소
유지에서 개시한 것이다. 예를 들면 군에서 공한지를 시장의 부지로 정했거나
혹은 상인이 토지를 매수해서 시장의 부지로 한 적이 없다. 시장에서는 사용료
가 없지만 우마의 시장인 포천시만은 타인의 소유지(밭)에 말뚝을 박고 우마를
묶어놓기 때문에, 그 사용료로서 매매된 우마 한 마리당 3전 정도를 그 토지소
유자에게 지불한다.

　이 곳의 시장은 원래 아주 작은 것이었고 그 관리자 등도 없다. 단속에 관해
서도 분쟁이 일어났을 때 관청에 신고하면 그 때에 비로소 장교(將校)가 그 것
을 판단해 준다. 도장(都將)이나 승장(升匠)이나 별장(別匠)이라고 하는 자도
없고 시장물품의 매매 금액에 따라 얼마를 관청에 납부한다는 것도 없다. 거간
(居間) 같은 것은 없다. 숙주(宿主)가 지은 가게는 상인이 사용하지 않으면, 숙
주가 마음대로 다른 자에게 대여한다. 별다른 사용권 양도는 없다.

　지금은 면의 보조원(補助員)이 감독으로 있다. 각 상인마다 매매 금액의 백
분의 일을 징수한다. 요즘은 도로의 양측에 개시하는 것은 도로의 방해가 된다
는 이유로 금지하는 적도 있지만 상인들이 말을 듣지 않고 개시하니까 그대로
방치해 놓고 있다. 〈『중추원 조사자료』〉

첫째, 전주 읍내장은 전국 최대 장시로 알려졌다. 전주 읍내장을 사람들은 보통 이렇게 말했다.

"북으로 중국 상품을 통하고 동으로 일본 상품을 옮기니, 상인이
운집하고 온갖 상품이 성하여 나라 안에서 큰 시장이라고 칭한다."

중국과 일본 수입품이 전주 읍내장에서 매매되었음을 알 수 있다. 『임원경제지』에는 35종의 그곳 거래품이 나열되어 있다. 그 가운데 생강, 종이 등이 들어 있는데, 이는 전국에 알려진 전주 특산품이다. 이보다 1백 년 전에 전주 읍내장을 여행한 한 선비는 "늘어진 저자에 박산(薄饊) 많구나"고 읊었다. 박산은 산자, 유과이다. 허균의 『도문대작』에 나온다. 다리머리 올린 여성들, 색동옷 입은 아동들, 평량자 쓴 사람들이 장에 꼬리를 물고 다녔다.

둘째, 김제 읍내장 거래품으로 갓 등 10종이 보인다. 갓은 입(笠)이나 입자(笠子)로 쓴다. 갓의 유행이나 명산지에 대해 18세기 전반의 선비 이익(李瀷)은 자신이 쓴 『성호사설』에서 말했다.

"우리나라 사람은 반드시 넓은 테가 있는 갓을 쓴다. 대를 엮어
테를 만드는데, 김제 것이 최고 우수 제품으로 쳐주고 제주 것이 그
다음이다."

비슷한 말은 1백년 뒤 『오주연문장전산고』에도 들어 있다. 우리나라 남성들은 평민 이상이면 갓을 대부분 썼다. 그래서 여러 곳에서 갓이 생산되었다. 갓을 만드는 곳이 입점(笠店)인데, 입점 지명이 오늘날 곳곳에 남아 있다. 언제부터인가는 모르겠지만, 그 중에서 김제 갓이 국내 최상품이었

다. 김제 읍내에 입점이 있었다. 입점에는 호수(戶首)라는 대표자가 있어 양대(凉臺), 청죽, 칠, 아교, 대발 등 원자재를 구입했다. 입점에서는 갓을 만드는데 가장 중요한 원자재인 양대의 소매도 했다. 최상품 양대는 제주도에서 김제 포구로 실려 왔다. 제주도 민요에 양대가 김제로 실려 나간다는 구절이 들어 있다. 양대를 만들 때마다 세금으로 1립 당 돈 1푼씩을 관에서 거두어 갔는데, 매년 20냥을 납부했으니 2천 립(立)을 판 셈이다. 김제의 1년 갓 생산량을 추산할 수 있는 근거이다. 『김제읍사례』에 나와 있다. 바로 이 입점에서 생산된 갓이 장날 일반 소비자나 중간 상인에게 판매되어 기록으로 남게 된 것이다.

셋째, 진안 읍내장의 거래품으로 연초 등 14종이 보인다. 연초는 진안의 특산품이었다. 그곳 특산품이 장에 나와 거래되었다. 연초가 우리나라에 전래된 후 상품작물로 인기를 끌었다. 국내에서도 전라도 지역에서 널리 재배되었다. 그 결과 19세기 전반 전라도의 50여 곳의 읍내장 가운데 광주, 남원, 무주, 보성, 순천, 용담, 운봉, 임실, 전주, 정읍, 진산, 진안, 창평, 태인 등 14곳에서 연초가 거래된 것으로 기록되었다. 그와 함께 담뱃대도 여러 곳에서 거래되었다

넷째, 담양 읍내장에서 거래된 상품으로 16종이 보인다. 그 가운데 우리의 눈을 끄는 것은 죽립(竹笠), 죽기(竹器), 유사(柳笥), 목롱(木籠), 채침(彩枕), 채상(彩箱), 선자(扇子) 등이다. 담양은 우리나라 최대의 대나무 산지이자 죽세공품 산지이다. 그에 걸맞게 대로 만든 삿갓·그릇·베개·상자·부채와 함께 나무로 만든 농, 버들로 만든 상자 등이 장에서 거래되었다.

다섯째, 앞에서 말한 것처럼, 나주 읍내장에서는 22종의 거래품이 보인다. 그 가운데 면화, 면포, 단주(緞紬), 목반(木盤)을 주목하지 않을 수 없다. 나주는 일찍부터 면화의 주산지였다. 1699년(숙종 25)에 나주의 한 목

장에서 거두어들이는 면화가 1만 근이나 된다고 한 것으로 보아 알 수 있다. 이는 계속 이어져 1916년 「나주군세일반」에 의하면, 나주 관내에 면작의 개량과 면화의 공동판매를 주요 사업으로 하는 '면작조합'의 단체수가 18개, 단체원이 1,700명이나 되었다. 이 면화로 싼 면포도 명품이었다. 그 가운데는 '나주 세목(細木)', 즉 희고 가는 샛골나이는 20세기 중반까지 전국으로 팔려나갔다. 이때 집집마다 있었던 베틀은 현재 다 사라지고 잔해만 몇 집에만 남아 있다. 나주 비단도 널리 알려진 명품이다. 목반 가운데는 소반(小盤)도 들어 있을 것이다. 소반이란 밥상이나 주안상으로 쓰인 작은 상을 말하는데, 나주 소반은 잡다한 장식 없이 깔끔한 형태를 띠어 품격이 나고 튼튼하기도 하다. 이런 점으로 인해 나주반은 황해도 해주반, 경상도 통영반과 함께 조선시대 3대 소반으로 유명했다. 나주소반의 명성은 20세기 전반까지 이어졌다. 잡지 『신민』에 실린 1927년 기사를 보면, 나주는 소반과 죽물로 일찍 그 이름을 전하였는데 지금은 양잠·면화의 나주가 되고 나주 명물 소반은 점차 없어지고 있다 했다.

여섯째, 남평 읍내장에서는 16종의 거래품이 열거되어 있음은 앞에서 말한 바와 같다. 그 가운데 종이와 부채가 있다. 남평은 종이 생산지이자 대나무 자생지이기도 하다. 이 종이와 대나무로 만든 남평 부채는 전국 명품이었다. 남평 부채는 머리가 둥그렇게 생겨 '승두선(僧頭扇)'이라는 상품명으로 전국에 이름을 알렸다. 승두선은 우리나라에 온 청나라 사신에게 선물로 제공되었다. 청나라를 가는 우리 외교관이 승두선을 가지고 갔고, 가는 길에 그것을 선물로 주자 받은 중국인이 고맙다고 큰 절을 했고 승두선으로 북경에서 비싼 책을 사기도 했다.

일곱째, 영암 읍내장의 거래물로 29종이 나열되어 있다. 그 가운데 '각색진소(各色眞梳)'가 있다. 여러 종류의 참빗이라는 말이다. 그냥 '진소'라고

만 적어 놓은 전주와는 다른 모습이다. 참빗은 국내에서 영암 것을 최고로 친다. 월출산 자락에서 자란 참대의 껍질층이 두꺼워 빗을 만들기에 좋고 또 참빗을 만드는 도구와 기술이 다른 곳보다 정교하기 때문이다. 영암 참빗은 크기와 빗살 간격에 따라 대소, 대중소, 중소, 오중소, 써울치 등으로 나누어진다. 바로 이 다양한 참빗들이 읍내장에 나와 전국으로 팔려나갔던 것이다.

여덟째, 광양 읍내장에서는 김[海衣]을 포함한 25종의 거래물이 기록되어 있다. 김은 본래 자연산인데, 17세기에 광양에서 양식에 성공한 후 남해안 일대에서 널리 재배되고 있었다. 그래서 그런지 인근의 낙안, 순천, 장흥, 진도, 흥양 등지의 읍내장에도 김이 거래물로 포함되어 있다.

아홉째, 그리고 진도 읍내장에는 전라도에서는 유일하게 어유(魚油)가 거래되었다. 이 사례는 전국적으로도 유일한 것으로 보인다. 1795년(정조 19)에 호남 암행어사는 지나는 관리들이 어피·아교와 함께 어유를 규정 외에 도민들에게서 거두고 있다고 보고한 것으로 보아, 진도를 포함한 인근 연해 사람들의 어유 사용은 오래되고 광범위했던 것 같다. 영암에서는 '방등어유(房燈魚油)'라고 하여 관사 각 방의 등 기름을 어유로 사용했다. 『영조실록』 23년 9월 12일자에 서명

『임원경제지』. 영암 읍내장 거래품으로, 가운데 '각색진소'가 보인다.

연이 바닷가 수령으로 있었을 때 경유(鯨油)를 팔아 시집가는 딸의 혼수를 장만했다고 한 것으로 보아, 어유는 고래 기름인 것으로 보인다. 그 중에서 진도의 경우 근해에 서식하는 토종 고래 상괭이일 것 같다.

열 번째, 강진과 부안의 읍내장에는 고구매甘藷가 거래물로 기록되어 있다. 19세기 벽두만 해도 강진·해남이 주산지였는데, 그로부터 불과 10~20년 사이에 부안까지 북상했음을 알 수 있다.

열 한 번째, 고산(현재 완주) 읍내장에서는 대추, 밤, 배, 감 등의 과실류가 팔려나갔다. 이 가운데 감은 15세기부터 고산의 산물로 기록되어 있다. 감 껍질을 깎아서 말린 곶감도 고산의 특산물이었다. 고산시(高山柿), 즉 고산 곶감은 씨가 없는 것과 단맛이 높은 것으로 유명했다. 1940년 잡지 『삼천리』에 옛부터 고산 곶감은 조선 전체에 널리 알려졌고 근래에는 일본에까지 많은 고객을 두고 있다고 보도했다. 당시 연간 300만 개를 생산하고 있었다. 오늘날 완주군에서는 완주 곶감의 우수성을 알리기 위해, 매년 12월 초에 '완주 곶감 축제'를 열고 있다.

이 외에 영광 읍내장의 각종 옷감과 조기, 광주 읍내장의 단주·반주·균사 등의 비단, 구례 읍내장의 송이·표고 등의 버섯 등도 그 지역 특산품이었다. 이처럼, 전라도 각 지역은 전국에 이름을 널리 알린 특산품이 있었다. 그런 특산품은 그곳의 읍내장을 통해 수합되어 전국으로 팔려나갔음을 알 수 있다.

3) 가게-특정 상품 취급

본래 장시에는 전사(廛肆)·전포(廛鋪), 즉 상점이 없었다. 하지만 장시가 발달하면서 장시 안에 특정 상품을 전문적으로 파는 상점이 개설되었다. 상점의 모델은 서울 종로에 1천 360여 칸으로 조성된 시전(市廛)에 있었다. 이 가운데 비단을 파는 선전, 무명을 파는 면포전, 명주를 파는 면주전, 종이를 파는 지전, 모시를 파는 저포전, 생선을 파는 어물전 등 6의전이 대표적이었다. 서울의 시전처럼 개성과 평양 같은 대도시에는 일찍부터 상점이 개설되어 있었다. 전라도의 수부 전주에도 시전이 많았다. 이 점에 대해 1680년(숙종 5)에 동전 유통을 활성화시키는 방안을 논하는 어전회의에서 호조판서 민유중이 말했다.

> "전주에는 시전(市廛)이 매우 많기 때문에 돈의 유통이 아주 쉽습니다."

그러면서 민판서는 전라감사에게 많은 전포를 이용하여 돈을 잘 굴리라고 하면 될 것이라고 덧붙였다. 1755년(영조 31)『비변사등록』을 보면, 삼남에서 서울로 들어가는 길목에 있는 대형장인 경기도 광주 송파장의 경우 겉모습은 비록 한 달에 6회 서지만, 실제는 각 전(廛)에 물건을 쌓아놓고 매일매일 매매하고 있었다. 은진의 강경장에도 열지어 있는 전포가 서울시전을 방불케 한다고 했다. 이는 전라도 안의 일반 군현에서도 나타나는 현상이었다.

우리가 앞에서 살펴본 수십 종의 상품을 취급하는 전포가 읍내장에 있었을 것이다. 당시 장시에는 미전, 피곡전, 태전, 어전, 염전, 건시전 등의 식용품 전포, 포전, 면전, 저전, 목화전 등의 포목 전포, 그리고 종이전, 돗자리전, 담배전, 짚신전, 판자전, 죽물전, 우전 등의 일상잡화 전포가 있었던 것으로 찾아진다. 전포의 형태는 두 가지였다. 하나는 전사(廛舍)가 독립된 건물로 지어진 경우가 있다. 이 경우 판매장과 살림방 및 창고를 겸비한 집을 별도로 짓거나, 아니면 사각형의 기둥에 짚이나 천으로 차양을 둘러 오직 물건을 적재·판매할 수 있는 가가(假家)를 만들기도 했다. 또 하나는 별도의 전사를 건립하지 않은 경우가 있었는데, 민가의 처마 밑에서 도로로 가가를 달고 그 가가에 물건을 쌓아놓고 팔다가 장사가 끝나면 치우는 것이다. 이렇게 크게 두 가지 형태의 전사가 있었지만, 그 가운데 장시에는 가가 형태가 가장 많았다. 우리가 요즘 물건을 파는 집을 '가게'라고 하는데, 이 말은 여기의 '가가'에서 유래한다.

전포의 조직이나 인적구성 등에 대해서는 현재 확인할 길이 없다. 당시 시전이나 후대 상점의 모습을 통해, 장시 가게는 1인으로 운영되는 허약한 곳이 있었고, 가족이나 고용인으로 구성된 2·3인이나 3·4인을 단위로 한 곳도 있었을 것 같다. 후자의 가게는 경제력도 튼튼한 편이었을 것이다. 그래서 지방관청에서는 재원 조달을 위해 식리전을 운영하면서, 면·리와 함께 장시 가게도 그 대상이 되었다. 담양 사례를 보면, 장청·훈련청·관어당·실역청에서는 1천 냥을 관내 장시의 '요실전인(饒實廛人)' 또는 '근실지전인(勤實之廛人)', 즉 부유하고 성실한 전포 주인에게 월 5% 이자로 나누어 주어 그 이자로 경비를 충당했다. 19세기 말에 작성된 『추성삼정고록』에 나와 있다. 관으로부터 이 돈을 받은 전인(廛人)들은 그 돈으로 다시 동료 영세 상인들을 상대로 돈놀이를 했을 것이다. 장에서 꾸는 돈을 '장변(場邊)'이나 '장돈' 또는 '시변(市邊)'이라고 한다. 원금을 빌려주면, 이자는 5일장이면 5일 동안의 이자를 지불하는 것이다. 위험성이 높고 단기 자금이기 때문에 이자율이 높은 것이 특징인데, 월 10%에 이른 경우도 있었다. 오늘날 시장의 영세상인들을 대상으로 한 '일수(日收)'라는 것도 이 '장변'에서 유래한 것이다. 어떠하든 담양 상인 가운데 부유층은 관으로부터 고리의 원금을 빌려 그것을 다시 동료 영세상인들에게 더 고리로 불리었던 것이다.

4) 장세-재정 수입

장시는 본래 빈 터에 모였다가 매매나 교환이 끝나면 흩어지는 곳이어서 세금이 없었다. 그런데 장시가 발달하자, 각 고을 수령은 장세(場稅)를 걷기 시작했다. 장세는 전세(廛稅), 시전세(市廛稅) 등으로 불리었다. 처음에는 기근 때의 구휼비를 충당하기 위해 시작되었고, 안성 · 전주 등의 대도회지에서도 동전 한두 닢을 걷는 정도였다. 그러다가 점차 열악한 재원을 보충하기 위해 장세를 거두어 각종 공공경비로 사용하는 고을이 나타나기 시작했고, 그와 더불어 장세의 징수지역과 징수액은 늘어가고 있었다. 그러면 어떻게 거두어 어디에 사용했을까?

첫째, 장세는 장시 내의 가게뿐만 아니라 좌판을 단위로 부과되었다. 그런데 장꾼들은 대부분 영세상이나 농민이었다. 장세가 부과되면 당연히 이들 약자들만 피해를 입을 수밖에 없었다. 그래서 실학자 위백규는 소득 불균형 문제를 해소하기 위해 장세도 일반 백성에게서는 거두지 말고 대상인으로부터만 거두어야 한다고 했다. 우선 고을의 각 면에 한 개의 장시를 설치하되 반드시 비어 있는 황무지에 두어야 하고, 잡류들이 모여들어 마을을 이루고 도적이나 협객의 소굴이 되는 것을 절대 금지해야 하고, 각 면의 책임자로 하여금 장시의 기강을 바로 잡고 4분기마다 장시의 되 · 저울 · 자를 바로 잡도록 해야 한다고 했다. 그러면서 장세는 오직 대상인 · 행상에게서만 거두고 일반인에게서는 걷지 말아야 하고, 대상인에게는 2푼을 행상에게는 1푼을 서원에 납부하게 하여 교육비에 충당하도록 해야 한다고 했다.

둘째, 장세는 매출에 부과되었다. 가게이건 좌판이건 매출액의 1% 정도가 부과되었던 것으로 추정된다. 토지세에 비하면 낮은 비율임에는 분명하다. 토지를 가지지 못한 영세민이 상업에 종사하는 경우가 많아 그들을 보호하기 위해 낮은 비율로 세금을 부과했던 것 같다.

셋째, 장세는 계절마다 부과액이 달랐다. 전주 봉상장(鳳翔場)의 경우 춘하 6개월간은 매달 12냥씩을, 추동 6개월간은 매달 18냥씩을 각각 거두었다. 봄과 여름은 농사철이어서 장에 나오는 사람이 적어서 적게 걷고, 가을과 겨울은 추수 후 장에 나오는 사람이 많아서 많이 거둔 것이다. 담양은 일 년을 세 시기로 나누어 1~4월 4개월간은 매 장 4냥씩, 5~7월 3개월간은 매 장 2냥씩, 8~12월 5개월간은 매 장 4.57냥씩을 각각 거두었다. 연중 무휴 동일하게 부과하는 오늘날의 세정과는 다른 모습을 발견할 수 있다.

넷째, 장세는 장마다 수세액이 달랐다. 1790년(정조 14)에 작성된 『순천부보민고신변절목』에는 순천 관내 12개 장시의 장세전 징수내역이 기록되었다. 그 가운데 읍내장과 황전장은 아전들이 근무하는 질청에, 송광·석보·주암·별량장은 수령의 일용잡비를 관장하는 '관청'에 소속되었다. 그리고 나머지 장시에서는 장세를 재무기관인 민고(民庫)에 납부했는데, 매달 해창장은 3냥 6전, 쌍암장은 2냥 1전 6푼, 석창장은 1냥 5전, 사보장은 1냥 2전, 착마장은 7전 8푼, 성생원장은 6전을 냈다. 해창장의 장세액이 압도적으로 많았음을 알 수 있다. 장마다 장꾼수와 거래액이 달랐으니까, 당연히 장세 규모도 다를 수밖에 없었던 것이다.

다섯째, 장세는 돈으로만 거둔 것이 아니라, 현물로도 거두었다. 가령, 함열에서는 출장 관리가 들어올 때 수행한 역졸과 하인들의 짚신을 황등장과 웅포장의 짚신전·우전·목화전에서 거두었다. 이 전에서 걷는 짚신은 세금이었던 것이다.

여섯째, 장세는 관아의 각종 경비에 충당되었다. 담양의 경우 장세를 관노청(官奴廳), 도판(屠販), 공고(工庫) 등에 지급하여 그곳 재원으로 사용하게 했다. 김제는 읍장세를 관청에, 재남장세와 해창장세를 공고에 내도록 했다. 관노청, 공고 등은 고을의 공무를 수행하는 기관이다. 장세의 일부가 향교나 서원으로 지원되는 곳도 있었다. 전라우도의 각 역이 쇠잔해지자, 18세기 말기에 장시를 나누어 주어 거기서 세를 거두어 쓰임에 보태도록 했다. 처음에는 효과가 있었는데, 점차 장시가 폐지되거나 각처에서 장시를 점탈하자 역이 수세를 못해 어려운 지경에 이른 적이 있었다. 장세가 지방재정에서 적지 않은 비중을 차지하자, 각 고을에서는 치안을 맡는 장청(將廳)의 도장(都將)으로 하여금 장의 수세와 질서를 책임지도록 했다.

이처럼, 지방관청에서 장시의 가게를 대상으로 일종의 영업세를 거두었다. 장세 징수액이 커지자 세력가들이나 관부들 사이에 장세 징수권을 차지하기 위해 다투는 일도 벌어졌다. 전자의 경우와 관련하여 1859년(철종 10) 영의정 정원용이 말했다.

> "근래 허다한 세금 명목이 날마다 달마다 늘어나 선박이 통행하는 곳곳이나 장시·도회의 곳곳에서 궁궐·관아 사람들이 수세하고 있습니다."

후자의 경우 전라도 광양과 경상도 하동이 다퉜던 사례가 있다. 통영의 관할 아래에 있는 광양 섬진진의 재정 형편이 진 앞 장시의 세가 하동으로 이속되어 매우 열악해졌다. 그래서 섬진진의 김광추라는 군인이 본진 소속의 강 건너 하동 두치장세가 하동으로 이속된 후 진의 재정사정이 어려우니 되돌려 달라고 정부에 요청했다가 묵살된 적이 있다.

5) 유력층-장시 개설 앞장

장시에 돈이 넘쳐 났다. 장시 개설과 이설에 수령은 민생안정을 위해, 백성들은 자신들의 생업을 위해 적극 개입했다. 양반들도 군침을 흘리고 있었다. 지역경제의 활성화 차원에서 장시는 이전과는 달리 조선후기에 각 계각층의 주목의 대상이 되었다.

지방관에게 장시는 작미(作米)나 작전(作錢)을 위해서도 꼭 필요한 것이 었다. 작미란 돈을 쌀로 바꾸는 것이고, 작전이란 쌀을 돈으로 바꾸는 것이 다. 이 과정에서 악덕 지방관은 시가차를 이용하여 치부를 하기도 했다. 예를 들면, 수확철 쌀값이 떨어질 때 세금을 돈으로 내라고 한 후 그 돈으로 많은 쌀을 사서, 그 다음 해 봄 춘궁기에 쌀값이 오를 때 쌀을 팔면 더 많은 돈을 쥐는 수법이었다.

조선의 양반들은 자신의 체면 유지를 위해 시장을 기피했다. 특히 근본 [농업]을 중시하고 말리[상업]를 천시해야 하는 유학자에게는 더더욱 그러했다. 그러나 겉모습은 '척'이었고, 실제는 그렇지 않았다. 본인은 뒤에 숨고 하인을 시켜 장시에서 물건을 매점매석하여 치부를 노리는 양반들이 적지 않았다. 모시를 생산하는 충청도 7읍의 향촌 무리들이 사대부가의 일이라 칭하면서 모시를 몽땅 매입하여 사랑 아래에 모아두었다가 발간된 적이 있었다. 자기 집 가까운 곳으로 장시를 유치하면 이런 일을 별 탈 없이 손쉽게 행할 수 있다는 점에 착안하여 실행에 옮긴이가 있었다. 1758년(영조 34)에 정언 박지원이 상소하기를 세도가 홍계희가 백성들의 진정을 억누르고 양포(良浦)에 있는 장시를 옮겨버렸다고 했다. 전라도에서는 창평에서 그 사례를 추적할 수 있다. 창평은 18세기 후반에 1·6일 개시하는 읍내장과 4일 개시하는 삼지천장 두 개가 있었다. 그런데 20여 년 뒤에 특별한 사정도 없이 읍내가 현내현(현재 고서면)에서 삼지천(현재 창평면)으로 옮겨가고 말았다. 이후 창평 장시는 4·9일 개시하는 읍내장 한 개만 있었다. 이에 따라 장시를 월 3회 이용하던 삼지천 쪽 사람들은 월 6회나 이용하여 경제적 이익을 배가시킬 수 있었다. 그렇다면 읍치 이설을 누가 단행했을까? 나머지는 독자의 상상에 맡기겠다. 나주 사례를 보면, 함평이씨, 흥덕장씨, 수성최씨들이 보산정사, 보산사, 동계 등을 통해 세거한 다시면 초동에 들어선 초동장(草洞場), 제주양씨들이 세거한 박산(현재 광주)에 들어선 박산장(朴山場) 등이 있다. 이들 장시는 유력 성씨들의 재테크에 이용되었을 성 싶다.

이처럼 장터는 고정되어 있지 않고 종종 옮겨졌다. 장시의 이설은 지역 세력가의 이해관계와 결부되어 있었다. 하지만 흉년이 들어도 장시를 옮겼다. 흉년이 들어 마을이 쇠잔해지면 사람들이 하나 둘씩 마을을 떠나 결국 장시를 옮길 수밖에 없었다. 장시의 이설은 지역민의 '생활권'을 변동시켰기 때문에 민감한 사안이었지만, 결국 경제적 요인 외에 이해관계에 의해 종종 이설되었던 것이다.

역사 속으로 한 걸음 더

전라도 대표의 전라도 자랑

　전라도 대표 김광대(金廣大) 등단. 날씬한 몸집으로 생글생글 웃으며 두 손을 한번 잡았다 펴면서 말한다.

　「전라도에는 자랑거리가 하도 많으니까 대표 일인으로는 안되겠소. 적어도 열사람은 되어야겠소. 여러분, 김제만경 넓은 들이란 말을 들어보았소. 즉 조선의 곡창인 조선 유일의 대평야가 어디 있는지 아시오? 그것이 즉 전라도랍니다. 그리고 조선에 어느 도(道)가 섬이 제일 많소. 또 조선의 제일 큰 섬은 어느 도에 있소. 그것이 다 전라도에 있답니다. 전라도 죽기(竹器), 전라도 칠기(漆器), 전라도 부채, 전라도 주렴(珠簾) 이것이 다 조선의 명물이고 그리고 김덕령 같은 명장군도 전라도에서 나왔고, 정충신 같은 충신도 있고, 전봉준 같은 대혁명가도 전라도 양반이요. 대시국천자(大時國天子) 차경석도 전라도 정읍에 본부를 두었소. 그 뿐입니까. 전라도 광대가 유명하지요. 아차 잊었소. 만고열녀 춘향이도 전라도 산이요. 그 뿐입니까. 제주도의 해녀도 조선의 명물이요, 삼신산의 하나인 한라산도 조선의 명산이요, 죽림(竹林)이 유명하고, 제주귤, 영광굴비, 영암참빗, 전주누른밥, 순창고초장, 나주소반, 금산인삼 그것이 다 전 조선이 아는 명물이요.」〈『개벽』, 1925년〉

5. 장꾼, 장타령을 부르다.

함경도 시장에는 여자가 장관이더니 전라도 시장에는 총각이 장관이다. 그네들은 연령이 2·30내지 4·50된 사람들이 쥐꼬리가튼 머리에 등짐을 지고 이 장저장으로 돌아다니며 물건을 판다. 그런데 장판에서 물건을 파는데도 소리는 꼭 육자백(六字拍)이나 단가조(短歌調)로 한다. 그뿐이랴! 엿장사도 그렇고 떡장사도 그렇고, 심지어 걸인까지도 멋이 있게 "아이고 배고파 나 죽겠네! 돈이나 한 푼 안줄거나"하고 소리를 한다. 참 기관(奇觀)이다. 시장이 아니라 극장이다. 이것도 전라도의 특색이다. 〈『개벽』1925년〉

위 잡지 기사는 전라도 장시는 시장이 아니라 극장이고, 그것은 전라도만의 특색이라는 말입니다. 온통 사람들이 육자백이나 단가를 부르기 때문입니다. 짐을 지고 장을 다니는 총각 장수, 엿장수, 떡장수, 심지어 동냥하는 거지까지도 노래를 불렀습니다. 장터에는 다른 사람들은 없었을까요? 장시에는 물건을 팔거나 지인을 만나러 온 주민, 물건을 사고팔거나 중매하는 상인, 숙식을 제공하는 사람, 장을 관리하는 감독관, 그리고 남의 주머니를 노리는 사람 등도 있었습니다.

1) 보부상-친일행위 거부

장시 구성원 가운데 상인에 대해서 먼저 알아보자. 전라도 상인의 기원은 기원전 1세기의 삼한시대에 서남해의 연안·도서에서 중국 한나라 화폐를 교역 수단으로 사용하였던 데까지 거슬러 올라 갈 수 있다. 그리고 백제의 가요 「정읍사(井邑詞)」도 전라도 상인의 역사를 말할 때 빼놓을 수 없다.

"정읍현 사람이 행상을 나간 뒤에 오랫동안 돌아오지 않으니 그의 처가 산의 바위에 올라 바라보면서 무서운 공포를 느꼈다. 그의 남편이 밤길에 치한에게 상해를 당하지 않을까 진흙탕물에 더럽혀지지 않을까 걱정되어 노래를 지었는데, 세상에 전하기를 고갯마루에 망부석이 있다고 전한다."

장사하러 나간 남편이 애타게 기다려도 돌아오지 않자, 그의 아내가 고갯마루 언덕 위에 올라가 남편을 걱정하고 사모하는 심정을 읊은 내용이 정읍사 노랫말로 전해온다. 장시 상인으로는 행상, 노점상, 점포상, 보부상 등이 있다.

첫째, 전라도 사람들은 행상(行商)을 많이 했다. 이는 장시가 전국에서 처음 발생한 것으로 미루어 짐작된다. 행상은 상품을 육로를 이용하여 판매하던 육상(陸商)과 배를 이용하여 판매하던 선상(船商)으로 구별된다. 육상은 의류, 신발, 갓, 빗, 바늘, 분, 농기구 등을 가지고 다녔다. 반면에 선상은 곡물, 수산물, 소금 등을 가지고 다녔다.

조선후기 기록에서도 전라도 행상은 쉽게 발견된다. 예를 들면, 우하영은 『천일록』에서 전라도 남녀들이 물건을 이고지고 가족을 거느리고 행상을 하는데 해를 지내고서 집에 돌아온다고 했다. 가족 단위 행상으로 옥과 사례가 발견된다. 충청도 연기현감이 감영에 보고한 문서를 모아 놓은 『기양문부』를 보면 옥과의 아버지, 두 아들, 친척 형 등 4인이 행상을 위해 충청도 제천까지 들어가 활동한 바 있다. 물건 담은 바구니를 머리에 인 아기 업은 엄마와 지게에 물건을 진 아버지가 다정한 대화를 나누며 장삿길에 오른 모습을 묘사한 김홍도의 그림을 생각하면 되겠다. 그러면 전라도 사람들은 왜 행상을 좋아했을까? 전라도의 토산 가운데 전국적인 우위를 점한 것으로 참빗, 대그릇, 담뱃대, 생강 등이 있다. 이들은 부피가 적고 무게가 가벼워 뭉탕 이고지고 전국을 도는 행상이 가능하다. 가을 추수와 겨울 타작이 끝나면 수금을 하고서 집에 돌아왔다. 이고지고 길 따라 다니는 육상(陸商) 외에 배에 싣고 물길 따라 다니는 선상(船商)도 전라도에는 많았다. 그래서 행상이 전라도 사람들에게 성했다.

둘째, 장터에는 일반인이 자기 물건을 가지고 와서 파는 임시 노점상도 많았다. 전라도만의 현상은 아니지만, 이는 오늘날까지 이어지고 있는 모습이다. 전라도 장시에서 여성의 활동이 활발한 것도 특징 가운데 하나이다. 그들의 수입도 괜찮았다. 1799년(정조 23)에 전 전라감사 이득신이 사치로 인한 폐해를 지적하면서 말했다.

"장시의 떡 파는 여성이 거친 현미밥을 싫어한다."

장시에서 떡 파는 여자가 거친 현미밥을 싫어하는 것이 위정자의 눈에는 분에 넘치는 행위로 보였던 것 같다. 뒤집어 보면, 장시에서의 떡 장사로 밥벌이를 하는 여성이 있었음을 알 수 있다. 전라도 여성들의 억척스러움은 여러 곳에서 포착된다. 매천 황현(黃玹, 1855~1910)이 "벌교의 아녀들은 어부가도 잘하는데, 스스로 배 저어 먼 파도를 가르며 나가네"라고 읊었다. 노래도 잘하면서 혼자서 뱃일도 척척 해내고 있었다. 어디 벌교만의 풍습이겠는가?

셋째, 장시의 상인으로 그곳에 가게를 열고 정주하며 활동하는 전상(廛商)이 있었다. 전상 가운데는 위탁 판매업이나 금융 대출업을 겸하는 이도 있었다. 위탁 판매의 수수료는 물건에 따라 달랐다. 20세기 초 구례장의 경우 우피는 판매가의 1/1백, 마포는 1/1천이 수수료였다. 전상은 관용물 납품에도 참여했다. 가령 해남은 관찰사 순력시 접대용으로 소요되는 숭어를 읍내 어상에게, 부안은 관용 조기를 격포 선주인에게 각각 값을 주고 조달받았다.

넷째, 또한 장시에는 몇 개의 장을 영업권으로 하는 보부상(褓負商)이 있었다. 보부상은 돌아다니는 일반 행상과는 달랐다. 우선 그들은 포목·잡화·장신구 등을 보자기에 싸서 다니는 보상(褓商), 도기·칠기·건어물 등을 지게에 지고 다니는 부상(負商)으로 구성되었다. 장수에 장계장이 있다. 그곳 잡화는 인근의 안성장, 진안장, 안의장 등을 거쳐 보부상에 의해 공급되었다. 보부상은 부보상(負褓商)이라고도 했고, 여러 가지 물건을 취급한다고 하여 황화상(荒貨商)이라고도 했다. '선길꾼'이란 말도 있다. 오늘날 역사용어는 보부상이지만, 부보상이라 해야 한다는 주장도 있다.

또한 그들은 주로 역졸, 백정 등 천인층이 착용하는 패랭이 모자를 썼다. 하지만 시를 잘 짓는 유식한 보부상도 있었다. 그리고 그들 가운데는 특정 상품을 전문적으로 취급하는 객주(客主)도 있었다. 전라도의 보부상 객주로는 구례·곡성의 '삼베 객주', 나주·남평·광주의 '무명 객주'가 보인다. 많은 자본을 보유한 보부상 가운데는 상업회사를 설립한 이도 있었다. 전주의 부상들이 '팔상사(八商社)'란 회사를 설립하고서 매점매석을 하여 민폐를 자아내고 있다는 기사가 1900년 『황성신문』에 실려 있다. 이런 보부상들은 전라도 상품을 전국 곳곳에 유통시켰다.

무엇보다 보부상은 자신의 이익과 단결을 도모하기 위해 계(契) 형태의 조직을 만들었다. 학자들은 그 때를 1830년대로 보고 있고, 후대로 갈수록 보부상 조직이 강고해졌다고 보고 있다. 이는 가진 자들의 수탈에 맞서기 위해 보부상이 집단화·조직화의 길을 선택한 결과였다. 그래서 그들은 전란이나 정변 및 농민봉기 때 단체로 동원되었다. 특히 19세기 말 개화파와 보수파가 경쟁할 때 보수파에 매수되어 개화파 공격의 앞잡이로 이용되었고, 동학농민운동 때에도 농민군 토벌에 동원되었다. 이런 점을 알고 있는 정부는 지방군 지휘관으로 하여금 보부상 조직을 장악하게 했다.

예를 들면 김희순이라는 사람이 1890년 7월에 나주영장으로 부임해 왔다. 나주영장이란 나주, 광주, 능주, 영암, 무장, 영광, 함평, 무안, 남평, 화순 지역을 관할하는 군 지휘관이다. 무슨 일을 했는지 알 수는 없지만, 그해 11월에 궁궐을 지키는 내금장을 제수 받아 서울로 올라갔다. 이듬해 1891년 5월에 보부상들이 나주에 「영장 겸 부상반수 김희순 영세불망비(營將 兼 負商班首 金熙淳 永世不忘碑)」를 세웠다. 영장으로 있을 때 '부상반수'를 겸했음을 알 수 있다. '반수'란 조직의 우두머리이다. 김희순이 비록 형식적이지만 보부상 우두머리가 되어 그 조직을 지휘하였음에 분명하다. 불망비를 세운 사람으로 전·현 접장(接長) 국민환(鞠敏煥)·서선익(徐宣翼), 전·현 반수(班首) 정준민(鄭俊珉)·나시채(羅時彩), 공사장(公事長) 조학승(曹學承), 반수공원(班首公員) 김순철(金順喆), 본방공원(本房公員) 이영만(李永萬), 도집사(都執事) 배수봉(裵秀奉) 등 8인이 보인다. 이들은 나주 지역을 기반으로 하는 보부상 조직의 간부일 것이다. 이 비가 본래 어디에 설립되었는지는 확인되지 않지만, 현재 나주시 영강동 주민자치센터 마당에 있다.

보부상 단체는 군현 단위, 도 단위로 조직되었다. 보성군 겸백면 은덕리 갈마산 기슭에는 「부상 공사장 김찬영 구휼비(負商 公事長 金贊永 救恤碑)」가 서 있다. 부상의 공사장이란 직책을 맡았던 김찬영이 동료들을 구휼한 것을 기린 것이다. 비석 설립 시기는 1907년이다. 세운 사람은 공사장을 맡고

부상 김찬영 구휼비(보성)

있는 정달명(鄭達鳴)과 이동순(李東順), 별유사를 맡고 있는 최형권(崔亨權)과 송춘기(宋春基)였다. 이 부상 단체가 군 단위인지 아니면, 몇 개 군을 아우르는 지역 단위인지에 대해서는 알 수 없다. 한 순창 사람이 1903년에 관아에 낸 소장 가운데 '순남양읍장시접장(淳南兩邑場市接長)'이란 말이 있다. 순창과 남원 두 군 장시의 접장이란 뜻이니, 두 지역을 아우르는 보부상단이 있었음을 알 수 있다.

전라도 보부상은 좌도 단체와 우도 단체로도 조직되어 있었다. 『고흥군 고문서』를 보면, 1893년에 고흥 출신의 신상규(申相圭)라는 사람이 '전라좌도 보상 도접장(全羅左道 袱商 都接長)'에 임명되었다. 전라좌도 보상 조직의 최고 책임자가 되었다는 말이다. 전라도 보부상에 관한 자료가 매우 영세하여 이 이상을 알 수 없어 아쉽기만 하다.

부상 간부 임명장

2) 소매치기, 주머니를 털다

장시는 각종 상품이 모이는 곳이다. 그와 함께 상품을 전문적으로 사고

파는 상인이 많이 모였다. 지인을 만나거나 친지 소식을 듣기 위해 나온 사람도 적지 않았다. 자신의 물건을 다른 물건과 교환하여 생활을 영위해 나가는 일반 농민들이 특히 많았다. 그 가운데는 장시의 인근 마을뿐만 아니라 먼 마을 사람들도 있었다. 그 결과 장시에는 닷새 만에 나오거나 오랜만에 나온 사람이 뒤섞여 있었다. 일제가 1910년대에 전국 장시 가운데 84개를 대상으로 장에 나오는 사람들을 조사해 보니, 한 장시 당 평균 2,171명이었다. 자연스럽게 이들을 상대로 한 영업도 성행할 수밖에 없다. 그래서 시장을 배경으로 사기꾼이나 소매치기가 활개를 치고 있다는 말이 조선시대 내내 끊이지 않았다.

짝퉁을 판 사기꾼 이야기를 하나 해보자. 서울 서쪽에서 태어나 거기에서 자란 서울 토박이 이생(李生)이라는 사람이 있었다. 서울의 어떤 장사치도 자신을 속일 수 없다고 자부하는 사람이었다. 하루는 서문 시장을 지나가는데, 한 아이와 중늙은이가 물건 값을 서로 다투고 있었다. 물건을 사려고 하는 중늙은이는 아이가 훔쳐온 것이니 10푼이면 충분하다고 하고, 팔려고 하는 아이는 그렇지 않다고 심한 욕지거리를 해대며 싸우고 있었다. 이생이 물건을 보니 틀림없는 대모(玳瑁)였다. 유리처럼 맑고, 순금처럼 빛이 나고, 독수리 부리처럼 단단하고, 닭 눈깔처럼 동그랗고, 고리 위에 검은 꽃무늬 둘이 영락없이 제 자리에 박혀 있었다. 각종 공예품 제작에 긴요한 것이어서, 사정해서 12푼에 그것을 샀다. 돌아오는 길에 바로 그것을 갓끈을 파는 권자전(圈子廛) 주인에게 보였더니 염소뿔이라는 것이었다. 수치스럽게 여긴 나머지 몰래 뒤를 밟아 가보니, 아까 그 아이는 중늙은이의 아들이었고, 그 중늙은이는 장판에서 위조 물건 판매를 업으로 하는 자였다. 아들은 바람을 잡고 아버지는 판매를 하는 '부자 짝퉁 보석 판매단'에 이생이 걸려든 것이었다. 이언진(李彦瑱, 1740~1766)이라는 선비가 "쌀에는 모래 섞고 은에는 구리 섞어, 시골 남녀 감쪽같이 속여 먹누나"고 읊었듯이, 이런 일은 서울과 지방 가리지 않고 어수룩한 사람을 상대로 도처에서 벌어지고 있었다.

소매치기 이야기 하나 해보자. 서울 칠패 시장에서 남의 자루나 전대에 무엇이 든 것 같으면, 예리한 칼로 째어 빼갔다. 소매치기를 당한 줄 알고 쫓아가면 요리조리 식혜 파는 뒷골목으로 달아나 버렸다. 꼬불꼬불 좁은 골목이었다. 거의 따라가 잡을라치면 대광주리를 짊어진 놈이 불쑥 "광주리 사려!"하고 뛰어나와 길을 막아 버려 더 쫓지를 못하고 말았다. 이런 점 때문에 시장에 들어서는 사람은 돈을 전쟁에 진을 지키듯 하고 물건을 시집가는 여자 몸조심하듯 하지만, 곧잘 속임수에 걸려들었다.

당시 시장이 "장판에는 길가는 사람이 어깨와 등을 부딪치고, 서 있는 사람도 갓을 바로 쓸 수가 없다."고 처럼 북새통이었다. 간사 무리들이 못에 고기가 모이듯, 덤불에 참새가 모이듯 몰려들어 사람을 현혹시키고 주머니를 떨어갔던 것이다.

3) 잡기-재산을 노리다

또한 장시를 무대로 놀고먹는 무리들이 판을 치고 있다는 지적도 끊이지 않았다. 놀고먹는 무리라면 주막, 도박, 공연, 매춘, 중개업 등의 종사자를 말한다. 상품유통이 활발해지면서 장시에 들어서는 주막(酒幕)이 증가했다. 주막은 점(店), 점막(店幕), 주점(酒店)으로도 적혀 있다. 음식이나 술 판매 및 잠자리 제공뿐만 아니라, 상인에게 매점을 제공하거나 직접 상품 판매에 뛰어들기도 했다. 장시 점에서의 숙식과 관련하여 1926년 정읍 사람의 고흥 여행기가 참고 된다. 그는 10월에 집을 출발하여 기차로 장성과 광주를 거쳐 도보로 화순을 지나면서 사평리 시점(市店)에서 숙식을 했다. 그리고 계속 길을 가다 보성 오성장 주점에서 점심을 먹었다. 이런 식으로 여행객은 주점을 이용했다.

주막의 증가는 장시에서 탁주나 소주 등의 술을 팔아 생업을 이어나가는 사람을 많아지게 했다. 특히 의지할 곳 없어 장시에서 술을 파는 홀로된 과부나 할멈이 많다는 사실은 여러 자료에서 쉽게 발견된다. 주막의 증가는 주조용 곡물과 안주용 소고기 수요도 높였다. 특히 술 소비 증가는 곳곳에 양조장을 들어서게 했다. 또한 안주 소비 증가는 농사용 소를 허가 없이 도살하여 판매하는 정육점을 곳곳에 들어서게 했다. 그래서 조선후기에 소의 도살이 유행하자 그것을 우려하는 발언이 잦아졌다. 그 가운데 장시와 점막에서 몰래 도살하는 것을 금지시켜야 한다고 했다. 오늘날 우리가 먹는 국밥도 '장터 국밥'이라고 하여 장터에서 유래했다. 주금(酒禁)과 우금(牛禁)은 송금(松禁)과 함께 정부의 주요한 단속 사항인데, 그것이 장시 때문에 밑바닥에서부터 무너지고 있었다.

그리고 투전(投錢)이나 골패(骨牌) 등의 도박도 장시에서 성행했다. 잡기에 빠져 농사와 가족을 등한시 하고 가산을 탕진하는 일도 잦았다. 1838년에 해남 청계면(현재 계곡면)에 거주하는 조여사 아들이 소를 매입하고자 영암의 쌍교장(현재 해남 옥천면)에 갔다가 김상록이라는 자와 함께 잡기를 하여 76냥이나 빚을 지고 말았다. 도박과 함께 장시에서 '짝퉁 상품'이 거래되고, 소매치기나 사기꾼 등도 성했다.

장시에는 매춘부들도 많았다. 떠돌아다니는 유녀(遊女), 순회공연을 하는 사당(舍堂)들이 그러했다. 술집 여종업원인 작부(酌婦)도 매춘을 했다. 특히 싸구려 예능과 술과 몸을 파는 작부는 돈 있는 사람들이 드나드는 장시, 조창, 포구, 역원 등지에서 성행했다. 조창 중에서 호남 미곡을 운송하여 전국 최대 규모를 자랑한 법성창(法聖倉)은 이른바 작부들이 득실거렸다. 김려(金鑢, 1766~1812)가 청송에서 묵으면서 들은 주인집 아낙네의 푸념에 의하면, 어부인 남편이 봄에 준치[鰣魚] 팔고 얼른 오겠다는 언약을 하고 칠산바다로 떠났다. 그런데 가을이 다가도록 남편은 편지 한 장 없이 깜깜 무소식이었다. 마침 만난 법성포 뱃사공이 그곳에서 남편이 현지 여자와 살림을 차렸다고 전해주었다. 부인은 말끝마다 아양떨며 남의 사랑을 홀려내고 사내의 주머니를 훔쳐내는 법성포의 계집을 원망했다. 그러면서 돈주머니 거덜 나면 정도 끝날 것이고 그러면 망령된 남편의 마음 또한 고쳐질 것이라는 희망을 가졌다

음주와 잡기로 장시에서 소란이 끊이지 않았다. 이는 장시 개설 때 이미 예견된 것이었다. 가령, 1487년(성종 18)에 전라감사 김종직이 본도에 도둑이 다른 도에 비해 심한 것은 장시가 있기 때문이라면서, 도둑이 얻은 장물을 장시에 팔기 때문에 수색하여 잡기 어렵다고 했다. 그래서 합법화 이후에는 믿을 만한 군관(軍官)을 장시에 보내서 서로 다투어 싸우거나 폐단을 일으키는 무리는 단속해야 한다는 점이 수령 지침서에 어김없이 등장했다. 어떤 수령은 투전하다 발각되면 곤장 80대를 친다는 방을 각 장터와 거리에 붙였다.

4) 장꾼-장타령으로 홍보하다

장꾼이란 장 상인을 말한다. 장꾼들도 조직이 있었다. 요즘 '시장 상인회' 또는 '상가 번영회' 같은 것이다. 그들은 정월이나 길일을 택해 장 번영을 위해 손님을 끌어 모으는 방안을 강구했다. 그 방안으로 대형 공연이 기획되었다. '난장(亂場)'이라 하여 3~5일 동안 장터 안의 어디서든 도박을

허용하고, 갖가지 공연을 하고, 향토음식을 판매했다. 이 행사로 엄청난 사람이 모여 주막 매상과 상거래 행위가 활발해졌다. 경기도 광주 송파장 상인들은 「산대놀이」라는 탈놀이를 공연했다. 이런 일은 전라도 장터에서도 일어났다. 법성 단오제가 그것이다. 법성은 굴비가 생산되고, 장시가 열리고, 수군진과 조창이 있는 포구이다. 그곳 상인들은 단오날 축제를 열어 사람을 모은 후 갓 출하한 굴비와 서울에서 가지고 온 '신상품'을 선보였다.

장꾼들은 상업 노동요이자 홍보용 노래인 장타령을 불렀다. 장타령은 여러 형태로 구성되었다. 하나는 특정 고을을 중심으로 장시와 특징을 소개하는 것이다. 예를 들면 「여수 장타령」이 있는데, 다음과 같다.

> 얼시고나 절시고
> 장으로 장으로 넘어간다
> 쭉늘어졌다 나지개장
> 낮아서도 못보고
> 휘칭휘칭 갱긴장
> 닷줄이 잘라 못 보고
> 뺑뺑 돌았다 돌산장
> 어지러워서 못 보고
> 뚝닥뚝닥 석보장
> 뺨 맞느라고 못 보고
> 구경 좋은 여수장
> 부인네장이라 못 보고

여수에 있는 나지장, 돌산장, 석보장, 여수장을 나열하면서 소개하고 그 특징을 자랑하고 있다.

장타령의 또 하나의 형태로 특정 도를 중심으로 유명한 장시를 소개하거나 대표적인 전포를 소개하는 것이다. 1929년 4월 1일자 『별건곤』에 실린 「팔도장타령」 속의 「전라도 장타령」을 들면 다음과 같다.

제미 O터 潭陽장 쌍놈이 만어 못보고
아이고 대고 谷城장 喪布가 만어 못보고
방구통탕 求禮장 냄새나서 못보고
이천 저천 順天장 개천 만어 못보고
배불넛다 高敞장 숨이차서 못보고
다 죽엇다 南原장 春香이 그려 못보고
벌거버슨 筏橋장 阿片장이 만어 못보고
옹용종용 和順장 장꾼이 업서 못본다.
全州장꾼 逃亡꾼 망건 팔어 술 사먹고
務安장꾼 無顔해 木浦 항구로 도라든다.
濟州 천리 삼천리 제주말이 제격이요
金堤 萬項 沃野뜰 쌀장사가 제격이라.
이름이 조와서 羅州장 冊床盤에도 소라장식
갈재(蘆嶺) 넘어 黃龍장 千里長城이 거기로다.
靈光굴비 靈巖梳는 펴랑이 장꾼이 단골이요
光州참외 光陽김(海苔)은 漢陽郎君의 선물이라.
이장 저장 다 보와도 井邑장이 정장이다.
지리구 지리구 잘한다 품바 품바 잘한다.

여기에는 담양장, 곡성장, 구례장, 순천장, 고창장, 남원장, 벌교장, 화순장, 나주장, 황룡장, 정읍장 등 도내 대표적 장시가 소개되어 있다. 그리고 장마다의 대표 상품도 나열되어 있다. 전주의 망건, 김제·만경의 쌀, 나주의 소반, 영광의 굴비, 영암의 참빗, 광주의 참외, 광양의 김 등이 그것이다. 따라서 장타령은 장 자체의 홍보뿐만 아니라 상품의 광고 노래 역할을 했던 것이다.

5) 각설이-품바로 구걸하다

전라도는 사당패가 많았던 곳으로 유명하다. 사당패는 돌아다니며 줄타기나 접시돌리기 등의 기예를 뽐내고 노래를 부르는 집단이다. '유랑 연예인' 쯤으로 보면 된다. 신재효본 「박타령」 중 놀부의 세 번째 박에서 나온이가 말했다.

> "소사(小寺) 문안이요. 소사 문안이요. 소사 등은 경기 안성 청룡사와 영남 하동 목골이며, 전라도라 의론하면 함열의 성불암, 창평의 대주암, 담양, 순창, 정읍, 동복, 함평의 월량사, 여기 저기 있삽다가, 근래 흉년 살 수 없어 강남으로 갔삽더니"

사당패들이 전라도의 함열, 창평, 담양, 순창, 정읍, 동복, 함평 등지를다녔다는 말이다. 사찰에 둥지를 틀고 있다가, 마을이나 부잣집 및 장터에 나가 공연을 하여 먹고 살았던 것이다.

사당패보다 규모가 작고 간단한 춤과 노래만 부르는 공연단으로 각설이패가 있다. 각설이는 허균이 지은 「장생전」에도 나온다. 한양 땅에서 노래와 춤과 해학으로 각설이 타령을 하면 사람들이 술과 곡식을 내어주었다고한다. 신재효 본 『박흥보가』에 전라도 각설이패가 나온다. 각설이패 가운데 중앙 머리털을 밀고 그 자리를 쪽박 엎어 놓은 것처럼 분장한 한 사람이장타령을 시작한다.

> "떠르르 돌아왔소. 각설이라 멱설이라 동설이를 짊어지고 똘똘몰아 장타령"

목을 풀더니 도내 여러 장들을 타령으로 열거한다.

"흰 오얏꽃 옥과장, 누런 버들 김제장, 부창부수 화순장, 시화연풍 낙안장, 쑥 솟았다 고산장, 철철 흘러 장수장, 삼도 도회 금산장, 일생 춘향 남원장, 십리 오리 장성장, 애고애고 곡성장"

이어서 장 안에 있는 여러 전을 타령으로 열거한다.

"누리누리 황육전, 풀풀 뛰는 생선전, 울긋불긋 황화전, 팟뀌팟뀌 담배전, 얼걱덜걱 옹기전, 딸각딸각 나막신전"

그러면 그 옆에는 있는 한 사람은 두 다리를 벌리고 허리짓 고개짓을 하며 살만 남은 헌 부채로 탁탁 치며 "잘 한다", "기운차게 잘도 한다", "미끈미끈 잘 나온다", "너 못하면 내가 하마" 하며 흥을 돋운다. 소리가 한참 진행 중일 때 나머지 또 한 사람이 바가지를 내밀며 동냥관람료을 요구한다. 이렇게 3인 이상이 각설이패 한 패가 되어 장을 돌아다니며 공연을 했던 것이다.

최소 3인 1조의 각설이패가 장을 돌아다니며 공연했다. 장에는 각설이패 한 패만 있었던 것이 아니다. "장꾼은 하나인데 풍각쟁이는 열둘이라"는 말처럼, 손님보다 각설이가 더 많은 경우도 있었다. 그들은 그저 공연으로 동냥을 얻는 존재가 아니었다. 물건을 팔기 위해 손님을 끌어 모으는 역할을 했다.

장타령을 걸인의 허튼 수작으로만 여기면 무식한 짓이다. 장타령이란 원래 각도 시장타령이니 짧은 구절일망정 지방의 특산물, 인정, 풍속의 특수한 점이 나타나 있어 음미할 것이 없지 않은 것이다. 1백년 전에 한 잡지기고자가 한 말이다.

「전라도 장타령」에 나와 있듯이, 각설이패가 장타령 끝자락에서 "지리구 지리구 잘한다, 품바품바 잘한다"고 한다. 각설이는 타령 시작부에서도 품바를 외친다. 그래서 "지나가든 '장타령 패'가 문깐에 서서 품파품파 입장단 치며 되는 소리 안되는 소리 함부로 짓거리는 걸 만평(漫評)이라고" 했다. 노래를 부르는 동안 소리꾼이건 동료이건 간에 '품바' 소리를 내어 흥을 돋구고 장단을 맞췄던 것이다.

무안 천사촌의 한 총각 각설이는 전남 일대를 떠돌다가 1965년 가을 해남장터에서 구걸하러 다니던 여자를 보았다. 함께 가기를 청해서 패거리에 끼워 주었고, 얼마 뒤에 두 사람은 정이 들어 부부의 인연을 맺었다. 결혼식은 따로 없었다. 식을 못 가졌음이 마음에 걸려서 증명사진을 몽타즈해서 만든 결혼식 사진을 방에 걸어 두었다고 한다. 최후의 각설이였던지, 그의 사후 한 동안 각설이는 맥이 끊겼다. 그러다가 김시라에 의해 1980년 5·18 이후 '품바'로 재탄생하여 각광을 받았고, 2006년에는 품바의 맥을 잇기 위해 무안에 '각설이품바보존회'가 창립되었다.

역사 속으로 한 걸음 더

호남 의병의 애국심

일제는 호남의병을 전멸시키기 위해 두 가지 방법을 세웠다. 하나는 보부상을 이용하여 진압하는 방법이고, 다른 하나는 대규모 군사작전을 감행하는 것이었다. 이 가운데 보부상을 이용하려는 계획은 1909년 7월 27일자 『대한매일신보』에 실려 있다. 그에 의하면, 보부상의 세력을 이용하여 의병을 진압할 계획은 이토 히로부미로부터 나왔고, 그에 따라 이윤용이 보부상과 교섭한 결과 성사되어 우리 정부에서는 경비 20만 원을 지원하기로 하였다. 그러나 이 계획은 성사 직전에 호남 보부상들의 반대에 부딪히고 말았다. 8월 22일자 『대한매일신보』에 의하면, 보부상들은 처연히 눈물을 흘리고 분주히 서로 말하며 의연한 마음으로 서로 모여 맹세하였다.

"저들의 압박과 핍박이 아무리 강할지라도, 우리 부상(負商)들은 죽을지언정 복종하지 말자"

"만일 호남의 부상들이 저 마귀의 유인에 미혹되어 넘어가면, 호남의 명예가 망하며 부상의 이력을 더럽힐뿐더러 또 국가에는 화만 끼치게 될 것이다."

보부상들은 첫째는 호남을 위하여, 둘째는 부상들을 위하여, 셋째는 국가를 위하여 단호하게 거절하였다. 이리하여 의병을 진압하는 데에 돈을 주고 보부상을 투입하려는 일제와 친일세력의 계획은 수포로 돌아가고 말았다. 이제 일제는 대규모 군사력을 동원하여 호남의병의 진압에 나섰다.

4장

항해의 달인으로
어업을 발달시키다

4장
항해의 달인으로 어업을 발달시키다

다른 도와는 달리 서해와 남해 두 바다를 끼고 있어 전라도 사람들은 배 만드는 기술이 뛰어났고, 거북선 같은 특수선을 개발하여 전쟁에 임했다. 항해술이 뛰어나 먼 바다까지 나가 독도를 발견하기도 했다. 잦은 항해로 표류한 적도 있었지만, 개방적인 삶을 영위했다. 배 닿는 포구가 많아 전라도 사람들은 국제교역과 국내 상업활동에 종사했고, 무사항해를 기원하기 위해 해신제를 열어 공연예술을 선보였다. 넓은 갯벌은 수산물의 보고여서 전라도 사람들은 어망이나 어살을 사용하여 조기, 청어, 고등어, 홍어 등을 잡았다. 조기를 소금에 절여 만든 굴비, 삭힌 홍어, 양식에 성공한 꼬막과 김은 전라도를 상징하는 음식문화가 되었다. 또한 소금을 구워 팔거나 세금으로 냈고, 20세기 이후부터는 염전에서 천일염을 생산해오고 있다. 어촌 사람들은 어촌계를 조직하여 공동체 생활을 영위했지만, 개항 이후 이주해 온 일본인에 의해 수탈을 당할 수밖에 없었다.

1. 선원, 항해의 달인

호남의 상선(商船)은 그 이익이 매우 많으나 영남은 도내의 행상(行商)에 지나지 않고, 영남 연해는 단지 동해의 소산뿐이므로 이익이 호남만 같지 못합니다. 《『영조실록』 27년 2월 9일〉

위 기사는 선세 액수를 정하는 과정에서 암행어사로 유명한 박문수가 한 말입니다. 경상도 상선은 도내 행상에 그쳐 이익이 적지만, 전라도 상선은 자기 지역을 떠나 타도에까지 미쳐 이익이 많다는 것입니다. 왜 이런 결과가 나타났을까요? 그것은 전라도 사람들의 배를 만드는 기술과 다루는 솜씨가 뛰어나서 그럴 것입니다. 자연히 도내에 뱃사람과 포구가 많았을 것이고, 잦은 해난사고도 겪었을 것 같습니다.

1) 조선업-거북선 만들다

선박은 철도의 등장 때까지 우리 인류의 대표적인 운송수단이었다. 배 모양의 선사시대 토기가 여러 곳에서 발견된 것으로 보아, 우리 민족은 일찍부터 배를 만들어 항해했음을 알 수 있다. 생활 터전의 3면이 바다로 둘러싸여 있어 활발한 해상활동을 전개하며 살아왔기 때문이다.

우리나라에서 전라도는 백제·통일신라 때부터 조선업으로 유명한 곳이다. 백제 때 일본을 왕래하던 선박, 신라 말기 때 중국을 왕래하던 선박은 전라도 사람이 만든 것이 많았을 것이다. 왕건과 견훤이 후삼국을 통일하기 위해 해상전투를 펼칠 때 투입되었던 전함도 전라도 것이었음에 분명하다.

한국 선박사에서 고려선(船)은 발굴선과 사료의 부족으로 역사 속에 가려진 존재였다. 고려 때 구리로 만든 거울의 뒷면에 조각되어 있는 바다를 항해하는 배도 고려 것인지 중국 것인지 불분명한 상태다. 그러다가 1984년 완도군 약산면 어두리 앞바다에서 고선박이 발굴되었다. '완도선'으로 명명된 이 배는 고려 문종 때 11세기 초에 해남군 산이면 진산리 일대의 도요에서 생산된 청자 3만여 점을 싣고 남해안을 따라 동쪽으로 항해하다 침몰되었다. 완도선 이후 최근까지 10척의 고려선이 수중에서 발굴되었다. 이로 인해 우리나라의 독자적인 조선술은 11세기 이전에 생겨나 이후 점차 개량·발전되어 한선의 조선술로 정착되었음이 밝혀지게 되었다.

그런데 우리나라에서 수중 발굴된 배는 대부분 전남에서 발굴되었거나 전남에서 출발한 것이다. 예를 들면, '마도 1호선'은 장흥, 해남, 나주에서 거둔 곡물과 식재료를 싣고 전남에서 출발하여 개경을 향한 배였다. 이렇게 보면, 전라도에서 만든 배가 우리나라 배의 기본이 되었음을 알 수 있다. 당연히 고려 정부에서 전라도에 많은 배를 주문할 수밖에 없었다. 가령, 1274년 여·몽연합군의 제1차 일본 원정 때 부안 변산과 장흥 천관산에서 목재를 베어 1월부터 5월까지 큰 배와 작은 배 합계 900척을 건조하여 투입했다. 1281년 제2차 원정 때에는 경상·전라도에서 만든 900척을 동원했는데, 이때 태풍으로 중국 배는 대부분 파손되었지만 고려 배는 튼튼하여 온존했다고 한다.

조선초기에는 중앙정부에서 사용하는 조운선이나 군선을 전라도에 가장 많이 배정하여 상납하도록 했다. 예를 들면, 1460년(세조 6) 전라도에서 조선 기술자 100명과 목수 200명을 징발하여 목재가 풍부한 변산과 완도에서 조운선 104척을 건조해서 경기·충청·전라도에 할당한 적이 있다. 1417~1425년에 나주 영산창에서 세곡을 싣고 출발하여 서울로 가다 태안

완도선(국립해양유물전시관). 길이 9m, 너비 3.5m. 11세기에 해남에서
청자를 싣고 여수 쪽으로 가다 완도군 약산도 앞바다에서 좌초되었다.

반도에서 좌초된 '마도 4호선'은 속력을 늘리기 위해 이전 배와는 다른 세
부구조와 건조방식을 보인다. 병자호란 직후 쌀을 운반할 배를 각 도에 배
정했는데, 전라도는 가장 많은 68척을 배정 받았다. 한 척당 뱃사람 16명이
딸렸으니, 전라도 사람 1천 88명이 동원될 수밖에 없었다. 후기에는 서울
의 상인들이 호남에 내려와 상선을 건조하여 가지고 올라가기도 하였다.

왜 그러했을까? 우선, 전라도 사람들의 선박 건조 기술이 뛰어났기 때문
에 그러했다. 15세기 성종 때 나주 출신 신숙주는 왜선보다 빠른 신형 병선
을 건조했다. 16세기 선조 때 전라 좌수영(현재 여수)에서 거북선을 건조
하여 임진왜란을 승리로 이끌었던 것은 다 전라도 장인의 뛰어난 조선 기
술에서 비롯되었다. 신형 선박 건조는 계속 이어졌다. 17세기 광해군 때
우수영(현재 해남)에서 임금이 탈 용선(龍船)을 건조했다. 우수사 바로 아
래의 우후가 바람이 찬 겨울 날씨에도 불구하고 한강까지 잘 끌고 갔다.

한강 나루에 와서 배를 점검한 관리는 기분이 좋았는지 다음과 같이 임금에게 보고했다.

> "배의 제작이 극히 정교하고 치밀할 뿐만 아니라 좌우 방사(房舍)와 각종 집기도 모두 정밀했습니다. 여타 배보다 제도가 훨씬 뛰어나 어좌(御坐)에 아주 적합합니다."

『목민심서』(정약용). 이민수의 차륜선이 소개되어 있다.

이 무렵 임진왜란 직전에 전라 좌수영에서 거북선 건조 책임을 맡았고, 전쟁 중에는 거북선을 직접 몰았던 나주 출신 나대용은 창선, 해추선 등의 괘속선을 만들었다. 18세기 영조 때에 좌수영 사람들은 해골선이란 특수선을 건조했다.

19세기 초 순조 때 이순신의 후손 이민수(李民秀)가 해남 우수사가 되었을 때 차륜선(車輪船)을 새로이 건조하여 비변사에 보내고 각 도에 그 견본을 배포할 것을 청하였으나 그대로 되지 않았다. 그런 이민수에 대해 정약용이 멋지게 평가했다.

> "이민수는 그의 조부 충무공 이순신이 거북선을 창조하여 외적을 방어하였으니, 가히 충무공을 계승한 손자라고 이를 만하다."

이민수의 차륜선은 서울 한강에 전시되었다. 이규경이 그 배를 용산 강가에서 보았는데 좌우에 두 개의 바퀴가 있고 그 바퀴는 단지 물을 돌려 배를 나가게 했다. 그 배를 사람들은 새처럼 날아 쏜살같이 가기 때문에 '비선(飛船)'이라 불렀다. 이상의 배들은 적어도 19세기 끝자락까지 있었던 것으로 보인다. 매천 황현이 여수에서 거북선을 보고 읊은 시가 있기 때문이다. 이처럼 전라도 사람들은 선박에 대해 깊이 연구했는데, 그와 관련하여 강진 출신 실학자 이강회(李綱會, 1789~?)를 빼놓을 수 없다. 그는 표류한 배의 구조와 모양, 뱃사람의 복장, 배 운용 방법 등을 상세히 기록하였다.

또 배를 건조하는 데에 필요한 소나무가 이 지역에 많았던 점도 조선업이 발달하게 된 원인이었다. 강진 관내의 고금·조약·신지·청산 4도 주민들은 수영에서 명한 전선 건조 때문에 고통을 호소한 바도 있었다. 특히 변산과 완도는 바닷가에 아름드리 소나무가 울창하게 조성되어 있어 우리나라 최대 선박 건조장이었다.

또한 호남 사람들은 배 다루는 기술도 뛰어났다. 임진왜란 때에 이순신이 서남해안에서 승리를 거둘 수 있었던 것은 모두 이러한 연유에서였다. 그러하다 보니 배를 소유하고 있는 사람들이 많았다. 그래서 굳이 선박을 소유하지 않고서도 임대를 하여 어로나 상업에 나서는 사람들이 있었다.

2) 항해술-독도 발견하다

전라도는 조선술과 함께 항해술이 발달한 곳으로도 유명하다. 전라도 사람들의 배 다루는 기술이 뛰어났다는 말이다. 통일신라 때 대당 유학생들이 출입하였던 곳도 서남해안이었다. 그리고 나말여초 새로운 사상인 선종도 선승들에 의해 이 지역을 통하여 유입되었다. 선진문화가 가장 먼저 도착한 곳이 서남해안이었다. 견훤과 왕건이 마지막까지 다투었던 곳도 나주지역이었는데, 그것은 해상로를 장악하기 위한 데에 있었다. 이를 바탕으로 장보고는 완도에 청해진을 설치하고서 한중일 해상무역을 장악하였다.

송나라 사람 서긍이 고려에 올 때 흑산도와 선유도를 거쳐 벽란도로 들어갔다. 당연히 그때 전라도 사람들의 항해 견문이 넓어졌을 것이다. 전라도 사람들이 일본 정벌과 쓰시마 정벌에 동원되고, 왜구 토벌에 나선 것도 다 항해술 때문이었다. 조선시대에 들어오면, 전라도 상선은 본토를 떠나 멀리 동해와 서해까지 진출했지만, 경상도 상선은 도내 행상에 불과할 정도였다고 한다. 1664년에 흥양현(현재 고흥군) 백성 모주복(毛注福) 등 19명이 배를 타고 경상도 영해부(현재 영덕군)로 교역을 하러 가다가 태풍을 만나 일본으로 표류한 적이 있었다. 전라도 뱃사람의 원양 항해 사례이다.

원양 항해에 뛰어난 전라도 사람들은 멀리 울릉도와 독도까지 갔다. 경상도 출신 안용복이 고기잡이하러 울릉도를 가면서 3척의 배로 갔는데, 한 척은 17명이 승선한 전라도 순천 배였다. 외교분쟁이 발생하여 일본에 항의하러 갈 때에도 전라도 사람들과 함께 갔는데, 11명 가운데 6명이 순천·낙안 출신이었다. 강진 사람들이 홍합 채취를 위해 울릉도까지 다녔다는 기록도 있다. 그래서 이규경이 말했다.

> "(울릉도에) 왜인뿐만 아니라, 호남 연해에 사는 사람들도 몰래 이곳에 들어와 주거하면서 소나무를 벌채하여 배를 만들며, 갈대와 대나무를 베어 전복이나 미역을 채취하고 고기를 잡는 것을 가끔 들어가서 수색한다."

이런 상황에서 이규원이 울릉도 검찰사로 임명되어 1882년에 섬에 들어갔다. 가서 140명을 면담했는데, 전라도 사람이 가장 많은 115명이나 되었다. 흥양 거문도(현재 여수시)와 낙안 사람들이 대부분이었다. 낙안이란 벌교 사람을 말할 것이다. 선박을 건조하기 위해 팀을 짜서 와서 부산물로

『검찰일기』(이규원). 울릉도를 갔더니 전라도 사람이 많다고 적혀 있다.

미역 등의 해산물도 채취하고 있었다. 최근에 온 사람도 있었으나 이전에 들어와 삶을 터전을 닦아놓은 사람도 있었다. 그의 『검찰일기』에 나와 있는 내용이다. 그런데 거문도 사람이 94명으로 압도적으로 많았다. 그들이 안방 드나들 듯이 울릉도를 다녔음을 알 수 있다. 그래서 그런지 거문도의 「술비 소리」란 노동요에 울릉도가 나온다.

간다 간다 나는 간다
울릉도로 나는 간다
인제 가면 언제 오나
오래도록 기다리소

동학농민운동 때에는 토벌을 피해 전라도 사람들이 들어 왔다고 한다. 이런저런 이유로 전라도 이주민은 계속 이어졌다. 그러자 정부는 울릉도를 평해군에서 독립시켜 울도군(나중에 울릉군으로 개칭)으로 삼았다. 울릉도 개척을 전라도 사람들이 도맡고 있었던 것이다.

전라도 사람들이 많이 이주해오자, 울릉도에는 전라도 방식 이름이 여러 곳에 생기게 되었다. 그 가운데 하나가 울릉도의 속도인 독도 이름이다. '독도'라는 말이 전라도 방언인 '돌섬'이나 '독섬'에서 유래한다고 한다. '돌섬'이나 '독섬'을 한자로 표기하면 '석도(石島)'가 되는데, 1900년 대한제국

칙령에 그렇게 기록되어 있다. 그런데 음을 빌어서 적으면 '독도(獨島)'가 되는데, 당시 울릉도 사람들은 이 두 이름을 함께 사용하고 있었다. 따라서 일찍이 울릉도에 진출하여 활발한 활동을 하고 있던 전라도 사람들이 사용한 명칭이 오늘날 독도라는 이름으로 정해진 것이다.

3) 표류-표해록을 남기다

전라도 군현 가운데 읍내 코앞에 포구가 있는 곳이 많아 전라도 사람들은 이 고을에서 저 고을을 갈 때 배로 빠르게 이동했다. 섬이 전국에서 많아 섬과 섬, 섬과 육지를 오가는 선박 운항도 잦았다. 또한 전라도 선원들은 원양 항해에 능해 자주 먼 바다를 나갔다. 동쪽으로 경상도를 돌아 강원·함경도까지, 서쪽으로 충청도를 돌아 경기·평안도까지 항해했다. 제주도는 나주·영암·해남·강진·장흥 선원들이 주로 다녔기 때문에, 타지역 사람들은 나주 등지의 배를 타고 제주도를 왕래했다.

먼 바다를 자주 다닌 만큼 표류도 가장 많이 경험했다. 1599년부터 1888년까지 조선인이 일본에 표착했던 사례를 정리한 연구에 의하면, 전라도 사람이 전국에서 가장 많이 표류했다. 일본과 가까운 경상도보다 더 많았다. 그 이유는 해류 영향도 있었지만 전라도 사람들의 해양활동이 더 활발했다는 데에 있었다.

그 가운데에는 일본에 표착하여 나가사키에서 독일 의사 지볼트를 만난 사람, 오키나와에 표착하여 중국 베이징을 거쳐 집으로 돌아온 사람, 경주에서 천불상을 제작하여 해남 대흥사로 가지고 오다 일본으로 표류하여 돌아온 사람 등이 있다. 필리핀, 베트남까지 갔다 온 사람도 있다. 가족단위로 표류한 경우도 있다. 1877년 10월 14일, 일본 나가사키에 강진 남포 사람들 18명이 탄 배 한 척이 표착했다. 모두 여섯 가족으로 이뤄진 사람들이었다. ①김충신과 그의 처와 아들 둘과 딸 둘, ②김우인과 그의 아들 하나, ③신석호와 그의 어머니, ④장문서와 그의 처와 아들, ⑤문범안과 그의 어머니, ⑥이순행과 그의 한 아들이 그들이다. 무슨 사연으로 표류하게 되었는지에 대해서는 자세히 알 수 없다. 아마 기근 때 먹거리를 찾아 나섰다가 사고를 당한 것 같다.

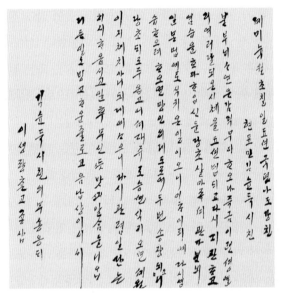

강진 사람이 일본으로 표류하였다는 한글 편지

그렇기 때문에 전라도 사람들이 남긴 표해록(漂海錄)도 많이 남아 있다. 표해록이란 표류 과정을 기록한 글이다. 그 가운데 표해록을 남겼지만 안타깝게 전하지 않는 사람이 있다. 강진 사람 마진문(馬振文)이라는 사람이 제주를 가다가 표류되어 일본에 들어가게 되었다. 초당처사라고 했으니 제

『표해록』(최부)

법 글공부는 했는가 보다. 그래서 일본 사람들과 많은 글을 주고받았다. 말로 대화를 한 것이 아니라, 필담(筆談)이라고 하여 글로 의사소통을 한 것이다. 그런 학식 때문에 간 곳마다 예의로써 극진한 대접을 받고 돌아왔다. 그 사실을 그의 손자 마만원(馬萬源)이 「초당처사마공표해록(草堂處士馬公漂海錄)」이라는 이름의 글로 완성했다. 그리고서는 강진 출신 김영근에게 머리말을 부탁하여 1923년에 받았다. 필자가 사방으로 수소문했지만, 현재 이 표해록의 행방을 찾을 수 없다. 최근 우리나라 표해록의 존재 현황을 정리한 연구에서도 언급된 적이 없다.

표해록 가운데 최고는 나주 출신 금남 최부(崔溥, 1454~1504)의 『표해록』이다. 훈구파는 연산군 때에 두 번의 사화를 일으켜 사림파에게 많은 피해를 입혔다. 이때 최부가 무오사화 때에 단천에 유배되고, 갑자사화 때에 참형을 당하였다. 최부는 김종직 학통을 추종하는 사람으로 문과 급제 후 관료 생활을 하면서 역사서와 지리서 편찬에 참여했다.

1488년, 공무를 띠고 제주도를 갔다가 고향으로 돌아오다가 중국으로 표류하고 말았다. 당시 사람들은 제주도에 들어갈 때에 광주 무등산 신사와 나주 금성산 신사에 제사 지내고, 나올 때에는 제주도 광양·차귀·천외·초춘 신사에 제사 지냈다. 신의 도움을 받아 큰 바다를 안전하게 건너기 위해서였다. 그런데 이번에는 항해 책임자가 큰 소리 치면서 갈 때와 올 때 모두 제사를 지내지 않았다. 그래서 최부는 신을 업신여겨 공경하게 대하지 않아 이런 곤경을 겪게 되었다고 했다. 돌아와서『표해록』을 지어 당시 중국 역사를 연구하는 데에 귀중한 정보를 남겼다. 그리고 중국에서 수차의 제작과 이용법을 배워 와서 소개하여 후일에 충청도 지방의 가뭄 때 보급되기도 했다. 성종 때에 언관으로 있으면서 높은 학문적 식견을 토대로 활발한 활약을 했다. 연산군 때에도 언관으로 있으면서 국왕의 실정을 비판하고 훈구파의 탈법을 공격했고, 그 점으로 인해 무오사화와 갑자사화 때에 화를 당한 것이다. 실록에 적혀 있다.

> "최부는 공정 · 정직하고 경서 · 역사에 능통하여 문사(文詞)가 풍
> 부하였고, 간관(諫官)이 되어서는 아는 일을 말하지 아니함이 없어
> 회피하는 바가 없었다. (중략) 이때 와서 죽임을 당하게 되니 조야
> (朝野)가 모두 애석하게 여겼다."

최부는 윤효정, 유계린, 임우리 등을 가르쳤다. 그의 제자들은 후일에 호남 사림의 주축이 되었다. 윤효정의 아들 윤구는 문과에 급제하여 기묘명현이 되었다. 유계린은 최부의 사위가 되어 김굉필을 사사한 후 아들 유성춘 · 유희춘을 두었다. 그리고 최부의 외손자 나사침은 정여립 사건 때에 희생되었다. 이발의 아버지 이중호도 최부의 학맥을 이은 사람이다.

4) 뱃길-이웃과 소통하다

옛날에 국가 세금이 물길을 통해 중앙으로 바쳐졌고, 다른 지방과 교역하는 운수 수단으로 배를 가장 널리 활용하였다. 우리나라는 산이 많고 들이 적어서 수레가 다니기에 불편했기 때문이다. 그래서 조선후기 실학자들

은 배에 물자를 실어 옮겨 사고팔면 이익이 말이나 수레보다 더 좋다고 이구동성으로 말했다. 따라서 바닷길과 강길이 오늘날의 고속도로나 철도처럼 가장 발달한 교통로로써 문화전파의 루트였다. 이러하였기에 한반도의 서남지방은 동양 삼국의 문화가 해로를 통해 접촉하는 통로였다. 백제의 선진문물이 전라도를 통해 일본으로 전파되고, 신라 말에 중국 선종이 전라도를 통해 들어왔던 연유가 바로 여기에 있다.

이러한 때에 전라도는 수산물과 농산물의 산출이 풍부하고, 천혜의 양항(良港)이 많고, 탁월한 항해·조선술로 인해 일찍부터 해상활동이 활발했다. 전라도 사람들은 배를 많이 소유하고 있었다. 그 배를 이용해 장사를 하고, 고기를 잡았다. 화물과 사람을 운송했다. 친구들과 놀 때도 배타고 놀았다. 법성포 앞바다를 중국 서호(西湖)에 비교하여 서호라고 했는데, 선비들이 그곳에서 뱃놀이 한 사례는 여러 문집에서 확인되고, 아낙네들도 단오날 뱃놀이를 했다.

전라도 선비들은 여행을 갈 때도 배타고 갔다. 영암 구림 사람이 남긴 문집을 보면, 그곳 사람들은 전주나 서울을 갈 때 시종 육로로 가는 것이 아니라, 구림에서 배로 영산포까지 갔다가 그곳에서 내려서 육로로 올라갔다. 내려 올 때도 그러했다. 과거 시험 보러 갈 때에도 배타고 갔다. 담양 출신 김대기는 서울로 과거보러 가면서 옥구까지 걸어가서 거기서 배타고 올라갔다. 지인에게 갈 때도 배타고 갔다. 무안현감 송정순이 배를 타고 와서 매주, 소금, 밴댕이, 주어 등을 유희춘에게 주었다. 임진왜란 개전 초기에 경상도 쪽에서 구원을 요청하자, 그 문제를 논의하기 위해 전라좌수사 이순신이 예하 지휘관을 좌수영(현재 전남 여수시)으로 오라고 명했다. 그러자 모든 지휘관이 신속하게 배를 타고 좌수영에 집합하여 작전회의를 연 바 있다.

육상 교통이 발달하지 못한 시대에 발달한 바닷길 때문에 호남 사람들은 개방적이고, 다양성을 보였다. 그런 성향은 전국에서 가장 돋보였고, 오늘날까지 이어지고 있다. 그 개방성과 다양성으로 인해 국가와 민족이 어려움에 처해 머뭇거리고 있을 때 가장 먼저 앞장서서 그 교착 상태를 타개하는 데에 몸과 마음을 바쳤다. 의병이나 독립운동 및 민주화운동 때 그 빛이 발했던 것은 널리 알려진 사실이다.

이충무공 귀선가

천구가 달을 먹으니 큰 바다가 말라붙고 / 天狗蝕月滄溟竭

만리 멀리 거센 바람에 부상이 꺾이었네 / 罡風萬里扶桑折

문경 새재 주흘산 웅장한 관문이 무너지자 / 主屹雄關已倒地

왜병 십만의 수군이 마구 쳐들어올 제 / 舟師十萬仍豕突

원씨 집 노장은 한낱 고기 자루에 불과하여 / 元家老將一肉袋

외로이 섬에 숨으니 개미 구원도 끊어졌네 / 孤甲棲島蚍蜉絕

국토방위의 중대한 위임 너 나 할 것 없거니 / 封疆重寄無爾我

거룻배를 어찌 진이 월 보듯 할 수 있으랴 / 葦杭詎可秦視越

전라 좌수영 남문을 활짝 열어젖히고 / 左水營南門大開

둥둥둥 북 울리며 거북선을 발진시키니 / 淵淵伐鼓龜船出

거북 같으나 거북 아니요 배 같으나 배도 아니요 / 似龜非龜船非船

판옥은 푹 솟은 데다 큰 물결을 소용돌이쳐대네 / 板屋穹然碾鯨沫

네 발은 수레바퀴처럼 빙글빙글 돌게 하고 / 四足環轉爲車輪

양쪽 옆구리엔 비늘을 펼쳐 창 구멍을 만들고 / 兩肋鱗張作槍穴

스물네 개의 노를 물속에서 춤추듯 저어라 / 二十四棹波底舞

노 젓는 수군은 수면 아래서 앉고 눕고 하였네 / 棹夫坐臥陽侯窟

코로는 검은 연기 내뿜고 눈은 붉게 칠하여 / 鼻射黑烟眼抹丹

펴면 헤엄치는 용 같고 움츠리면 거북 같은데 / 伸如遊龍縮如鼈

왜놈들 하늘만 쳐다보며 통곡하고 애태워라 / 蠻子嗚嗚哭且愁

노량 한산 대첩에서 붉은 피가 넘쳐흘렀지 / 露梁閑山漲紅血

적벽의 소년은 때를 만난 게 요행이었고 / 赤壁少年逢時幸

채석의 서생은 담대한 결단을 과시했지만 / 采石書生誇膽決

누가 바다를 횡행하며 백전을 치르면서 / 孰能橫海經百戰

고래 악어를 베고도 칼날이 여전할 수 있으랴 / 截鯨斬鰐鋩不缺

그로부터 이백 년 이후 지구가 터지고 찢겨 / 二百年來地毬綻

화륜선이 동으로 와서 화염이 태양을 가려라 / 輪舶東行焰韜日
범 같은 놈들이 양 같은 동토를 압박 침략해 / 熨平震土虎入羊
화기가 천지를 뒤흔들며 살기를 발하누나 / 火器掀天殺機發
돌아간 충무공을 다시 살릴 수만 있다면 / 九原可作忠武公
주머니 속에 응당 신묘한 전술이 있을 테니 / 囊底恢奇應有術
새로운 지혜로 거북선 만들어 승리하듯 한다면 / 創智制勝如龜船
왜놈들은 목숨 빌고 양놈들은 사라지련만 / 倭人乞死洋人滅 〈『매천집』〉

2. 포구, 경제와 문화의 중심지

영광 법성포는 바다 조수가 들어오면 바로 앞에 물이 돌아 모여서 호수와 산이 아름답고, 민가가 빗살처럼 촘촘하여 사람들이 작은 서호(西湖)라고 한다. 바다와 가까운 여러 고을은 모두 여기에다 창고를 설치하고 세미를 수납하여 배로 실어 나르는 장소로 한다. 〈『택리지』〉

산과 물이 어우러진 영광 법성포는 경치가 좋아 소동파가 노닐었던 중국 서호(西湖)와 같다고 했습니다. 또한 인근 고을의 세곡을 모아서 서울로 올려 보내는 조창이 법성포에 있었습니다. 서해바다에서 잡히는 조기도 법성포로 반입되어 전국에 팔려나갔습니다. 이와 비슷한 포구가 전라도에는 매우 많아 지역의 유통경제와 예술오락을 이끌었습니다.

1) 상대포·회진-국제항

전라도 지역은 배가 자유롭게 드나들고 풍랑을 막아줄 수 있는 포구가 많았다. 『증보문헌비고』에서는 경상도(171), 전라도(148), 황해도(68), 충청도(56), 경기도(45), 평안도(25), 함경도(21), 강원도(20) 순으로 포구 현황을 기록하고 있다.

전라도 포구에는 상선이나 어선 또는 세곡선이 드나들어 옛날부터 해상교역업이나 운송업이 그 어느 지역보다 발달하였다. 그리하여 해외에까지 알려진 포구가 전라도에는 적지 않게 있었다. 남북국 시대 황해 항로는 연근해 항로, 중부 횡단항로, 남부 사단항로 등 세 개가 있었다. 그 가운데

상대포(영암). 왕인이 이곳에서 배를 타고 일본에 갔다고 한다.

'남부 사단항로'는 영산강 하구의 영암 상대포나 나주 회진 또는 완도 청해
진에서 중국 상하이 부근의 장쑤성이나 저장성을 오가는 뱃길이었다. 이
항로를 통해 유학간 선승이 중국에서 귀국했다. 후백제 사신이 외교 업무
로 중국 오월국에 갈 때에도 이용했다. 청해진은 놔두고 상대포와 회진에
대해서만 알아보자.

영암의 상대포(上台浦)에서 백제 시대에 왕인(王仁)이 배를 타고 일본으
로 가서 학문을 전해주었고, 통일신라 말기에도 당나라로 유학을 가는 학
생과 승려가 이곳에서 배를 타고 떠났다. 조선시대에는 제주를 가는 사람
이나 서울을 가기 위해 영산포로 향하는 사람들도 상대포에서 배를 탔다.
상대포는 경치도 아름다워 찾는 이의 시심(詩心)을 자극했다. 그런데 일제
강점기 때에 영암 출신의 호남 최고 부자인 현준호(玄俊鎬)가 서호면 성재

리와 군서면 양장리 사이에 학파 방조제를 막으면서 상대포는 그만 육지가 되고 말았다. 이때 상대포 바로 옆에 있는 아천포(牙川浦)라는 포구도 간척으로 뱃길이 차단되었다. 아천포는 한석봉의 어머니가 개성에서 이곳으로 내려와 포구 장터에서 떡장사를 하며 아들의 글씨 공부를 뒷바라지 했던 일화가 있는 곳으로도 유명하다.

영산강 하구쯤에 회진현(會津縣)이 있었다. 치소 바로 앞에 회진이라는 포구가 있었다. 탐진현(현재 강진)도 탐진이라는 포구에서 유래한다. 왕건이 견훤을 제치고 나주지역과 서남해를 장악한 후, 중국에 유학하여 선종을 익히고 귀국하는 승려들이 왕건의 도움으로 한반도에 첫발을 내딛은 곳이 회진이었다. 그러한 선승으로 무위사에 주석하다 왕건과 함께 태봉으로 들어가 궁예의 무도함을 지적한 선각대사 형미, 왕건의 왕사가 되거나 그에 준하는 대우를 받은 대경대사 여엄, 법경대사 경유, 진철대사 이엄 등이 찾아지고 있다. 회진은 중국을 상대로 한 동아시아 국제 무역항 정도 되었기 때문에, 이들이 회진을 통해 귀국할 수 있었다. 조선시대에 와서 회진현이 나주목에 통합되어 면으로 전락하면서 회진 포구도 쇠락하고 말았다. 20세기 영산강 직강 공사는 회진 포구의 흔적마저 사라지게 했다.

이처럼 전라도 포구는 선진문물의 도입과 전래 창구 역할을 하였다. 하지만 그런 포구도 이런저런 이유로 오늘날은 흔적도 찾을 수 없다.

2) 법성포·줄포-돈 많은 곳

또한 17~18세기에 유통경제가 발달하면서 포구 또는 포구 배후지에 장시가 들어서자 전라도 포구의 상업은 더욱 활발해졌다. 그리하여 전라도에는 전국적으로 유명한 포구가 많았다. 어떤 포구가 있었는지를 알아보겠다.

첫째, 『택지리』를 보자. 저자 이중환은 전라도는 나주의 영산포, 영광의 법성포, 흥덕의 사진포, 전주의 사탄이 비록 짧은 강이나 모두 조수가 통하므로 장삿배가 모인다고 했다.

둘째, 한글소설 『흥보가』를 보자. 놀보가 동생 흥보에게 형만 처다 보지 말고 나가서 먹을 것을 찾으라고 말하며 흥보를 집 밖으로 내쫓아 버렸다. 빈손으로 처자식들과 함께 쫓겨난 흥보는 오갈 데가 없는 신세가 되었다. 한두 달 지내고 일이 년이 넘은 뒤, 고심 끝에 흥보는 아내에게 이왕 빌어먹을 테면 돈과 곡식이 많은 포구를 찾아가자고 말했다.

> "일 원산, 이 강경, 삼 포주, 사 법성리 · 낙안 부원다리 · 부안 줄
> 내가 좋다네."

함경도 덕원의 원산포, 충청도 은진의 강경포가 큰 포구로 돈이 많다는 말이다. 그리고 전라도 영광의 법성포, 낙안의 벌교포, 부안의 줄포도 전국

법성포(영광). 법성진과 법성창이 있었고 조기가 반입되어 굴비로 가공되는 곳이다.

적으로 유명한 포구라는 말이다. 이 말은 『변강쇠가』에도 나오니, 일반 사람들에게 널리 알려진 사실임에 분명하다.

제주 화물이 도착하는 해남 · 영암 · 강진 · 장흥의 포구에는 송상(松商)이나 서울 시전(市廛)상인들이 왕래하여 번성을 누렸다. 강진 남당포는 제주를 연결하는 물류기지 역

할을 하여 제주를 오고가는 사람·화물이 대부분 이곳을 이용했다.

포구상업이 흥성하자 포구상업의 주도권 및 포구세 징수권을 놓고 관청과 세력가와 선상들 간에 분쟁이 일어나기도 하였다. 그 분쟁을 다룬 진정서가 적지 않게 남아 있다. 제국주의 일본도 전라도 포구에 눈독을 들였다. 일본의 대표적 지질학자인 고토 분지로가 『조선기행록』에서 말했다.

> "강진은 계곡 끝에 있고, 남북 방향의 좁은 내만 가장자리에 있다. 이 내만의 입구는 4개의 섬(완도, 고금도, 신지도, 조약도)이 가로막고 있는데, 내부 수역은 방어가 양호한 항구를 이루어 1894~1895년 청일전쟁 당시 일본 해군의 기지 역할을 했다."

청일전쟁 당시 일본이 강진만을 자국의 해군기지로 삼으려고 했다. 1899년에는 제국주의 일본이 이 지방에 일본인을 침투시키고, 또 이곳의 넉넉한 물산을 수탈하려고 영산강 입구인 목포에 감리서를 설치하기도 하였다. 또 군산에 미곡취인소를 두어 이곳의 쌀을 일본으로 실어 나르는 전초 기지로 삼았다. 일제 36년간 군산항과 목포항을 통하여 식량과 목화가 일본으로 다량 유출되고, 그것을 확보하기 위해 토지 강점이 그 어느 지역보다 심하였다는 것은 널리 알려진 사실이다.

한편, 호남은 유람이나 물산 교역을 위한 육로 교통도 여느 산간 지역과는 달리 상당히 발달하였다고 한다. 따라서 유난히 다리가 많았는데, 특히 동진강에 놓여진 다리와 함평의 학다리(학교), 강진의 까치내 다리(작천교), 벌교의 횡개 다리(홍교)가 유명하였다. 그리고 1910년에 제국주의 일본이 완성시킨 국도는 서울, 전주, 광주, 목포로 이어졌다. 그리고 1914년에 서울과 송정리와 목포를 잇는 호남선 철도가 놓였으며 이어서 전주와 여수를 잇는 전라선과 송정리와 순천을 잇는 광주선이 놓여 교통의 동맥 노릇을 했다.

3) 광대-예술 공연

조선후기에 유통경제가 발달하면서 강가나 바닷가의 포구가 그 중심지 역할을 했다. 자연히 사람이 모이는 포구에는 그들을 대상으로 하는 상업적 공연이 발달하게 되었다. 포구 지역민들의 생업이나 여가와 관련된 공동체적 오락도 있었다. 이리하여 포구는 당시의 대표적인 공연장 역할을 하게 되었다.

순천 출신의 조현범이 지은 『강남악부』에 일찍이 남편을 여의고 해창 (현재 순천 해룡면)이라는 마을에 거주하고 있는 광대 출신의 과부 앵무모의 수절과 그를 둘러싼 유혹과 갈등에 관한 짧은 이야기가 실려 있다. 앵무모는 광대 출신으로 같은 광대 집안에 출가하여 문학걸의 아내가 되었다. 그녀는 세곡을 실어 나르는 해창이 들어서 있고 5일장이 열리는 용두포에서 살았다. 그런데 딸 하나를 낳고 열여섯 살이 되던 해에 남편이 죽고 말았다. 얼마 지나 않아 친정과 시가 부모들이 재혼할 것을 권했다.

"네가 광대의 집에서 나서 어찌 괴롭게 꼭 수절하려 하느냐?"

그녀는 듣지 않았다. 자살까지 시도한 적이 있었다. 50이 넘을 때까지 수절을 하며 현역 광대로 활약했다. 평생 용두포에서 살면서 세곡선이 출발할 때마다 열리는 해신제, 기타 크고 작은 행사에 참여하여 돈 많은 상인과 뱃사람들을 상대로 공연을 했다. 이 이야기를 통해 용두포 포구에 광대가 여럿 있었음을 알 수 있다.

영암 이진(梨津, 현재 해남)은 제주를 오가는 포구로서, 이진진이라는 수군진이 있고, 북평시종면과 송지시종면 등 4면의 환곡을 관리하는 이진창이 있는 곳이다. 그래서 꽤 큰 포구였다. 1794년 6월, 심노숭(沈魯崇)이 제주도로 부친을 뵈러 가던 중 이진에서 수십 일 동안 순풍을 기다렸다. 광대놀음을 시골 이웃들과 모여 구경했다고 한다.

용두포나 이진의 광대는 현지인이었다. 사당패와 같은 떠돌이 유랑 연예인도 포구에 모여들었다. 포구장이 열리는 날, 세곡을 수합하여 배로 떠나보낼 때, 조기 등의 파시가 형성될 때가 그 시기였다. 세곡을 도둑질하여 연예인에게 쓴다고, 정약용은 조창을 열 때에는 사당패의 출입을 엄금해야 한다고 말했다.

경상도의 경우 상인층의 주도로 '오광대(五廣大)'라는 탈춤이 여러 곳에서 연행되었고 일부는 지금까지 전해오고 있다. 하지만 전라도는 많은 포구 공연이 있었음에도 불구하고 그 브랜드를 찾지 못하고 있다. 전라도는 광대가 많기로 유명한 곳이다. 광대들은 동학농민운동 때 독립부대를 만들어 참여했다. 홍낙관(洪樂寬)은 광대로서 수접주라 칭하며 고창지역 광대를 규합하여 항상 선봉이 되었다.

전라도 사람들의 노래 실력은 판소리로 거슬러 올라가고, 그 판소리를 처음 부른 사람은 무당 또는 광대이다. 그래서 광대 이야기를 아니 할 수 없다. 문화는 일반적으로 중앙에서 지방으로, 상류층에서 하류층으로 전파된다고 한다. 역사적으로 보더라도 궁중과 사대부의 문화가 중인계층을 거쳐 서민들에게 확산되었다. 그러나 반대의 전파과정을 갖는 문화 또한 있다. 중앙에서 열리는 산대놀이 공연 때에 궁궐 예인으로 충당할 수 없을 경우 경기도 광대들이 동원되었기 때문이다. 그러나 임진왜란과 병자호란을 겪으면서 경기도 광대들이 흩어져 숫자를 채울 수 없게 되자 팔도의 광대들이 동원되었다. 그때 가장 많이 동원된 지역이 전라도였다. 그만큼 전라도에 광대들이 많았고 재능이 우수해서 였다. 1626년(인조 4)에 중국 사신을 맞이하는 공연에 동원된 광대 286명 가운데 전라도 광대가 전체의 60%인 171명이나 되었다.

그런데 1784년 이후로는 산대놀이가 중앙에서 열리지 않게 되었고, 그와 함께 지방관청에서도 거의 중단되고 말았다. 그래서 중앙의 산대놀이 공연 때에 솟대타기, 쌍줄타기, 방울 받기 등 고도의 기량을 보여주었던 광대들은 점차 민간에서의 공연을 확대하게 되었다. 포구나 장터 등의 상업 중심지를 주 무대로 삼으며 풍물이나 탈놀이까지 펼쳤다. 이런 광대가 전라도 곳곳에 많았던 것이다.

4) 해신제-안전과 풍어 기원

포구 마을은 해신제나 풍어제를 거행했다. 해신제(海神祭)는 항구 마을에서 무사 항해를 기원하기 위해, 풍어제(豊漁祭)는 어촌 마을에서 풍어를 기원하기 위해 각각 열었던 제의다. 양자가 뚜렷하게 구분되지는 않는다. 그래서 이를 해양 제사라 한다. 흔히 용왕제라고도 한다.

해신제로 유명한 곳이 바로 전북 부안이다. "개양할미[해신(海神)]는 키가 어찌나 큰지 서해바다를 걸어다니며 깊은 곳을 메우고 위험한 곳을 표시해 어부들을 돌보고 고기를 많이 잡히게 했다." 변산반도 일대에 내려오는 개양할미에 관한 전설 일부이다. 바로 이 개양할미와 그의 여덟 딸을 모신 수성당(水聖堂)이 서해바다를 바라볼 수 있도록 바닷가 절벽 위에 있다. 수성당이 있는 마을이 죽막동이다. 죽막동은 동아시아 해상 교류의 길목에 위치한다. 마을 사람들은 해마다 음력 정월 열나흗날에 제당에서 해신을 위한 제사를 지내고 있다. 안전한 항해와 풍어를 빌기 위해서였다. 고대부터 현대까지 거행하고 있다. 그래서 이곳 유적에서 백제, 가야, 신라, 조선의 해양 제사와 관련된 유물이 다양하게 출토되었다. 고대 중국·일본에서 제작된 토기·도자기·철제류 등도 발견되었으니, 그곳 사람들도 참여했을 것 같다. 제사를 지낸 후 제기를 땅에 묻었기 때문에 다량 발견된 것이다. 그래서 문화재청은 2017년에 '부안 죽막동 유적'을 국가지정문화재인 사적으로 지정했다.

남해신사. 무사항해를 기원하는 곳이다.

국가에서 해신제를 올린 곳으로 남해신사(南海神祀)가 있다. 남해신사는 행정구역 개편으로 영암·나주를 거쳐 현재는 영암에 속해 있다. 국가에서 춘추로 향과 축문을 보내주었다. 조선의 운명과 함께 남해신사도 사라지고 말았다. 나주 출신 안동식(1874~1937)이 그 터를 지나며 느낌을 「옛 남해신사를 지나며」라는 시에서, 옛 터에 가을 풀만 무성히 자라 석양에 비추고 흐르는 물 보니 항해하다 목숨을 잃은 신령을 위로하고 싶다고 말했다.

통신사가 일본을 향해 부산을 출발할 때 무사 항해를 비는 해신제가 열렸다. 전라도 육지와 제주도를 운항할 때에도 마찬가지였다. 이때 해신제는 남당포, 이진, 달량, 관두량 등 출발지는 물론이고 소안도 등 경유지에서도 택일을 하여 열렸다. 풍어제로는 여수 거문도, 부안 위도 것이 유명하다.

이 가운데 강진 남당포는 우리나라 대표적인 서

남해 포구 가운데 하나이다. 현재는 매립되어 드넓은 논으로 바뀌었지만, 아주 오래 전부터 제주도를 오가는 배, 한강을 오가는 배, 동해안을 오가는 배들이 대거 드나들었던 포구이다. 정월 대보름 전날 밤, 남포 사람들은 해신제를 올리고 있다. 제사상을 익히지 않은 음식으로 준비한다. 무, 미나리, 조밥, 숭어, 소고기, 돼지고기 등을 조리하지 않은 상태로 상 위에 올린다. 제사상 옆에는 싱싱한 대나무를 쪼개고 그 위에 신위라고 적은 창호지를 끼워 넣어 만든 아주 작은 1백여 개의 위패를 세운다. 이 위패는 바다에서 이름 없이 죽어간 영령들을 위한 것이다. 후손도 없고, 이름도 기억하지 못한 그저 바다에서 살다 바다에서 생명을 다한 넋을 위로하는 위패이다. 이 제의가 바로 '남포 천제(天祭)'이다. 1838년에 작성한 계책(契冊)이 전해오고 있는데, 여기에는 천제를 지내는 방법 등이 구체적으로 서술되어 있다.

포구에는 객주가 있었다. 남당포 객주는 20세기 초기 근대학교가 설립될 때 기부금을 냈다. 목포항 객주들은 일본인의 상권침탈에 맞섰고 목포의 교육문제 등에 기여한 바가 컸다. 현 북교초등학교의 운영에 많은 자금을 출원하기 했다. 『황성신문』 1907년 4월 10일자에 "이천칠백륙냥을 해항 객주 회사장 박창규씨가 교육의 급무를 찬성하기 위해 자담 지출하기로 자원하였다."고 보도되었다. 박창규는 목포항 객주로 1900년에는 '목포객주회' 회장을 맡기도 했다. 군산 객주들은 그곳 국채보상운동을 주도했고, 대한협회에도 참여했고, 야학교를 설립했다.

동학군과 광대

전라도의 많은 광대를 동학농민운동 때에 농민군 지도자 김개남이 하나의 부대로 편성한 바 있다. 이 점에 대해 황현이『오하기문』에서 이렇게 말했다.

> "처음에 김개남은 도내의 창우·재인 천여 명으로 일군을 만들어
> 그들을 두터이 예우해서 그들의 사력을 얻음을 도모하였다"

또 다른 지도자 손화중도 광대들을 규합했는데, 이 점에 대해서도 황현이 타인으로부터 들은 내용을 토대로 증언했다.

> "처음에 손화중은 도내의 재인(광대)을 뽑아 1포를 조직하고 홍
> 낙관으로 하여금 이를 지휘하도록 했다. 홍낙관은 고창의 재인으로
> 서 손화중에 속하여 그 부하 수천 명이 민첩하고 정예병이었으므로
> 손화중이 비록 전봉준, 김개남과 대등한 관계에 있었다 할지라도 실
> 제로는 손화중의 무리가 최강이었다."

손화중 휘하에서 광대로 구성된 부대를 지휘한 사람이 광대 출신의 고창 사람 홍낙관이었다. 홍낙관은 부친, 아우, 사촌 등과 함께 전주, 나주, 광주 등지에서 싸우다 고창에서 붙잡혀 서울로 압송되었다. 재판에 회부되었으나 유배형에 처해서 목숨은 건졌다. 그의 부친 홍맹철은 전주성 전투에서 선봉대장으로 참가해 전사했다. 여기에서 광대 부대가 민첩하고 용맹스러운 최정예병이었다는 점을 알 수 있다. 동학 농민군이 내건 신분해방이나 토지분배의 슬로건이 그들로 하여금 자신을 불태우게 했을 것이다. 그래서 김개남과 손화중 부대가 전체 농민군 중에서 가장 규모가 크고 전투력이 높은 부대였다.

3. 어업, 최대 생산지

어량(漁梁)과 수량(水梁)에는 함길도와 강원도의 대구어 · 연어 · 방어, 경상
도의 대구어 · 청어, 전라도의 조기 · 청어, 충청도의 청어 · 잡어, 경기의 잡어 ·
뱅댕이, 황해도의 잡어 · 청어, 평안도의 조기 · 잡어 등이 그 지방에서 가장 많
은 것이다. 〈『세종실록』19년 5월 1일〉

위 기사에 전라도에서 조기와 청어가 많이 잡힌다고 적혀 있습니다. 다
양한 그물로 많은 물고기를 잡으니 관련 세금도 가장 많았습니다. 그런데
간척지 공사로 갯벌이 줄어들고, 기후 변화로 청어가 사라지고, 일본 어민
이 이주해옴으로서 전라도 어업의 역사는 바뀌게 되었다. 어떤 것이 왜 어
떻게 변하였는지를 살펴보도록 하겠습니다.

1) 갯벌-수산물 보고

15세기 광주 출신의 학자관료인 필문 이선제(李先齊, 1390~1453)가 고기
잡이는 다양한 기술에 따라 지역별로 많고 적음이 차이가 나는데, 서남이
가장 많다고 하였다. 서남이란 전라도를 말한다. 18세기 학자 성해응이 우
리나라 어업의 이익이 많은 곳을 순서대로 말하였다. 호남이 최고이고, 영
남이 다음이고, 호서가 다음이고, 해서가 다음이고, 경기가 다음이고, 관북
이 다음이고, 관동이 다음이고, 관서가 맨 아래라고 했다. 전라도가 어업이
발달한 곳임을 알 수 있다.

전라도는 우리나라 최대의 수산물 생산지이다. 1932년 어업 현황 통계

를 보면, 각 도 가운데 어획고가 가장 많은 곳은 경남이다. 당시 경남은 다수의 일본 어민 이주와 대일 수출로 인해 전국에서 어업이 가장 성황을 이루었던 곳이다. 그 다음이 전남인데, 전남은 해안선이 가장 긴 곳이다.

1932년 전국 어획고(『전남의 수산』)

어획고(엔)	도	해안선(리)
13,742,169	경상남도	571
11,389,235	전라남도	1,706
6,015,404	경상북도	55
3,739,399	함경남도	139
3,293,800	강원도	121
3,159,391	함경북도	137
3,127,806	황해도	411
2,378,702	충청남도	479
1,854,515	평안북도	195
1,522,677	전라북도	114
1,024,441	경기도	361

그런데 해방 이후부터는 상황이 완전히 바뀌었다. 2014년 7월에 호남통계청에서 발표한 최근 5년간의 어업 동향에 따르면, 전남의 연평균 어업 생산량은 전국의 42%를 차지했다. 특히 10여 종에 이르는 참조기와 민어 등의 어류, 전복과 꼬막 등의 패류, 미역과 김 등의 해조류, 젓새우와 흰다리새우 등 갑각류의 평균 생산량은 전국 최대를 기록했다. 전복과 미역은 무려 90%를 넘는 품목이다. 천일염 생산은 전국의 91% 정도를 차지한다. 여기에 전북 것을 더하면 전라도의 수산물 생산량은 전국의 50%를 크게 넘을 것임에 분명하다. 이 이전과 이후에도 경향은 비슷했다. 그야말로 전라도는 농도(農道)이자 해도(海道)이다.

이는 천혜의 자연 조건이 가져다 준 결과이다. 서남해는 만(灣), 반도,

해협, 그리고 무수히 많은 도서가 불규칙하게 분산되어 있는 이른바 리아스(rias)식 해안을 이루고 있다. 자세하게 말하면 좁은 해협에 의해 육지와 연결되는 변산·무안·해남·장흥·고흥·여수 등의 반도가 돌출해 있고, 그 사이에 수심이 얕은 줄포·함평·영암·강진·보성·득량·순천·광양 등의 만이 있다. 이로 인해 전라도의 해안선은 굴곡이 심하여 그 길이가 전국의 50%를 차지한다. 그리고 그 밖 바다에는 많은 크고 작은 도서들이 산재해 있다. 바로 이 구불구불한 해안과 도서 부근은 수산생물의 산란장인 동시에 서식지로 이용되고 있다.

바닷물이 들어오는 밀물 때에 해수로 가득차지만 바닷물이 빠져 나가는 썰물 때에 대기에 노출되는 갯벌이 전라도에 전국의 50% 이상이 펼쳐져 있다. 갯벌은 해안지형과 조류와 파랑 등 수리적 특성에 의해 퇴적물 조성이 달라지고, 그에 따라 서식하는 생물과 생태계도 다양해진다. 갯벌은 구성 물질의 크기에 따라 펄 갯벌, 모래 갯벌, 혼합 갯벌로 분류된다. 펄 갯벌은 상대적으로 진흙이 많고 모래가 적고 주로 물의 흐름이 완만한 내만이나 하구에 형성된다. 모래 갯벌은 모래가 상대적으로 많고 물의 흐름이 빠른 환경에서 형성된다. 혼합 갯벌은 진흙과 모래가 비슷한 비율로 포함되어 있다. 이들 갯벌은 수산자원의 터전이자 생태환경의 보고이다. 전라도 서남해안 갯벌은 세계 5대 갯벌에 포함될 정도로 광활한 면적과 다양한 생태계를 자랑하고 있다.

고려와 조선시대에도 농경지를 만들기 위한 간척은 있었지만 어디까지나 소규모 공사에 불과했다. 그런데 일제 강점기 때에 이주해 온 일본 지주들에 의해 간척 사업이 대대적으로 행해졌다. 해방 이후에는 개발과 성장을 우선시하는 경제 정책에 편승한 대기업들에 의해 대규모 간척과 매립 사업이 추진되어 현재 우리의 갯벌은 절반 가까이 사라져버렸다. 여기에 전라도 지역도 예외가 아니다. 그리하여 광양, 순천, 고흥, 보성, 강진, 해남, 영암, 진도, 영광, 부안, 김제, 옥구 등지에 대규모 간척지가 조성되었다. 새만금 사업은 대표적 사례에 해당된다. 이로 인해 게·조개·낙지·해조류 등 갯벌을 터전으로 삼는 생물이 급감하고 있고, 갯벌을 상실한 바다는 정화 기능을 잃고 죽어만 가고 있다. 이를 반성하며 최근에 전남, 전북, 충남 3도가 "멸종위기 생물의 서식처이자 세계에서 가장 두꺼운 뻘퇴적층이 안정적으로 유지되고 있다"는 사실을 강조하며 서남해안 갯벌의 세계자연유산 등재를 위한 움직임을 본격화했다. 그리고 전남은 무안갯벌, 신안갯벌, 벌교갯벌을 도립공원으로 지정했고, 전북은 생태관광지를 조성하기 위해 '갯벌 살리기'에 총력을 기울이고 있다. 그런가 하면 농지나 염전으로 된 곳을 둑을 터서 다시 갯벌이나 습지로 되돌리려는 계획을 세운 곳도 있다. 이른바 '역 간척'을 하겠다는 말인데, 갯벌의 가치가 농지보다 100배 높다고 한다.

2) 어민-어망 사용

전라도는 전국에서 가장 넓은 바다 면적과 가장 많은 섬을 가지고 있다. 그리고 해안선의 굴곡이 심하고 조석간만의 차가 높아 양질의 어장이 다양하게 곳곳에 산재해 있다. 그리하여 수산물과 소금의 생산이 전국에서 으뜸이었다. 연안어업 중심의 사회에서 이 지역은 유리한 자연 조건 때문에 수산물의 보고였던 것이다.

고기잡이는 어살과 낚시 및 어선 어망으로 이루어졌다. 그 중에서 어살을 이용한 어로작업이 주종을 이루었다. 어전(漁箭)이라고 하는 어살은 해안을 향해 방사형 형태로 지주를 세우고 싸리·참대·장목 등으로 만든 발을 치고 그 중앙 및 좌우에 함정을 만들어 놓아 간만의 차에 의해 들어 온 고기가 나가지 못하도록 한 것이다. 관아에서 어살을 설치하여 가난한 백성에게 관리하도록 하고, 그 대장(臺帳)을 만들어 호조·감영·군현에 비치하여 일정한 세금을 내도록 하였다. 물론 민간에서 어살을 두기도 하였다. 전라도 어살은 많기도 하지만, 크기도 전국에서 제일이었다. 고군산도와 위도에서 사용하는 대전(大箭, 큰 어살)은 700~900m 되었다. 반면에 경상도 어살은 규모가 작아 방렴(防簾)이라 한다.

후대로 갈수록 바다 어업이 발달하게 되는데, 어장이 형성되면 어선이 그곳으로 나가서 고기를 잡는 방식이 성하였다. 전라도의 경우 고군산도, 위도, 칠산, 추자도, 거문도, 흑산도 등이 주요 어장이었다. 고군산도의 경우 매년 봄과 여름의 고기 잡는 계절이 되면 각지의 선박이 구름이나 안개처럼 모여 들어서 해상에서 판매했다. 주민은 이로써 부유해져 집과 의복을 다투어 다듬는데 그 호사함이 육지 백성보다 심하다고 할 정도로 대 성황이었다. 칠산바다를 끼고 있는 위도는 풍부한 조기 어장이자 그 거래장소인 파시로 유명했다. 어선들이 깃발을 들어 올리거나 북을 두드려 잡은 조기를 팔겠다는 신호를 보내면 장삿배들이 우르르 몰려들곤 했다.

선사시대 그물추 유물과 토기 파편의 그물무늬는 그물의 역사가 오래되었음을 알 수 있게 한다. 삼이나 칡으로 그물을 만들었다. 조선으로 넘어오면 더 다양한 그물을 사용했다. 이때 전라도 어민들은 무명실이나 명주실로 그물을 만들었는데, 전국에서 가장 다양한 그물을 사용했다. 1750년(영조 26) 균역법을 실시할 때 운영규정으로 작성한 「균역청사목」을 보면, 전라도에서 사용하고 있는 사월망(손잡이가 길고 모양이 국자처럼 생긴 그물), 족대망(족대 그물), 포망(젓새우 잡이용 그물), 죽망(대나무 만든 그

『균역청사목』. 18세기에 균역법
운영을 위해 작성된 문서이다.

물), 진사행망(명주실로 만든 걸그물), 변망(개막이 그물), 대고(후릿 그물), 갈망(칡껍질로 만든 그물), 궁망(자루 그물), 멸치망(멸치 그물), 정이망, 질음망, 고망, 거사토망, 휘망 등의 그물이 보인다. 전라도 안에서도 영광 등의 고을에서는 면휘망, 대변망, 대고갈망, 행망 등의 그물을 사용하고 있었고, 그런 그물 한 파(把, 1.5m 정도, '발'로 보통 읽는다) 당 4푼의 세금이 부과되었다.

3) 물고기-이야기 남기다

이상의 그물을 사용하여 전라도 어민들은 다양한 물고기를 잡았다. 전라도에서는 역대로 갈치, 게, 고등어, 낙지, 멸치, 문어, 민어, 삼치, 상어, 새우, 숭어, 오징어, 전어, 조기, 청어, 해삼, 홍어 등이 잡혔다. 이 중에서 무엇을 많이 잡았을까? 때와 장소에 따라 다를 수밖에 없다. 전북은 1930년대에 조기와 갈치를 가장 많이 잡았으니, 그것이 국민 생선이었다. 이들 어종은 서식하는 곳이 각기 다르다. 그런 점으로 인해 지역마다 특정 물고기와 관련된 이야기가 많다. 조기와 홍어 이야기는 뒤에서 하고, 여기에서는 청어, 숭어, 고등어 이야기만 해보겠다. 멸치, 갈치, 삼치 등에 대해서는 후일을 기약하고자 한다.

첫째, 청어(靑魚). "청청 청어 엮자, 위도 군산 청어 엮자" 강강술래 놀이의

하나인 「청어엮기」에서 선소리꾼이 부르는 노래의 한 대목이다. 위도(현재 부안군)와 고군산도(현재 군산시)에서 청어가 많이 잡혔음을 알 수 있다.

청어는 한류 어종으로 동해 바다의 대표적인 물고기이다. 함경도 바다에서 가을철에 처음 보이기 시작하여 강원도 해변을 따라 내려와서 11월 겨울에 울산·장기 바다에서 잡힌다. 봄이 되면 차츰 전라·충청도로 옮겨가고, 여름에 이르면 황해도까지만 올라갔다가 다시 남쪽으로 내려온다. 그래서 15세기 『동국여지승람』에 함경·경상·전라·충청·황해 5도에서 청어가 난다고 기록되어 있다.

이런 점으로 인해 조선의 깊은 산과 궁한 골짜기에서 물려서 다 먹지 못할 정도로 청어는 당시 '국민 생선'이었다. 바로 이 청어가 임진왜란 때 조선 수군에게 큰 보탬이 되었다. 남해바다 한산도에 진을 치고 있던 군인들이 청어를 매우 많이 잡았다. 예를 들면, 1596년 1월 6일에 오수가 청어 1천 310 두름을, 박춘양이 787 두름을, 황득중이 202 두름을 바치자 이순신은 하천수로 하여금 말리게 했다. 이순신은 청어를 곡식과 바꾸어 군량으로 사용했다. 예를 들면, 이종호로 하여금 청어 1만 3천 240 두름을 곡식과 바꾸라 했고, 황득중·오수 등이 청어 7천여 두름을 싣고 왔기에 김희방의 곡식 사러가는 배에 계산하여 주었다. 그 청어는 서해바다를 타고 북상하다가 부안 위도와 만경 고군산도에서 전라도 어민들에게 붙잡혔다. 숙종·영조 때에 이르면 그곳의 위도진과 서울의 성균관이 그곳 청어에 세금을 매기어 수입으로 가져가려고 혈안이 되어 있었다. 위도의 경우 1천여 호에 이르던 어가(漁家)가 1854년(철종 5)에 이르면 2백 호 아래로 내려가고 말았다. '어대이타(魚隊移他)', 즉 청어 떼가 다른 곳으로 이동했기 때문이다. 그렇게 많이 잡히던 청어도 기후변화와 남획으로 19세기 중반 이후 사라지기 시작하더니, 20세기 중반에는 동아시아 바다에서 완전히 사라져버렸다.

둘째, 숭어[수어(秀魚)]. 바다와 강이 만나는 하구에서 가장 많이 보이는 물고기는 무엇일까? 2018년 4월에 환경부와 국립환경과학원은 2008년부터 2016년까지 전국 하구 325곳에서 가장 많이 모습을 드러낸 물고기 80종을 정리한 결과를 발표했는데, 숭어가 1위였다. 바닷물과 민물이 만나는 하구는 생물 다양성이 가장 풍부한 곳이다. 지금은 간척지 공사로 하구 영역이 크게 축소되었지만 그 이전에는 매우 넓었던 강이 영암·해남·나주·함평·무안을 아우르는 영산강이다. 따라서 이곳에서 잡히는 숭어는 과거에 유명하지 않을 수 없었다. 영암에서는 숭어알을 말려 진상품으로 왕실에 납품했다. 그리고 숭어는 전라도의 대표적 진상 어물 가운데 하나였다.

셋째, 고등어. 고등어는 고도어(古刀魚), 고도어(高刀魚), 고동어(高同魚), 청어(鯖魚) 등으로 불렸다. 동해에서 많이 나는 것으로 적혀 있다. 함경도에서 말리거나 절인 고등어를 진상물로 바쳤다. 1708년(숙종 34)에 함경감사가 감영에 들어온 진상용 건고등어를 점검하고서, 정갈하게 마르지 않은 것을 퇴짜 놓았다. 흑산도에서 정약전이 지은 『자산어보』에 고등어의 특성과 어로법이 나오니 서남해에서도 잡혔다. 『임원경제지』에는 전라도 바다에서 고등어가 7~11월에 나온다 하였다. 그때 한 배에 10여 명씩 승선하여 해변 가까이서 밤에 횃불을 밝히고 낚시로 잡았다. 잡은 고등어는 먹기도 하지만, 상어[사어(沙魚)] 낚시용 미끼로 사용되었다. 상어 가죽은 고급 공예품 자재로서 칼자루나 안경집 등을 만드는 데에 쓰였다. 19세기 말기부터 일본인이 청산도에 들어와서 고등어를 본격적으로 잡기 시작했다. 1917년 『전남사진지』에 5~6월 성어기 때 한일 어선 700~800척이 모여들어 약 10만 원의 어획고를 올리고 육상에는 잡화상과 요리점들이 임시 개업하여 북새통을 이뤄 번성하는 항구가 되니, 청산도는 영광 위도의 조기잡이, 여수 나로도의 갯장어 어업과 함께 전남 3대 어장으로 이름나 있다고 적혀 있다. 어선 한 척마다 30~50만 마리를 잡았고, 수송선이 고등어 무게를 못이겨 일부러 바다에 고등어를 버리는 상황까지 있을 정도였다. 이렇게 잡은 고등어는 대다수 부산으로 수송되거나 현지 공장으로 보내져 통조림으로 제조되고, 나머지 일부만 간해서 영산포 등 전국으로 팔려나갔다. '청산도 간고등어'를 만들지 못한 채, 해방 후 일본인은 떠나고 고등어 잡이도 시들해졌다.

흑산도 예리항의 파시 모습

4) 소금-자염에서 천일염으로

소금이 묻어 있는 선사시대 토기가 발견되고 있다. 학자들은 그것을 제염 토기라 한다. 소금을 만들어 취사에 이용했을 것이다. 이처럼 우리 소금의 역사는 오래되었다. 고려 때 전라도 연해 고을에 염장(鹽場)이 있어 소금을 구웠다. 염장은 염소(鹽所)라고도 했다. 그곳의 소금굽는 가마를 권력층이 차지하거나, 임금이 신하에게 하사한 적이 잦았다. 흉년이 들어 사람들이 굶주리면 쌀과 함께 소금을 방출하여 구휼했다.

조선시대 전라도에 15세기 세종 때를 기준으로 만경, 옥구, 부안, 무장, 영광, 함평, 영암, 보성, 낙안, 순천, 광양 등지에 염소가 있었다. 이 가운데 영광 염소는 서쪽 파시두(波市頭)에 있는데 가마가 113개이고, 소금 굽는 사람이 1천 129명이고, 봄·가을에 바치는 소금이 1천 290석이나 되었다. 부안 염소는 서쪽에 있는데, 공물로 바치는 소금이 1천 127석으로 영광 다음으로 많은 양이다. 영광과 부안에서 공물로 바치는 소금이 도내에서 가장 많았다.

15세기 전라도 소금 생산지(『세종실록 지리지』)

무장	염소(鹽所)가 1이다. 【가마(盆)가 30인데, 현의 북쪽 금음당포(今音堂浦)에 있다.】
영암	염소가 3이요, 【염창(鹽倉)이 군의 성 안에 있다. 고려 공양왕 원년 기사에 해진(海珍) 백야포(白也浦)의 염간(鹽干)을 옮겨 붙여서 군에게 창고를 설치하고 인하여 해남창(海南倉)이라 하고, 군사(郡事)로 하여금 주장하게 하였다. 염간이 38명인데, 봄·가을에 바치는 소금은 3백 70석이다.】
영광	염소가 1이다. 【가마(盆)가 1백 13개인데, 모두 군의 서쪽 파시두(波市頭)에 있고, 염창은 읍성 안에 있다. 염간이 1천 1백 29명인데, 봄·가을에 바치는 소금이 1천 2백 90석이다.】
함평	염소가 4이요, 【하나는 진목지포(眞木只浦)에 있고, 하나는 발포(鉢浦)에 있고, 하나는 석포(石浦)에 있고, 하나는 아시라포(阿時羅浦)에 있다.】
흥덕	염창 【성안에 있다. 공사 염간(公私鹽干)이 아울러 38명인데, 봄·가을에 바치는 소금이 3백 27섬이다.】
만경	염소가 1이었다. 【현의 서쪽 길곶(吉串)에 있다.】
옥구	염소가 1이다. 【현의 서쪽 독도(禿道)에 있다.】 염창 【현내(縣內)에 있다. 공사 염간이 모두 37명인데, 봄·가을에 바치는 소금은 3백 5섬이다.】
부안	염소가 1이다. 【현의 서쪽에 있다.】 염창 【현의 서쪽에 있다. 공사 염간이 모두 1백 13명인데, 봄·가을에 바치는 소금이 1천 1백 27석 남짓하다.】

순천	염소가 9이니, 6소(所)와 【부의 동쪽에 있는데, 하나는 토수포(吐繡浦)에 있고 하나는 예교포(曳橋浦)에 있고, 하나는 사전포(沙田浦)에 있고, 하나는 동산포(東山浦)에 있고, 하나는 마두포(馬頭浦)에 있고, 하나는 생성포(生成浦)에 있다.】 3소(所)이다. 【부의 남쪽에 있는데, 하나는 다로도(多老島)에 있고, 하나는 사도(沙島)에 있고, 하나는 마골포(麻骨浦)에 있다.】 염창 【읍성 안에 있다. 공사 염간이 아울러 50명이며, 봄·가을에 바치는 소금이 4백 9석이다.】
보성	염소가 1이다. 【군의 동쪽 망일포(望日浦)에 있다.】
낙안	염소가 1이요, 【군의 동쪽 월배도리(月背道里)에 있다.】
고흥	염창 【읍성 안에 있다. 공사 염간이 모두 26명인데, 봄·가을에 바치는 소금이 2백 60섬이다.】
광양	염소가 2이다. 【현의 동남쪽 노을도(奴乙道)와 고지포(古之浦)에 있다.】 염창 【현의 동쪽에 있다. 염간이 34명인데, 봄·가을에 바치는 소금이 2백 14석이다.】

『택리지』에 변산 바깥은 모두 소금 굽고 고기 잡는 사람의 집이라고 했다. 영광과 부안 두 염소 지역은 나중에 염소면(鹽所面)이 되었으니, 소금의 명산지였음에 분명하다. 그 소금이 법성 굴비와 곰소 젓갈을 탄생시켰음은 두말할 나위가 없다. 전라도 소금은 이익이 많이 남는 것이었다. 세종 때 광주 출신의 이선제가 말했다.

> "가마솥으로 달이어서 하루 밤낮을 지내서 하얗게 나오는 것은
> 동해(東海)의 소금이옵고, 진흙으로 솥을 만들어 혹은 하루에 두 번
> 이나 달이어 짜게 만든 것은 서남(西南)의 소금이온데, 서남에서는
> 노역(勞役)이 조금 헐하면서 수익은 동해의 갑절이나 되옵니다."

소금은 식생활에 필수 요소여서 널리 유통되었다. 17세기 무안현감 신즙(申楫)이 지은 「염막(鹽幕)」이란 시를 보면, 소금을 소달구지에 싣고 다니며 팔아 생계를 이어가는 사람이 있었다. 처자식을 먹여 살리기 위해 지게에 지거나 등짐으로 골짜기와 마을을 누비고 다닌 소금장수는 이야기책에 단골로 등장한다.

당시는 대부분 바닷물을 둑으로 막아 놓은 사전(沙田, 염전)에 넣어 태양으로 물을 증발시킨 후 가마에 넣고 불을 피워 소금을 만들었다. 그래서 소금을 구우려면 적지 않은 나무가 필요하였다. 서남해안 지역에는 산림이 무성하여 화목을 조달하기가 어렵지 않다. 구워서 만든 소금을 자염(煮鹽)이나 화염(火鹽)이라 했고, 소금을 굽는 가마를 염부(鹽釜)나 염분(鹽盆)이라 했다. 가마는 쇠솥은 얼마 안 되었고, 토분이 대부분이고 철분보다 더 컸다. 토분은 불에 태운 조개·굴 껍데기를 물에 불려 빻은 자연 석회를 점토와 섞어 만들었다. 염분이 가장 많은 곳이 전라도였다. 가마의 숫자나 크기에 따라 세금이 부과되었다. 나주의 경우 15세기에 35개소의 염소가 서쪽의 여러 섬에 흩어져 있는데 춘추 세금으로 내는 소금이 2천 590석이나 되었고 그것을 나주판관이 민간의 면포와 교환해서 국용에 기여했다. 17세기 말 실록 기록에 의하면, 나주에는 염분이 33좌가 있어 본주에서 세금을 거두어 호조에 납부했다. 1905년 현재 나주군도 11개 섬에는 159개소의 염분이 있었다.

소금은 염전(鹽田)에서 바닷물을 태양열로 증발시켜 만들기도 했는데, 이 방법은 19세기 후반에 들어서면서 확산되고 있었다. 이렇게 만든 소금을 천일염이라 한다. 그런데 소금밭을 사람이 소를 몰아 갈았다. 그렇기 때문에 소의 똥과 오줌이 섞여 있고 사람이 밟고 다닌 소금이 있다는 비난이 있었다. 염전 1마지기(두락)에 세금을 1냥으로 부과하였는데, 폭풍우로 파괴되어 세금을 내기 어려운 염전도 있었다. 염전은 매매의 대상이 되었다. 1887년(고종 24)에 고흥 사람 임용묵이라는 사람이 긴요하게 쓸 돈이 필요하여 염전 1곳과 도구 및 소나무를 16냥에 판 적이 있었다. 보성 송곡면(현재 득량면)에 살았던 양씨들은 19세기 말~20세기 초에 재력가였고, 면장 등 지역 유지를 지냈다. 많은 토지를 매입하여 대지주로 성장했고,

산지를 매입했다. 그리고 7좌(坐)의 염분을 매입하고 산지에서 연료를 채취하여 토지처럼 자영하기도 하지만 작인을 두어 운영했다. 그리하여 전라도에서 양질의 소금이 대량 생산되었다. 1907년 통계에 의하면, 전남은 전국 소금의 40%를 생산했다. 일제 강점기 이후 넓은 갯벌에 염전이 들어섰다. 그 결과 '소금 부자' 또는 '염전 부자'가 전라도 부자라는 말도 생겨났다. 오늘날 전남은 전국 소금의 대부분을 생산하고 있다. 그 가운데 신안이 가장 많이 생산한다. 한 때 과잉 생산과 소비 감소, 그리고 수입산에 밀려 천덕꾸러기로 전락했던 전라도 천일염이 요즘 각광을 받고 있다고 하니, 옛 영광이 다시 찾아올 것 같다.

영조대 각도의 어염선세

도	전라	경상	충청	황해	경기	함경	강원	평안
어염선세	42,900냥	27,400냥	11,600냥	10,500냥	6,100냥	5,500냥	5,300냥	5,000냥

전라도는 수산업이 발달한 곳이었기에 국가에 내는 관련 세금도 많았다. 영조대에 균역법(均役法)을 실시하고 나서 어염선세(魚鹽船稅)를 거두었다. 그것을 보면 전라도가 4만 2천 900냥으로 가장 많았고, 그 다음이 경상도로 2만 7천 400냥이었다. 그리고 충청도, 황해도, 경기도, 함경도, 강원도, 평안도 순으로 어염선세를 납부하였다. 이 수치가 무엇을 의미할까? 전국에서 호남이 가장 많은 어장과 염분 및 선박을 지니고 있었음을 알려주지 않을까 한다. 이는 우리나라 어염의 이익은 호남이 제일이라는 영조 대에 민진원이 다음과 같이 말한 것을 통하여서도 확인할 수 있다.

"신이 일찍이 호남의 방백(方伯)이 되었을 적에 특별히 탐문해

보았는데도 원통함이 쌓여 있었다는 말을 들어보지 못했습니다. 다만 우리나라의 어염의 생리(生利)는 호남이 제일인데, 요사이 뜯어가는 길이 여러 가지어서, 감영·병영·수영 및 바닷가 고을이 모두 침탈하고 있고 서울의 관아 및 여러 궁방의 파견인들이 또한 징수하면서 독촉하는 수가 많기 때문에 포구(浦口) 백성들이 한 해가 다 가도록 애를 써가며 고생을 하여도 호구(糊口)를 이어가지 못했습니다."

본인이 말한 것처럼, 그는 전라감사를 역임한 적이 있기 때문에 전라도 사정을 누구보다 잘 알고 있었을 것이다. 따라서 전라도가 국내에서 어염업이 가장 발달한 곳이라는 말은 결코 과언이 아니다.

5) 어촌계-공동체 생활

우리나라는 양항과 어장이 많아 어업이 성한 곳이다. 그 결과 바닷가에는 많은 어촌이 산재해 있다. 우리 어촌은 어업을 주업으로 하거나 반농반어로 생업을 영위해 나갔다. 조선시대에 어떤 어촌 마을이 있었는지에 대해서는 '포(浦)'자가 들어가 있는 마을을 생각하면 될 것 같다.

수입이 좋은 어촌이 많았다. 두 사례를 알아보자. ①고군산도는 만경 바다 복판에 있으며, 첨사가 관할하는 수군진이 설치되었다. 온통 돌산이고 뭇 봉우리가 뒤를 막으며 빙 둘러 안았다. 그 복판은 두 갈래진 항구로 되어서 배를 감출만하고 앞은 어장이어서 매년 봄·여름에 고기잡이할 철이 되면 각 고을 장삿배가 구름처럼 안개처럼 모여들어서 바다 위에서 사고팔았다. 주민은 이것으로 부유하게 되어 집과 의식을 다투어 꾸미는데 그 사치한 것이 육지 백성보다 심하다고 이중환(李重煥, 1690~1756)이 『택리지』

에 적었다. 현재 고군산도는 새만금 사업으로 육지가 되어 있다. ②조기와 새우젓으로 유명한 영광 염소면(현재 염산면) 사람 가운데 어로와 장사로 제법 돈을 모은 이가 있었다. 그 사람은 돈으로 논밭을 매입했는데, 1779 년 상속문서에 40마지기가 보인다. 남은 돈으로 어민에게 사채를 주기도 했다. 영광향교 건물 지을 때 80냥을 희사했다. 그리고 마침내 영광군의 치안을 담당하는 군관(軍官) 자리를 얻어 평민에서 중인으로 신분을 상승시켰다.

우리의 어촌 현황은 일제가 이른바 '저명 어촌'을 조사하여 『조선의 취락』에 수록한 것을 통해 알 수 있다. 1929년에는 '저명 어촌'의 인구 구성을 조사했는데, 그것을 보면 어촌 수의 경우 전남이 57곳으로 가장 많고, 그 다음이 경남 33곳이다. 전남에서는 제주도, 여수군, 완도군이 가장 많고, 일본 어민이 거주하는 곳이 43곳, 중국 어민이 거주하는 곳이 19곳이나 되었다. 예를 들면 여수군 삼산면 거문리의 경우 한국인 72호(224명), 일본인 120호(376명), 중국인 2호(5명) 등 184호에 605명의 어민이 살고 있었다. 1930년에는 각도 경찰부장을 통해서 위 어촌의 어종, 성어기, 어선, 어부 등 어업현황, 그리고 용품 상인, 음식점, 작부 등 외부인을 조사했다. 예를 들면 거문리의 경우 삼치, 청어 등을 5월 하순부터 11월 하순까지 잡고, 어선이 220척(한국인 40척, 일본인 180척)이고, 어부가 2천 명(한국인 1천 600명, 일본인 400명)이고, 용품 상인이 20명(한국인 2명, 일본인 18명), 음식점이 41곳(한식 25곳, 일식 16곳)이고, 작부가 74명(한국인 20명, 일본인 54명)이나 되었다. 당시 거문리는 한국인보다 일본인이 더 많았을 것 같다.

전남 저명 어촌 현황(1929년)

어촌 명	한국인	일본인	중국인
영광군 낙월면 상낙월리	111호, 698명		
위도면 진리	149호, 875명	2호, 2명	
제주도 구좌면 월정리	336호, 1811명		
추자면 대서리	169호, 793명	16호, 54명	
제주면 삼도리	530호, 2586명	35호, 119명	3호, 8명
우면 서귀리	303호, 1438명	40호, 167명	5호, 25명
신좌면 함덕리	648호, 2660명		
구우면 한림리	295호, 1494명	5호, 18명	3호, 6명
대정면 하모리	492호, 2022명	9호, 33명	2호, 5명
신우면 애월리	271호, 1295명	2호, 5명	1명
정의면 성산리	110호, 702명	25호, 94명	3호, 16명
서중면 남원리	224호, 1069명	2호, 4명	
중면 화순리	193호, 977명		
여수군 남면 연도리	235호, 1321명	5호, 19명	
남면 안도리	220호, 1377명	15호, 71명	1명
삼산면 거문도	72호, 224명	110호, 376명	2호, 5명
남면 심장리	240호, 1485명	4호, 15명	
화정면 개도리	294호, 1736명		
화정면 백야리	118호, 686명	1호, 3명	
여수읍 동정	729호, 4919명	281호, 1139명	4호, 14명
삼산면 초도리	341호, 1755명		
남면 우학리	197호, 1248명	1호, 3명	
돌산면 경호리	138호, 944명		
돌산면 군내리	330호, 2068명	9호, 27명	
삼산면 손죽리	208호, 1173명		
남면 화태리	88호, 548명		
화양면 나진리	108호, 604명	1호, 3명	
장흥군 안량면 수문리	150호, 838명	9호, 27명	
대덕면 회진리	231호, 1318명	2호, 8명	
장흥면 동동리	163호, 839명	33호, 145명	1호, 4명
진도군 의신면 금갑리	137호, 606명		
조도면 창류리	281호, 1470명	4호, 16명	
조도면 성내리	101호, 553명	28호, 110명	3호, 21명
무안군 흑산면 태도리	100호, 242명		
박곡면 명산리	91호, 518명	17호, 68명	
고흥군 고흥면 옥하리	127호, 660명	41호, 170명	5호, 15명
봉래면 신금리	215호, 1249명	83호, 380명	1명
포두면 길두리	210호, 1111명	1호, 5명	

어촌 명	한국인	일본인	중국인
금산면 신촌리	298호, 1527명		
도양면 봉암리	452호, 2644명	14호, 57명	1호, 14명
강진군 대구면 마량리	140호, 778명	4호, 13명	
완도군 완도면 군내리	294호, 1722명	82호, 380명	9호, 31명
금일면 화목리	145호, 905명	3호, 7명	1호, 3명
노화면 도청리	161호, 1050명		
군외면 원동리	85호, 470명	3호, 9명	
청산면 도청리	134호, 802명	7호, 28명	
고금면 덕동리	126호, 691명	5호, 23명	1호, 4명
신지면 대곡리	194호, 982명	1호, 1명	
소안면 비자리	210호, 1263명	2호, 3명	1호, 4명
광양군 진월면 선소리	103호, 537명	1호, 7명	
골약면 중동리	273호, 1478명		
해남군 북평면 남창리	158호, 823명	10호, 37명	
송지면 어란리	205호, 1131명	15호, 75명	
황산면 남리리	137호, 745명	3호, 10명	
화산면 방축리	126호, 656명	3호, 11명	4명
문내면 동외리	152호, 894명	3호, 9명	
산이면 초송리	136호, 692명	4호, 11명	

어민들은 어촌계를 조직하여 공동체 생활을 유지했다. '동중규약'은 있었을 것이지만, 전통시대 어촌계 문서는 찾아지지 않는다.

일제는 우리 주권을 강탈하고서 한반도에서 일본인의 어업활동을 보호하기 위해 어업령을 1911년에 공포했고, 이를 1929년에 조선어업령으로 개정했다. 이에 따라 우리 어민은 자신들의 조업지역을 단위로 하여 어업조합(漁業組合)을 설립해야 했다. 조합은 어획물의 공동판매, 어로장비와 생필품의 공동구매, 어업자금의 대부, 수산기술의 양성 등을 목적으로 했다. 처음에는 부진했으나 차츰 증가하여 1925년 말에 조합수가 143개에 이르렀다. 조합수와 함께 판매액도 증가했다. 조합수의 경우 전남이 가장 많은 26개였고, 그 다음이 경남으로 24개였다. 판매액의 경우 경남이 가장 많은 1천 822만 엔이고, 그 다음이 전남으로 853만 엔이었다. 그리고 어민들은 군 단위로 수산조합(水産組合)을 설립했다.

1931년 도별 어업조합(『조선의 취락』)

도	조합수	조합원수(명)	어선수(척)	어획고(엔)
경기	3	336	210	159,715
충남	2	1,348	162	138,982
전북	6	1,262	351	203,425
전남	61	64,046	5,975	3,655,459
경북	13	4,120	2,722	3,850,319
경남	39	15,826	6,899	6,983,561
황해	9	4,120	658	475,191
평남	9	2,841	282	334,105
평북	11	3,445	1,239	744,153
강원	22	6,925	2,177	1,670,791
함남	8	4,163	1,893	1,465,176
함북	26	5,845	3,961	2,108,835
합계	209	114,277	26,529	21,789,712

1931년에 이르면, 어업조합 수가 더 증가하게 된다. 그리하여 전남은 61 개로, 경남은 39개로 각각 증가하게 된다. 조합원 수에 있어서도 전남이 6만 4천여 명으로 가장 많지만, 어선수나 어획고에 있어서는 경남에 뒤처 지고 있다. 전국에서 가장 규모가 큰 조합은 완도군 해태조합으로 조합원 수가 9천 400여 명이고, 그 다음을 차지하는 곳이 제주도 해녀조합, 고흥군 해태조합, 금일 어업조합, 광양군 해태조합, 장흥군 해태조합 순이다. 전국 최대의 단위 어업조합을 전남이 독차지 했다. 이 가운데 '광양해태조합'의 경우 조합원 수가 2천 734명에 이르고, 수확액이 4만 3천여 엔에 이르고 그것을 전량 공동 판매했다. 조합 적립금 가운데 조합원 104명에게 1만 4 천 엔 정도를 대부했다.

이곳 조합장의 위세가 대단했을 것 같다. '광양해태조합' 이사로 활약한 바 있는 영광 출신 박준규(朴準圭)는 광양금융조합장, 호남은행 목포지점 장 등을 거쳐 해방 직후 도민대회에서 전남도 건준의 새 위원장이 되었다. 어업 조합장 가운데 횡포를 저지른 이도 적지 않았다. 당시 신문 보도를 보면, 어업조합 분규가 심심치 않게 보인다. 가령 고흥군 금산면 신평리에 사무실을 둔 고흥해태조합은 일본인 이사가 사기횡령으로 3년간 1만여 원 을 먹고 죽자, 조합원 3천여 명의 사활이 걸리게 되었다. 이 해결을 위해 노동조합, 노농청년회, 청년회 등 군내 사회단체가 현지에 파견되기도 했 다. 그래서 부당 회비 납부 거부 운동 등이 완도 등지에서 벌어졌다. 횡포 를 넘어 친일 행위를 한 조합도 있었다. 장흥군 대덕면 회진리에 있는 해태 조합의 조합장 한국인 이세옥과 이사 일본인 야마자키 두 사람은 조합명으 로 일제의 침략 전쟁용 고사용 기관총 1대를 헌납하기 위해 돈 2천 48원을 휴대하고 서울로 올라갔다. 이러했으니, 조합장 역임자 가운데는 나중에 친일인사로 분류된 사람이 있다.

일제 치하에 만들어진 어업조합은 1962년에 제정된 「수산업협동조합법」 에 의해 어촌계로 개정되어 오늘에 이른다. 상대적으로 관심이 안 간 어촌 계 문서를 수집하여 연구하는 것도 시급한 일인 것 같다.

6) 일본 어민-남해안 이주

일본인이 우리 바다에 들어와 조업한 때는 조선 초기로 확인된다. 그때 거문도 근해도 일본인 출몰 지역이었다. 강화도 조약 체결 이후 일본어민 이 우리 영해에서 조업을 하기 시작했다. 최초 입어자는 1883년에 제주도 에 왔다. 경남 근해에 대거 몰렸다. 분쟁을 막기 위해 양국은 이런저런 약 정을 맺었다. 일제는 을사조약 강제 체결 이후 일방적으로 예전의 약정을 파기하고서 새로운 통고문을 우리 정부에 발송했다. 제1조에 "일본국민은 한국의 연해, 강, 만, 하천, 호수에서 어업을 영위할 수 있다."가 들어 있다. 이제 본격적으로 우리 바다를 침탈하겠다는 신호탄이었다. 해가 갈수록 입어자가 늘었다. 멸치, 도미, 삼치 등을 싹 쓸어갔다. 군함을 파견하고 순항하며 현지인에게 위협을 가했다.

이런 상황에서 전라도 바다도 일본어민의 주요 침탈장이 되었다. 제주도, 추자도, 거문도, 청산도, 소안도, 생일도, 나로도, 흑산도, 목포, 칠산, 고군산도, 군산 근해에서 삼치, 도미, 가오리, 상어, 방어, 오징어, 뱀장어, 조기, 전복, 해삼 등을 잡았다. 전복은 통조림으로 가공되어 중국으로 수출되었는데, 완도군 생일도에는 일본인 종업원 120인이 일하는 국내 굴지의 통조림 공장이 있었다. 삼치나 도미는 염장되어 일본으로 반출되었다. 염장을 위해 어복, 즉 고기 배를 절개하는 작업에는 바닷가 사람들이 투입되었다. 조기는 우리 상인에게 판매되었다. 일부 어종은 목포로 이송되어 어묵으로 가공되었다. 전라도 해안에 일본 어선이 오지 않는 곳이 없었다. 칠산 바다에 들어와 조기를 잡는 일본 어선이 수백 척에 달한 때가 있었다. 그들이 드나들었던 항구가 1910년 이전에 전남은 62개 항으로 경남의 69개 항 다음으로 많다.

1907년에 목포 거주 일본인 이시모리가 무안군 몽탄진에 굴 양식장을 개설하겠다고 제출한 것을 허가해주었다. 몽탄 맞은편 영암 땅에도 몇 군데 굴 양식장이 허가 났다. 섶발을 계단식으로 설치하여 굴을 양식하는 방식을 썼는데, 종패 부착이 여의치 않아 성과는 좋지 못했다. 순천만에는 고막 양식장이 허가 났다. 당시 일본 정부가 자국 어민에게 추천한 양식업종과 지역 가운데 전라도의 경우 굴은 광양만, 순천만, 보성만, 강진만이, 꼬막伏貝은 광양만, 순천만, 보성만, 강진만이, 김은 섬진강구, 영산강구 등이었다.

일본인의 어시장이 개설되었다. 전라도에는 목포어시장, 군산수산주식회사 등 2개가 있었다. 목포어시장은 1897년에 부산 거주 일본인 우스이가 자국인 20인과 함께 설립했다. 매일 아침 1회 경매가 개시되고, 선어 · 염어 · 건어를 불문하고 위판고의 1할이 수수료이고, 중매인은 8인이었다. 군산수산주식회사는 목포보다 늦게 설립되어 다른 어시장에서는 행하지 않는 선매(船賣), 일명 '뱃떼기'를 했다. 이는 어선에서 어물을 하역하는 데에 소요되는 노임을 절약하기 위해 적재 어획물의 총 값을 결정하여 판매하는 경매 방법이다.

일제는 자국 어민의 한반도 입어를 장려했다. 수산물의 확보와 수출을 위해서기도 했지만, 러일전쟁을 수행하는 자국 군인의 부식품 제공을 위해서였다. 여기에 일본 지자체도 팔을 걷고 나섰다. 가령, 시코쿠 에히메현은 1913년에 완도에 가옥 10호 건설비 3,160엔과 우물 2개 발굴비 40엔을 지급하고, 이주자 11호에 도항비 보조금 220엔을 지급했다. 그리하여 전라도 곳곳에 일본인 이주어촌이 있었다. 1908년 발간 『한국수산지』를 보면, 전라도에는 10여 곳이나 있었다. 나로도의 경우 14호에 100인이 있었다.

영산강 하류의 무안군 몽탄은 옛날부터 뱀장어의 산지였다. 1907년에 뱀장어 어획을 목적으로 규슈 사가현 사람의 이주어촌이 건설되었다. 20년 뒤에 뱀장어 통조림 공장이 두 군데나 들어서 통조림을 일본, 만주, 미국에까지 수출했다. 해방 이후 몽탄 위쪽의 나주 구진포에 장어거리가 형성되어 성황을 이뤘으나, 영산강 하구언 공사로 장어가 사라져 장어집도 문을 닫고 말았다.

여수 치도(治島)에 처음 들어와 갯장어를 잡던 일본인은 나중에 고흥 나로도에 터를 잡고서 활어 운반선을 통해 일본으로 실어 날랐다. 우리 어민과 갈등은 피할 수 없었지만, 맨발과 훈토시 바람의 거의 나체로 돌아다녀

눈살을 찌뿌리게 했다. 토지와 물 사용도 갈등의 요인이었다. 심지어 부녀자를 성추행하는 사건마저 발생했다. 어떤 지역에는 일본 어민 향우회(어민단체)가 있었다.

한편, 과거 군사요지였던 여수는 순천에서 떨어져 나와 독립 군(郡)이 된 후, 일제 강점기 때에는 수산물 집산지로 성장하고 있었다. 그에 부응하여 1917년에 여수공립간이수산학교(현재 전남대학교 여수캠퍼스 전신)가 설립되어 수산 분야 인재를 양성했다. 여수는 수산도시로서의 기반을 나날이 축적했다. 『호남평론』이란 잡지의 1936년판에 다음과 같은 내용이 실렸다.

> "수산업은 여수군의 생명인데 다도해에 작은 섬이 산재하고 한난 해류가 흘러서 어족과 해조류 등이 많고 여기에 어업 종사자가 1만 5천 791호이어서 연산액이 400만 원에 달한다. 수산물의 집산을 위주로 한 여수항은 종래 육상운수기관 불비와 수산물을 처리할 얼음의 공급불편으로 인해 그 집산상 큰 어려움이 있었으나, 전남제빙회사 창립과 남조선철도교통으로 여수를 중심으로 한 해륙 각지에 얼음 공급이 윤택되어 냉장사업 기타 이용할 곳 많아서 수산업자의 이익이 적지 않아 수산업의 발전이 유망하다. 양식업의 종류는 굴, 해태인데 그 생산액은 2만 8천 원이다. 굴은 주로 돌산면, 남면, 화정면, 율촌면에서, 해태는 주로 삼일면, 화양면, 돌산면, 남면, 화정면에서 양식한다."

일본 어민들이 들어와서 주변에 자리 잡고, 김이나 굴 등의 양식업이 보급되고, 철로가 개통되면서 여수는 어업도시로 발돋움하고 있었던 것이다.

역사 속으로 한 걸음 더

어촌 마을 줄다리기

농촌 마을은 줄다리기를 농업용수와 관련지어 행해왔다. 그러면 어촌 마을은 어떠했을까? 줄다리기를 배를 단단하게 메는 뱃줄의 강도를 시험하는 행사로 활용한 어촌 마을이 있다.

강진 마도진(현재 마량)은 서남해를 오가는 많은 선박들이 정박하는 큰 포구였다. 그곳 사람들은 칡넝쿨로 뱃줄을 만들어 정월 대보름에 줄다리기를 해온 곳으로 유명하다. 주민의 단결을 키우고 오락을 즐긴다는 목적 외에 배 닻줄로 사용하기 위해 줄이 얼마나 튼튼한가를 실험하기 위해서였다고 한다.

줄다리기가 끝나면 이 줄은 각 마을에 나누어 주어 닻줄로 쓰게 했다. 닻은 바다에 던져 배를 움직이지 않게 고정시키는 갈고리이다. 닻줄이 끊어지면 배가 떠밀려 갈 수밖에 없다. 따라서 미리 배의 위험을 막자는 취지에서 마량 사람들은 이런 줄다리기를 했음에 분명하다.

4. 굴비와 김, 음식문화를 바꾸다.

나주 흑산도 사람 문순득(文順得)이 표류되어 여송국(呂宋國)에 들어갔었는데, 그 나라 사람의 형모와 의관을 보고 그들의 방언을 또한 기록하여 가지고 온 것이 있었다. 〈『순조실록』 9년 6월 26일〉

흑산도 사람 문순득이 표류하여 지금의 필리핀 여송국에 들어갔다가, 오키나와와 중국을 거쳐 고향으로 돌아옵니다. 무엇하러 바다에 나갔을까요? 인근 섬으로 홍어를 사러갔다가 표류한 것입니다. 삭힌 홍어는 전라도 많은 사람들의 삶에 영향을 미친 물고기입니다. 이 외에 조기를 굴비로 가공하고 김과 꼬막을 양식한 전라도 사람들의 지혜는 우리나라 음식문화에 발달에 큰 영향을 미칩니다.

1) 굴비-수산 가공식품

전라도 사람들은 어물 가공업에 남다른 식견을 지니고 있었다. 대표적인 것이 조기와 홍어이다. 하나씩 알아보자.

조기는 난류 어종으로 해류를 따라 북상하다 산란을 위해 3~4월에 펄이 쌓여 수심이 얕은 영광 칠산도에서 위도 사이의 바다에 모여 든다. 산란에 대비하여 영양분을 축적한 이때의 조기는 알이 꽉 차 있고 살이 올라 있다. 칠산바다에서 잡은 조기는 맛있기로 유명하여 이를 잡고 팔기 위해 각지에서 모여든 어선과 상선으로 칠산바다에 파시(波市)가 곡우부터 입하까지 형성되었다. 고등어(거문도, 청산도), 멸치(추자도), 강달어(비금도), 민어

(임자도), 젓새우(낙원도) 철에도 파시가 형성되었다. 그래서 파시는 전라도 역사의 한 페이지를 만들었다.

칠산 파시에 관한 최초의 기록은 15세기 초에 나타난다. 즉, "조기는 군의 서쪽 파시평(波市坪)에서 난다. 봄·여름 사이에 여러 곳의 어선이 모두 이곳에 모여 그물로 잡는데, 관청에서 그 세금을 받아서 나라 쓰임에 이바지한다."고 했다. 그 모습은 19세기 『임하필기』에 다음과 같이 그려져 있다.

> "법성진의 동대(東臺) 위에서 멀리 칠산도를 바라보면 바다의 형세가 한눈에 들어온다. 매양 조기가 올라올 때가 되면 이를 잡으려는 배들이 바다 위에 늘어서는데, 영락없이 파리 떼가 벽에 달라붙은 것과 같아서 그 수효를 헤아릴 수 없을 정도이다."

19세기 말기에 법성포에 들어온 사람은 팔도의 배 수 천척이 모여 들어 고기를 판매하는데 그 값어치가 수십만 냥에 이른다거나, 팔도에서 모여 들어 어망을 치는 배가 몇 백 척이요 상선의 왕래 또한 수 천척에 이른다고 하였다. 조기를 잡고 팔기 위해 수천 척의 어선과 상선이 법성포를 근거지로 삼았다는 말이다. 그 어선이 잡은 조기는 대부분 법성포로 반입되었고, 그 조기는 법성포 어상에 의해 소금에 절인 후 말린 굴비로 가공되었다. 이 모습을 보기 위해 국문학자 가람 이병기(李秉岐)가 1927년에 법성포에 왔다. 갯바람에 밀려오는 코를 찌르는 듯한 비린 냄새를 맡고서, 이곳이 영광굴비가 본래 나오는 곳이라고 했다. 이어서 말했다.

> "봄만 되면 칠산바다에서 날마다 산더미같이 잡힌 조기가 배에 실려 법성포로 다 모여들면 기다란 토막나무를 이리저리 걸쳐 놓고 그 토막나무에 그 조기들을 척척 걸어 말린다."

이렇게 생산된 굴비는 음력 5월에 본격 출하되었다. 법성포 상선과 보부상에 의해 전국에 유통되었다.

정약전의 말에 의하면, 조기 큰 놈은 한 자 남짓 되었다. 모양은 민어를 닮았고 몸은 작으며, 맛 또한 민어를 닮아 아주 담담하다 했다. 서유구는 이렇게 말했다. "장사꾼들이 운집해서 배에 싣고 와 소금을 네 번 쳐서 절여 건어를 만들거나 소금에 절여 젓을 담그는데, 이곳이 온 나라에 넘쳐흐르니 귀천을 불구하고 다 좋아한다고 했다. 대개 바다 물고기 중에서 가장 많고 맛도 매우 좋은 것이다."

조기는 석수어(石首魚)나 석어(石魚)로, 굴비는 구비석수어(仇非石首魚)나 건석수어(乾石首魚)로 역사서에 적혀 있다. 둘 다 진상품이었다. 1776년에 작성된 『공선정례』를 보면, 전라도는 3월에 '세린 석수어'를, 5월에 '구비 석수어'를 진상품으로 궁중에 상납해야 했다. 5월에 굴비가 본격 출하되었고, 이와 때를 같이 하여 법성포 단오제가 시작되었음을 알 수 있다.

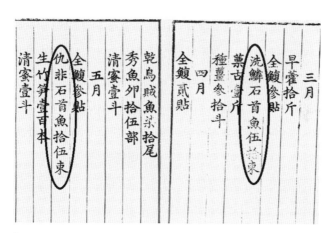

『공선정례』. 전라도에서 임금 궁궐에 3월에 '세린 석수어' 50속, 5월에 '구비 석수어' 15속을 각각 바쳤다.

굴비는 소금에 아무리 절여도 모양이 굽어지지 않는다 해서 붙여진 이름이다. 하지만 고려 이자겸과 관련되어 있다는 설화도 전한다. 이자겸이 난을 일으켰다가 실패한 후 영광으로 유배 왔다. 그곳에서 해풍에 말린 조기 맛에 감탄하여 '굴비(屈非)'라는 글자를 써서 임금에게 선물로 보냈다. 귀양살이를 하지만 목숨을 부지하기 위해 비굴하지 않겠다는 취지였다 한다. 19세기 후반 전라도 어느 고을 읍지를 보면, 조기는 석어(石魚)로 적혀 있고 1속 값이 1전 5푼이다. 굴비는 굴비(屈非)로 적혀 있고 1속 값이 2전이다. 굴비가 조기보다 배 가까이 비쌌다.

2) 홍어–전라도 상징

선사와 고대의 유적에서 홍어 뼈와 홍어 잡이 낚시 · 그물 · 돌살이 서남해에서 발견된 것으로 보아, 전라도 사람들이 일찍부터 홍어(洪魚)를 먹었음을 알 수 있다. 홍어는 흑산도 근해에서 많이 잡힌다. 고려 말에 왜구들이 흑산도, 즉 영산도를 공격했다. 살 수가 없게 되자 그곳 사람들은 나주 남포로 나와 터를 잡으니, 그곳이 영산포가 되었다. 그리하여 흑산도 홍어는 목포를 거쳐 영산포까지 배로 운송되었다.

강진 출신의 17세기 선비 곽성구(郭聖龜)가 광주목사 때 영암 출신의 신천익에게 홍어와 대합을 부탁한 적이 있는 것으로 보아, 제법 인기가 있었던 것 같다. 이 무렵 한 시인이 홍어에 대해 읊은 시를 보면, "부드러운 뼈는 씹기가 좋고, 넉넉한 살은 국 끓이기 좋아라"고 했다. 홍어가 제사상에도 올라왔다. 그래서 홍어 장사가 제법 활약했다. 우이도 홍어 장수 문순득이라는 사람은 홍어를 구입하러 태사도라는 섬으로 가다가 풍랑을 만나 표류하여 오키나와, 필리핀, 마카오, 베이징을 거쳐 3년 만에 집으로 돌아온 적이 있다.

목포까지는 생으로 와서 목포 사람들은 생홍어를 즐겼다. 하지만 영산포까지 오는 도중 삭혀져서 영산포 사람들은 삭힌 홍어를 즐겼다. 『자산어보』에도 나주 가까운 고을에 사는 사람들은 삭힌 홍어를 즐겨 먹는데, 지방마다 기호가 다르다고 했다. 흑산도에서 영산포까지 풍선배는 15일 정도 걸렸다. 이 삭힌 홍어가 다시 내륙으로 보급되어 전라도 사람들의 입맛을 사로잡았다. 항아리에 짚을 넣어 일부러 삭혔다. 삭힌 홍어에 돼지고기, 김치, 탁주가 어우러진 음식은 전라도를 대표하게 되었다. 즐거운 날 홍어는 전라도 음식상에서 빼놓을 수 없었다. 그리하여 영산포는 홍어의 중심지가 되었다. 조선시대 읍지를 보면, 영산포 부근에 '홍해(洪海)'라는 마을이 보인다. 홍어를 전라도 방언으로 '홍해'라고 한 것으로 보아, 홍어를 전문적으로 취급하는 사람들이 이 마을에 집단으로 살았을 것 같다. 홍어 음식문화가 영산포에서 발달하게 되었다. 하구언으로 영산강 뱃길이 끊겼음에도 불구하고 영산포 홍어는 명맥을 유지하고 있고, '영산포 홍어 축제'는 이런 유래를 담고 있는 것이다.

이처럼 전라도 어민들은 어물을 생물 그대로 팔기도 하지만, 말리거나 삭히고 소금에 절이는 방법으로 가공하여 장기 저장하거나 원거리 운송하기도 했다.

3) 김-광양에서 양식

갯벌이 넓기 때문에 전라도에서는 각종 조개류와 해조류가 산출되었다. 조개류로는 주로 전복, 홍합, 맛, 꼬막, 굴 등이, 그리고 해조류로는 주로 미역, 감태, 가사리, 다시마, 김 등이 산출되었다. 전라도 사람들은 이들의 자연 산출에 만족하지 않고 민족경제를 살리기 위해 인공 양식에 도전했다. 그리하여 성공한 것이 한 둘이 아닌데, 김과 꼬막이 대표적이다.

먼저, 김에 대해 알아보자. 김을 영미권 사람들은 보통 'black paper'라고 한다. '검은 종이'이니, 김으로 밥을 싸서 먹는 동양 사람들의 식생활을 서양 사람들이 처음에 이상하게 여겼다. 하지만 요즘은 사정이 다르다. 서양인에게 김이 대중적인 식품이 되어 있기 때문이다. 그 결과 2016년에 우리나라 김이 90여 개국에 3억 5천만 달러 수출되었다. 2017년에는 매일 컨테이너 46개 분량의 김이 수출될 정도였다. 수출량의 증가와 함께 조리법도 개발하여 보급 중이라고 한다. 김이 우리의 효자 수출 상품이 되어 있고, 양식 어민들의 소득 향상에도 기여하고 있다. 그런데 그 김 생산의 전국 80%를 전남이 오늘날 차지하고 있고, 김 양식에 최초로 성공한 곳이 바로 전남 광양이다. 이 대목에서 타도(他道) 제조업체가 생산한 '조리김'이 시중에 대량 유통되고 있는 현실은 어떻게 받아들여야 할까?

우리는 김을 해의(海衣)라고 했다. 『왕조실록』, 『동국여지승람』, 『만기요람』 등 조선 정부의 공식 문서에 죄다 해의로 기록되어 있다. 본래 해의는 자연산이다. 바다 속 돌 위에 자연적으로 돋는 이끼[苔]로서 빛깔은 붉다. 그것을 채취해서 마치 종이처럼 조각으로 만든 것이 해의이다.

해의는 삼국 때에는 찾아지지 않는다. 고려 말 이색이 강릉 관리가 보내준 해의로 밥을 싸 먹으면서 향기가 좋다고 감탄한 적이 있다. 조선에 들어와서는 중국 명나라를 가는 외교관이 선물로 가지고 갔다. 이 무렵 이미 중국에 조선의 해산물로 해의가 있다고 알려져 있었다. 세종 때 150 근(斤)을 가지고 간적이 있다. 일본에 통신사가 갈 때도 해의를 가지고 갔다. 그리고 해의는 우리 백성이 왕실과 중앙관아에 바치는 진상품이자 공물이기도 했다. 17세기 전반에 편찬된『승평지』를 보면, 순천에서는 진상으로 해의 7첩을, 공물로 의영고에 30첩을 각각 바쳤다.

조선 건국 초 충청도 태안, 경상도 울산·동래·영덕, 그리고 전라도 일원에서 산출되는 것으로 기록되어 있다. 조금 지나 15세기『세종실록 지리지』를 보면, 충청도의 홍주·서천·태안·면천·비인·남포·결성·보령·해미 등 9읍, 경상도의 경주·울산·흥해·동래·청하·영일·장기·기장·영해·영덕·곤양 등 11읍, 전라도의 나주·제주 등 2읍, 강원도의 강릉·평해·간성·울진 등 4읍이 해의 산지로 나온다. 이때까지만 해도 해의 주산지는 동해 바다 쪽이었음을 알 수 있다. 그래서 그런지 허균은『도문대작』에서 해의는 "남해에서 나는데, 동해 사람들이 주먹으로 짜서 말린 것이 가장 좋다."고 말한 바 있다.

2백여 년 지난 17세기 초기로 가면 해의 단위로 첩(貼)이 나온다. 우리가 요즘 보는 것처럼 한 장 두 장 묶어서 포장했던 것 같다. 바로 이때 전라도 광양 사람 김여익(金汝翼)이 나무토막에 해의가 붙어 있는 것을 발견하고서 양식을 시험한 결과 성공에 이른다. 이보다 뒤에 완도군 조약도 사람 김유몽이 해안에 떠다니는 나무에 해의가 부착되어 있는 것을 보고 다음 해부터 해의를 양식했다는 이야기도 전한다. 여러 기록을 종합해 보면, 광양설이 옳다. 금새 광양은 우리나라 해의 생산의 중심지가 되었다. 19세기 중반 모 광양현감은 태인도에서 해의세(海衣稅)를 600냥이나 거두어서 그 가운데 183냥을 꿀꺽 삼켜먹었다가 암행어사에게 들통 난 적이 있었다. 1925년 잡지에 실린 답사기를 보면, 해의는 광양군의 특산으로 양식면적이 38만 5천 평, 연산액은 35만 원에 이르러 내외로 많이 수출한다고 했다.

김역사관(광양). 김 양식이 최초로 시작되었음을 알리기 위해 세운 기념관이다.

광양에서 해의 양식에 성공하자, 전라도 사람들은 해의를 전라도 언어로 말하고 적었다. ①'해의'를 전라도 남부 해안지역에서는 '해우'라 발음한다. ②전라도 사람들은 해의를 최초 양식자인 김여익의 성을 따서 '김'이라 적었다. 그래서 다산도 『경세유표』에서 전라도 해조류를 말하면서 '俗名曰 海衣 方言曰昳', 즉 '속명은 해의이지만 방언은 '짐'(김을 짐으로 발음)이라 한다고 하였다. ③김 수량을 세는 단위로 토(吐)가 사용되기 시작했는데, 모르긴 몰라도 토는 전라도 방언 '톳'을 그렇게 적은 것 같다.

김을 묶는 단위와 값은 어떠했을까? 19세기 후반 자료를 통해 바닷가 두 곳과 육지 두 곳을 알아보자.

19세기 후반 전라도 김값

구분	지역	1톳 값	1톳 장 수
바닷가	영암	0.03냥	50장
	좌수영	0.05냥	
육지	전주	0.10냥	40장
	능주	0.08냥	

영암에서는 50장을 1톳이라 했으나, 전주에서는 40장을 1톳이라고 했다. 당시 도량형이 유통권마다 조금씩 달랐던 점은 널리 알려진 사실이다. 그로인해 불편이 많아서 갑오개혁 때 도량형 통일에 나섰다. 아무튼 당시 상황은 1톳을 100장씩 묶는 지금과는 달랐다. 이때 1톳 김 값이 바닷가인 영암은 3푼이고 여수는 5푼이었지만, 육지인 전주는 1전이고 능주는 8푼이나 되었다. 육지 지역 값이 더 비쌌음을 알 수 있다. 전주의 경우 김 4장 값이 1푼인 셈이다. 1푼은 상평통보 동전 1개이다.

양식을 함으로써 김은 전라도에서 대중화에 성공했다. 그런데 좋을 것만 같았던 전라도 사람들에게 불덩어리가 떨어지고 말았다. 많은 양의 김이 진상물로 배정되었기 때문이다. 1776년에 작성된 『공선정례』를 보면, 전라도는 12~2월까지 김을 진상품으로 각 궁에 상납해야 했다. 『호남공선정례』를 보면, 모두 163첩이나 되었다. 이는 강진, 광양, 낙안, 보성, 순천, 영암, 장흥, 진도, 해남, 흥양 등 남해안 고을에 배정되었다. 문제는 납품 때 색깔이 변했다거나 맛이 떨어진다고 트집 잡는 궁궐 사람들의 횡포, 제때에 물량을 확보하기 어렵도록 어긋나는 날씨와 절기는 전라감사로 하여금 골치를 아프게 했다. 또한 중앙에서 '대해의(大海衣)'라 하여 규격이 큰 것을 요구하여 민폐를 자아낸 적도 한 두 번이 아니었다. 그래서 진상용 김의 제품 규격을 제정하게 되었다. 길이는 1자 1치, 넓이는 9치, 1첩은 20장, 무게는 13냥 1돈으로 각각 정했다.

김은 조선 사람들의 입맛을 파고들었다. 기름과 간장을 먹이고 햇볕에 말린 김이 있어서 물과 함께 먹고 마시니 맛이 좋아 기름진 팔진미보다 나았다고 평한 이도 있었다. '김 부각'을 만들어 먹었음에 분명하다. 그리고 기름과 소금을 발라 구운 김을 반찬으로 먹기도 하였다. '조리 김'임에 분명하다. '유염자해의설 골동반(油鹽炙海衣屑 骨董飯)', 즉 기름소금을 발라 구운 김의 가루로 만든 비빔밥도 있었다. '김 가루'로 비빔밥을 만들었던 것이다. 그 결과 김이 선물로 편지 속에 자주 등장한다. 예를 들면 추사 김정희가 하동 쌍계사의 차, 동지 전에 일찍 수확한 광양 해의를 지인에게 부탁하고서 겸연쩍 했던지 웃고 넘어간 적이 있다. 18세기에 고흥 출신 선비가 용무 차 서울 올라갈 때에 김을 잔뜩 가지고 가서 여러 지인들에게 한두 톳씩 선물로 주었다. 전라도 김을 찾는 이가 많았고 그 김을 다양하게 조리하여 먹었음을 알 수 있다.

완도의 대발을 이용한 지주식 김양식(1930년)

20세기 초기에는 섬진강 입구의 광양 지역에서 대나무나 밤나무를 뻘에 꽂는 '섶꽂이 식'으로 김 양식이 많이 행해졌다. 그러다가 점차 새로이 완도 지역에서 대 발을 이용하여 김을 양식하기 시작했다. 광양에서 시작한 김 양식업이 전남 남해안 전역으로 확산되며 양식법도 진화했다. 그러는

일본 박람회에 출품하여 입상한 전남산 김

사이에 김의 이름도 해태(海苔)로 바뀌었다. 해태란 단어는『조선왕조실록』에 한 건도 보이지 않는다. 전라감사가 도정을 보고한 문서에 유자, 죽순, 해의, 해태, 생복, 전복이 열거되어 있으니, 해태는 미역으로 짐작된다. 그러면 해태는 어디 말인가? 일본말이다. 해의가 일본식 해태로 바뀐 것이다. 때는 일제가 '한국어업법'을 제정하여 일본인이 한국에서 '어획양식(漁獲養殖)'과 '해조해태(海藻海苔)'를 하게 한 1908년으로 거슬러 올라간다. 이에 따라 '해태조합(海苔組合)'이 도내 도처에 조직되었다.

해태조합에서 생산한 김은 일제 때 대부분 일본으로 수출되었다. 일본에서 품질이 가장 우수한 김은 전남에서 생산된 것이었다. 그 결과 1928년에 일본 교토에서 열린 박람회에 출품한 '완도군해태조합' 김이 최고상인 금패를 받았다. 이때 '전남수산회' 출품 김이 은패를, '고흥해태조합' 출품 김이 동패를 수상하는 등 전남산 김이 상패를 싹 쓸고 말았다.

세월이 흘러 20세기 중반을 넘기자, 그물을 이용한 김 양식이 시작되었다. 그와 함께 채취한 물김을 기계를 이용하여 김을 만드니, 건조장에서 하나씩 햇빛에 말려 만드는 '자연김'이 꼬리를 감추기 시작했다.

4) 꼬막-벌교를 대표로

이어, 꼬막에 대해 알아보자. 꼬막은 기록에 여러 이름으로 적혀 있고,

지방마다 서로 다른 이름으로 불리었다. 이로 보아 꼬막은 우리나라 사람들에게 잘 알려져 있지 않은 수산물이었던 것 같다. 그러나 전라도 사람들은 아주 오래 전부터 꼬막을 즐겨 먹어왔다. 전라도 지역 선사시대 패총에서 꼬막 껍질이 나오기 때문이다.

고려시대 1265년 무렵에 '마도 3호선'이 여수에서 임시수도 강화도로 가다가 충청도 태안 마도 해역에서 좌초되었다. 배는 2011년에 발견되었다. 길이는 12m, 폭은 8m 정도 된다. 안에서 당시 최고 권력자에게 가던 전복·홍합·상어 등의 해산물과 곡물이 화물로 나왔다.

화물 가운데 전복은 식자재로 사용되고, 먹고 남은 껍데기는 나전칠기(螺鈿漆器)의 소재로 사용되었다. 나전칠기란 얇게 썬 조개껍데기를 여러 가지 형태로 오려내어 기물에 붙이고 그 위해 옻칠을 하여 만든 공예품인데, 고려 때에는 외국에 선물로 보내지는 명품이었다. 그 나전칠기의 소재로 사용된 전복은 일본~남해안~제주도 산이라고 한다.

그리고 '마도 3호선' 화물 가운데 내부에 한자가 적혀 있는 꼬막 껍질이 있는데, 이를 '묵서명 꼬막 껍질'이라고 한다. 이 꼬막 껍질은 수취인 또는 화물 종류가 적혀 있는 물표로 사용된 것이다. 여수 쪽 사람들이 일찍부터 꼬막을 널리 먹었고, 먹고 남은 껍질을 여러 용도로 재활용하였음을 알 수 있다. 필자가 어렸을 때 자주 들은 '꼬막만한 놈'이라는 말도 전라도 사람들이 꼬막을 즐겨 먹었음을 의미할 것이다.

18세기『여지도서』를 보면, 해남·강진·장흥·보성·순천·흥양에서 감합(甘蛤)이 난다고 기록되어 있다.『임원경제지』에 기록된 영암·해남·흥양·광양의 읍내장 거래물 가운데 감합이 보인다. 꼬막을 감합으로 적은 것 같다.

정약전의『자산어보』를 보면 전라도 사람들은 '고막(古莫)'이라고 불렀고, 이 이름은 이후 대표적인 이름으로 채택되어 오늘에 이른다. 기록이 없어 정확한 시기는 알 수 없지만, 전라도 사람들은 일찍부터 꼬막을 양식하기 시작했다. 20세기 초기 조사서를 보면 순천·여수와 고흥을 끼고 있는 여자만, 고흥과 보성을 끼고 있는 득량만, 그리고 강진만 일대에서 꼬막을 양식하고 있었다. 이후 이곳에 들어온 일본인들도 꼬막을 양식하여 오늘날에는 '벌교 꼬막'으로 자리 매김을 하게 되었다.

이 외에 영광군 낙월도, 신안군 전장포는 우리나라 새우젓의 80%가 나는 곳이다. 그 덕택에 인근 아낙네들의 김치 솜씨도 일품이다. 이처럼 농산물·임산물과 함께 각종 수산물이 산출되기 때문에, 전라도의 음식 문화 또한 발달하지 않을 수 없었다. 신라의 문무왕의 아우인 차득이 광주를 여행하던 중 안길이라는 광주 사람의 접대를 받는데, 음식이 50가지나 되었다. 조선시대에도 그러했다. 남쪽으로 공무차 내려오는 관리가 경기도와 충청도를 거쳐 전라도에 들어오면 우선 변하는 것이 상에 올라오는 반찬 가지 수였다. 이는 오늘날의 남도 한정식으로 이어지고 있다.

참고문헌

1장 넓은 평야로 전국을 먹여 살리다

강명진, 「1910~30년대 아베 일가의 동진강 유역 간척과 농업수탈」, 『한국근현대사연구』 73, 2015.

고동환, 「여암 신경준의 학문과 사상」, 『지방사와 지방문화』 6-2, 2003.

고성훈, 「1869년 광양란 연구」, 『사학연구』 85, 2007.

국립해양문화재연구소, 『고려 뱃길로 세금을 걷다』, 예맥, 2009.

권태환, 「조선왕조시대 인구추정에 관한 일시론」, 『동아문화』 14, 1977.

김경숙, 「19세기 나주지역의 토지거래와 지가변동」, 『역사학연구』 42, 2011.

김경옥, 「19-20세기 비금도 간척지의 조성과 이용실태」, 『한국학연구』 41, 2016.

김기주, 「조선중기 금남 최부의 정치활동」, 『전남사학』 24, 2005.

김덕진, 「정한순, 임술농민항쟁의 지도자」, 『변혁기의 인물과 역사』, 사회문화원, 1996.

김덕진, 『조선후기 지방재정과 잡역세』, 국학자료원, 1999.

김덕진, 「전라도 순천 해창의 설치와 풍경」, 『전남사학』 22, 2004.

김덕진, 「대명 의리론을 실천한 양제신」, 『소쇄원 사람들』 2, 선인, 2011.

김덕진, 「해광 송제민이 학문성향과 의병활동」, 『역사학연구』 44, 2011.

김덕진, 「다산의 강진 유배와 기근」, 『역사와 실학』 61, 2016.

김덕진, 「조선후기 서양식 수차와 실학자 이여박」, 『남도문화연구』 33, 2017.

김덕진, 「동강 이의경의 생애와 사상」, 『민족문화연구』 81, 2018.

김덕진, 「실학자 이여박의 수학 연구와 『이수원류』 편찬」, 『남도문화연구』 34, 2018.

김덕진, 「조선후기 전라도 향화촌 · 황조촌」, 『전쟁과 전라도 지역사』, 선인, 2018.

김봉곤, 「조선후기 보성사인 박형덕의 생애와 향촌교화책」, 『호남문화연구』 46, 2009.

김아람, 「한국전쟁기 황해도민의 서해안 피난과 전후 전라남도 정착」, 『동방학지』 180, 2017.

김아람, 「1960년대 개척단의 농지조성과 갈등 구조」, 『사학연구』 131, 2018.

김영진, 「응지농서로 엮은 양익제 농서의 연구」, 『농촌경제』 13, 1990.

김영진, 「해제」, 『응지진농서』 1, 진한엠앤비, 2014.

김용섭, 『한국근대농업사연구』, 일조각, 1984.

김용섭, 『한국근현대 농업사연구』, 일조각, 1992.

김은정, 「마한 주거 구조의 지역성」, 『중앙고고연구』 24, 2017.

김주성, 「벽골제의 기능」, 『백제문화』 58, 2018.

김태호, 『근현대 한국 쌀의 사회사』, 들녘, 2017.

망원 한국사 연구실, 『1862년 농민항쟁』, 동녘, 1988.

무등역사연구회, 『광주 · 전남의 역사』, 태학사, 2001.

박광성, 「고종조 민란연구」, 『전통시대의 민중운동』 하, 풀빛, 1981.

방기중, 「17.18세기 전반 금납조세의 성립과 전개」, 『동방학지』 45, 1984.

배항섭, 「임술민란 전후 명화적의 활동과 그 성격」, 『한국사연구』 60, 1988.

배항섭, 「나주지역 동학농민전쟁과 향리층의 동향」, 『동학연구』 19, 2005.

손병규, 『호적』, 휴머니스트, 2007.

손병규, 『조선왕조 재정시스템의 재발견』, 역사비평사, 2008.

손태도, 「동학농민혁명과 광대집단의 활동」, 『역사민속학』 53, 2017.

송규진, 『통계로 본 한국근현대사』, 아연, 2004.

순천대,『자료로 본 우석 김종익』, 1994.

안동교, 「간찰에 나타난 학술적 교유의 양상들」,『고문서연구』 38, 2011.

안병우,『고려전기의 재정구조』, 서울대출판부, 2002.

양선아, 「19세기 궁방의 간척」,『한국문화』 57, 2012.

염정섭,『조선시대 농법 발달 연구』, 태학사, 2002.

염정섭, 「18세기 후반 전라도 담양 유생 남극엽의 농법 정리와 농정 개혁책」,『역사
　　　학연구』 69, 2018.

오미일,『근대 한국의 자본가들』, 푸른역사, 2015.

우대형, 「일제하 만경강 유역 수리조합 연구」,『동방학지』 131, 2005.

윤정은, 「국립해양박물관 소장 농기」,『지역과 역사』 39, 2016.

이세영, 「18 · 19세기 곡물시장의 형성과 유통구조의 변동」,『한국사론』 9, 1983.

이수건, 「조선초기 호구의 이동현상」,『한국학론총』, 1974.

이수건,『영남학파의 형성과 전개』, 일조각, 1995.

이종봉,『한국도량형사』, 소명출판사, 2016.

이헌창, 「개항기 한국인도정업에 관한 연구」,『경제사학』 7, 1984.

임학성, 「조선 후기 번답의 성행과 그 배경」,『인하사학』 2, 1994.

장혜원, 「산학입문, 산학원본을 통해 본 이재의 수학 연구」,『이재 황윤석의 학문과
　　　사상』(이재연구소), 경인문화사, 2009.

전남문화재연구소,『영산강유역 마한제국과 낙랑 · 대방 · 왜』, 진인진, 2018.

전석담 외,『조선에서 자본주의적 관계의 발생』, 사회과학출판사, 1970.

정동찬 외, 「자승거의 복원 및 실험연구」,『전남사학』 24, 2005.

정승진, 「1930년대 나주 영산강 유역의 농업변동」,『한말 일제하 나주지역의 사회변
　　　동연구』(하원호 외), 성대 대동문화연구원, 2008.

정승진, 「한말 일제초 전통 제언계의 근대적 수리조합으로의 전환」,『전북사학』 34,
　　　2009.

정승진, 「익산 금마 두레와 근대 공동체론」,『대동문화연구』 80, 2012.

정승진, 「호남 지역사회 속의 동진수리조합」,『대동문화연구』 94, 2016.

정연태,『식민지 권력과 한국 농업』, 서울대 출판원, 2014.

정윤섭, 「16~18세기 해남윤씨가의 해언전 개발과정과 배경」, 『지방사와 지방문화』 11-1, 2008.

정진영, 「19세기 물레방아의 건립과정과 그 주체」, 『고문서연구』 23, 2003.

주희춘, 『강진인물사』 1, 남양, 2015.

천득염, 「호남지방의 전통주거에 나타난 건축적 의미」, 『호남문화연구』 48, 2010.

최완기, 『조선후기 선운업사연구』, 일조각, 1988.

최은진, 「군산미의 대일 수출 구조」, 한양대 석사학위논문, 2010.

한국농어촌공사, 『간척백서』, 2009.

한기두, 「19세기 민족종교운동연구」, 『국사관론총』 49, 1993.

한상권, 「18세기 전반 명화적 활동과 정부의 대응책」, 『한국문화』 13, 1992.

한영국, 「인구의 증가와 분포」, 『한국사』 33, 국사편찬위원회, 1997.

한우근, 『동학란 기인에 관한 연구』, 서울대학교 출판부, 1971.

허수열, 『일제초기 조선의 농업』, 한길사, 2011.

허원영, 「18세기 중엽 조선의 호구와 전결의 지역적 분포」, 『사림』 38, 2011.

홍금수, 「득량만과 해창만의 간사지 개간」, 『문화역사지리』 16-3, 2004.

홍성찬 외, 『일제하 만경강 유역의 사회사』, 혜안, 2006.

홍순권, 「한말 호남지역 경제구조의 특질과 일본인의 토지침탈」, 『한국문화』 11, 1990.

2장 명품을 생산하여 전국에 보급하다

강건우, 「남원 실상사 철조여래좌상 재고」, 『한국고대사탐구』 27, 2017.

광주시립민속박물관, 『남도의 길·목화의 길』, 2009.

권태억, 『한국근대면업사연구』, 일조각, 1989.

김광언, 『한국의 옛집』, 마당, 1982.

김덕진, 「조선시대 지방관영지소의 운영과 그 변천」, 『역사학연구』 12, 1993.

김덕진, 「천 년을 넘기는 한지」, 『역사 속 외교 선물과 명품의 세계』(국사편찬위원 편), 두산동아, 2007.

김덕진, 「유배인이 남긴 진도 지역정보」, 『호남문화연구』 43, 2008.

김덕진, 「17세기 이상저온과 임산공물」, 『인문학연구』 42, 2011.

김덕진, 「19세기말 전라도 강진 병영 박약국의 약재매입 실태」, 『역사와 경계』 103, 2017.

김동운, 『박승직 상점』, 혜안, 2001.

김동주, 「1970년대 박정희 정권의 원료농산물 수급정책과 '가공기업'의 활동」, 고려대학교 대학원 석사학위논문, 2018.

김소희, 「조선전기 전라도의 출판문화 연구」, 『서지학연구』 62, 2015.

김소희, 「17~18세기 완영 출판의 간행양상과 특징」, 『서지학연구』 70, 2017.

김신연, 「한국 차문화사의 흐름과 활용」, 『문명연지』 18-1, 2017.

김신웅, 「이조시대의 특수시장에 관한 연구」, 『경영경제론총』 7, 1982.

김영희, 「개항후 잠업정책의 일연구」, 이화여대 석사학위논문, 1986.

김은정, 『일제의 한국 석탄산업 침탈 연구』, 이화여대 박사학위논문, 2007.

김혁, 「조선후기 단오부채의 생산과 가치 순환」, 『고문서연구』 36, 2010.

김혜수, 「일제하 식민지 공업화정책과 조선인 자본」, 『이대사원』 26, 1992.

남미혜, 『조선시대 양잠업 연구』, 지식산업사, 2009.

박선홍, 『무등산』, 다지리, 2003.

박선홍, 『광주1백년』 1·2, 광주문화재단, 2014.

박성식, 「여말선초의 목면업에 대하여」, 『대구사학』 17, 1979.

박찬식, 「19세기 제주 지역 진상의 실태」, 『탐라문화』 16, 1996.

방병선, 「나말여초 청자 제작과 전통기술」, 『선사와 고대』 30, 2009.

손진태, 「감저전파고」, 『진단학보』 13, 1941.

송성안, 「고려시대 사원 제지수공업과 그 운영」, 『석당논총』 65, 2016.

심호남, 「조선후기 부채에 대한 실증적 연구」, 『동아시아 고대학』 49, 2018.

안대회 옮김, 『연경, 담배의 모든 것』, 휴머니스트, 2008.

양미경, 「일제강점기 전주의 시장과 상권」, 『전주학연구』 7, 2013.

양정필, 「한말-일제하 금산 인삼 연구」 『한국사학보』 51, 2013.

염정섭, 「18세기 가삼 재배법의 개발과 보급」, 『국사관론총』 102, 2003.

염정섭, 「조선 후기 고구마의 도입과 재배법의 정리과정」, 『한국사연구』 134, 2006.

오영모, 「이조시대 전라도의 수공업과 물산」, 『이산조기준박사화갑기념론문집』, 1977.

오인택, 「조선후기 고구마 전래와 정착 과정」, 『역사와 경계』 97, 2015.

이기백, 「신라 경덕왕대 화엄경 사경 관여자에 대한 고찰」, 『역사학보』 83, 1979.

이미숙, 「16세기 피로사기장의 출신지 연구」, 『인문과학연구』 33, 2012.

이승연, 「1905~1930년대초 일제의 주조업 정책과 조선 주조업의 전개」, 『한국사론』 32, 1994.

이영학, 「18세기 연초의 생산과 유통」, 『한국사론』 13, 1985.

이영학, 「조선후기 상품작물의 재배」, 『외대사학』 5, 1993.

이영학, 『한국 근대 연초산업연구』, 신서원, 2013.

이영학, 「1910년대 조선총독부의 농업정책」, 『한국학연구』 36, 2015.

이영학, 「대한제국의 농업정책」, 『중앙사론』 46, 2017.

이영학, 「1920년대 조선총독부의 농업정책」, 『한국민족문화』 69, 2018.

이윤석, 『조선시대 상업출판』, 민속원, 2016.

이정신, 「고려시대 차생산과 다소」, 『한국중세사연구』 6, 1999.

이태영, 「완판본의 개념과 범위」, 『열상고전연구』 38, 2013.

장혜영, 「조선조 오동상감연죽에 대한 연구」, 『학위논총』 8-3, 1982.

정근식, 「일제하 종연방적의 잠사업 지배」, 『사회와 역사』 2, 1986.

정근식, 「일제하 전남에서의 면업구조의 형성과 재편성」, 『한국사회사연구회논문집』 28, 1991.

정미정, 「조선시대 제주과원 설치와 감귤진상에 관한 연구」, 제주대 석사학위논문, 2007.

정민, 『새로 쓰는 조선의 차 문화』, 김영사, 2011.

정민, 『잊혀진 실학자 이덕리와 동다기』, 글항아리, 2018.

정안기, 「1920~1930년대 일제의 면업정책과 목포 조면업」, 『경제사학』 49, 2010.

정형지, 「조선후기 농서를 통해 본 고구마 재배기술」, 『이화사학연구』 33, 2007.

조명제, 「조선후기 송광사의 전적 간행과 사상적 경향」, 『보조사상』 32, 2009.

최계원, 『우리 차의 재조명』, 차와 사람, 2007.

충남대학교 마을연구단, 『금산 불이마을』, 대원사, 2008.

표인주, 「임진왜란 서사기억의 발생적 원천과 기호적 층위」, 『호남문화연구』 59, 2016.

한성욱, 「강진 청자의 생산과 유통」, 『문화사학』 34, 2010.

행남사, 『행남오십년사』, 전일실업출판국, 1992.

홍사준, 「문헌에 나타난 백제산업」, 백제연구 3, 1972.

홍순권, 「한말 호남지역 경제구조의 특질과 일본인의 토지침탈」, 『한국문화』 11, 1990.

홍희유, 『조선중세수공업사연구』, 과학백과사전출판사, 1979.

3장 최초로 열린 장시에서 장타령이 불리어지다

고동환, 「조선후기~한말 영산강 수운과 시장」, 『도서문화』 38, 2011.

고석규, 「조선후기 장시 변동의 양상」, 『한국문화』 21, 1998.

고석규, 「영산강유역 장터문화와 남도민의 삶」, 『향토문화』 17, 1998.

고성호, 「조선 후기 지방 장시의 분포와 특징」, 『대동사학』 3, 2004.

김광언, 『우리 생활 100년』, 현암사, 2000.

김대길, 『조선후기 장시연구』, 국학자료원, 1997.

김대길, 「조선시대 전주의 시장과 유통망」, 『전주학연구』 7, 2013.

김덕진, 「18~19세기 지방장시에 관한 연구」, 『국사관논총』 81, 1998.

김덕진, 『조선후기 경제사연구』, 선인, 2002.

김덕진, 「조선시대 낙안군의 포구상업과 그 영향」, 『남도문화연구』 24, 2013.

김덕진, 「존재 위백규의 현실인식과 경제 개혁론」, 『『한국실학연구』 27, 2014.

김삼현, 「고려후기 장시에 관한 연구」, 『명지사론』 4, 1992.

김종수, 「호남지역의 3·1운동」, 『군사연구』 139, 2015.

무라야마 지준, 『조선의 장시연구』, 민속원, 2014.

박선희, 「전북지역 정기시장의 특성과 변화」, 서울대 석사학위논문, 1996.

박은숙, 『시장의 역사』, 역사비평사, 2008.

박전열, 「각설이의 기원과 성격」, 『한국문화인류학』 1, 1979.

박평식, 「조선전기의 행상과 지방교역」, 『동방학지 77 · 78 · 79, 1993.

소순열 외, 『전북의 시장경제사』, 신아출판사, 2003.

송화섭, 「백제 가요 정읍사의 역사적 배경지 고찰」, 『호남문화연구』 60, 2016.

오영모, 「이조도시의 사회경제구조 분석」, 『전북대론문집』 15, 1973.

이경식, 「16세기 장시의 성립과 그 기반」, 『한국사연구』 57, 1987.

이수광, 『잡인열전』, 바우하우스, 2008.

정승모, 『시장의 사회사』, 웅진출판, 1992.

정승진, 「호남 정기시의 장기 동태」, 『한국사학보』 14, 2003.

조병찬, 『한국시장사』, 동국대학교 출판부, 2004.

조재곤, 『한국 근대사회와 보부상』, 혜안, 2001.

주명준, 「전라도의 천주교 수용」, 『전북사학』 3, 1979.

주영하 외, 『사라져 가는 우리의 오일장을 찾아서』, 민속원, 2003.

한상권, 「18세기말~19세기초의 장시발달에 대한 기초연구」, 『한국사론』 7, 1981.

허영란, 「일제시기 지역사회와 식민지 공론장」, 『한국사연구』 161, 2013.

홍영기, 『대한제국기 호남의병 연구』, 일조각, 2004.

4장 항해의 달인으로 어업을 발달시키다

강봉룡 외, 「조선시대 호남지역 포구의 사례 조사 · 연구」, 『도서문화』 28, 2006.

강봉룡, 「신라 말~고려시대 서남해지역의 한 · 중 해상교통로와 거점포구」, 『한국사
　　　학보』 23, 2006.

고동환, 「18 · 19세기 외방포구의 상품유통 발달」, 『한국사론』 13, 1985.

고동환, 「조선후기 상선의 항행조건」, 『한국사연구』 123, 2003.

고동환, 「조선후기 연안항해와 외양항로의 개척」, 『동방학지』 161, 2013.

곽유석, 『고려선의 구조와 조선기술』, 민속원, 2012.

국립해양문화재연구소, 『태안 마도3호선 수중발굴조사보고서』, 2012.

김건수, 「선사 · 고대 유적 출토 홍어류 고찰」, 『도서문화』 32, 2008.

김관봉, 『한국풍물수필』, 가정문고사, 1977.

김기주, 「조선후기~대한제국기 울릉도 · 독도 개척과 전라도인의 활동」, 『대구사학』 109, 2012.

김덕진, 「17세기 해수저온과 수산공물」, 『이화사학연구』 43, 2011.

김덕진, 「조선의 상업과 강진」, 『다산과 현대』 8, 2015.

김문기, 「소빙기와 청어」, 『역사와 경계』 89, 2013.

김민영, 「1910년대 전북지역 일본인 이주어촌의 존재형태와 구조」, 『한일민족문제연구』 8, 2005.

김수관 외, 『고군산군도 인근 서해안지역 수산업사 연구』, 선인, 2008.

김수희, 「개척령기 울릉도와 독도로 건너간 거문도 사람들」, 『한일관계사연구』 38, 2011.

김승, 「일제시기 어시장 현황과 어시장 수산물의 유통」, 『역사와 경계』 105, 2017.

김아네스, 「고려시대 제사유적과 산천제」, 『한국사연구』 175, 2016.

김연수, 「김양식 기술 발전과정의 한 · 일비교」, 『한국도서연구』 29-2, 2017.

김영준, 「전라도 보성 제주양씨가의 토지매득과 경영」, 『건지인문학』 22, 2018.

김일기, 「조선시대 곰소만의 수산업과 어촌」, 『한국의 전통지리 사상』(한국문화역사지리학회), 민음사, 1991.

김재근, 『한국선박사연구』, 서울대 출판부, 1984.

김준, 「칠산어장과 조기파시에 대한 연구」, 『도서문화』 34, 2009.

김현구, 「조선후기 조선업과 조선술에 관한 연구」, 『국사관논총』 81, 1998.

김호종, 「조선후기 염업 경영실태」, 『역사교육논집』 12, 1988.

나주시 · 무등역사연구회, 『한국사 속의 나주』, 선인, 2018.

류창호, 「러일전쟁기(1904~1905) 주한일본영사관의 염업조사사업」, 『도서문화』 51, 2018.

박정석, 「홍어와 지역정체성」, 『도서문화』 32, 2008.

박정석, 『식민 이주어촌의 흔적과 기억』, 서강대출판부, 2017.

배수환, 「우리나라 꼬막양식업의 발상과 발달과정」, 『한국수산과학회지』 19-1, 1986.

배수환, 「우리나라 김양식업의 발상과 발달과정」, 『한국수산과학회지』 24-3, 1991.

변광석, 「조선후기 경상도 수로, 해로의 교통망 발달과 오광대 문화」, 『역사학연구』 59, 2015.

변남주, 「영산강 상류지역 포구와 바닷배 뱃길 여부 검토」, 『지방사와 지방문화』 15-1, 2012.

서인범, 「최부『표해록』연구」, 『국사관론총』 102, 2003.

오붕근, 『조선수군사』, 한국문화사, 1998.

유필조, 「17,9세기 전반 염업 발전과 염분사점」, 『한국사론』 36, 1996.

윤재운, 「남북국시대의 대중항로와 거점」, 『한국사연구』 179, 2017.

이경엽, 「포구의 기능과 연행민속 전승의 상관성」, 『한국민속학』 44, 2006.

이동규, 「18 · 19세기 전라도 영광군 밀양 박씨가의 사회경제적 지위와 활동」, 『대동문화연구』 103, 2018.

이영학, 「개항 이후 일제의 어업 침투와 조선 어민의 대응」, 『역사와 현실』 18, 1995.

이영학, 「조선후기 어업에 대한 연구」, 『역사와 현실』 35, 2000.

이영학, 「19세기 후반 일본 어민의 동해 밀어와 조선인의 대응」, 『역사문화연구』 53, 2015.

이영학, 「통감부의 어업 이민 장려와 어업법 제정」, 『한국학연구』 52, 2019.

이영호, 「19세기 포구수세의 유형과 포구유통의 성격」, 『한국학보』 11-4, 1985.

이영호, 「19세기 은진 강경포의 상품유통구조」, 『한국사론』 15, 1986.

이준혁, 「조선초기 조선기술의 발달과 마도4호선」, 『지역과 역사』 42, 2018.

장수호, 『조선시대 말 일본의 어업 침탈사』, 블루앤노트, 2011.

정성일, 『전라도와 일본』, 경인문화사, 2013.

최성환, 「일제강점기 청산도 고등어 어업의 실태」, 『서강인문논총』 50, 2017.

최재성, 「1930~40년대 어업조합의 활동」, 『사학연구』 108, 2012.

김 덕 진

전남대학교 사범대학 국사교육과를 졸업하고, 전남대 대학원 사학과에서 석사학위와 박사학위를 받았다. 현재는 광주교육대학교 사회과교육과 교수로 재직하고 있다. 그리고 전라남도 문화재전문위원, 전라도천년사 편찬위원, 광주교대 교육연구원장 등을 맡고 있다.

주요 저서로는 『조선후기 지방재정과 잡역세』(1999), 『연표로 보는 한국역사』(2002, 『年表で見る韓國の歷史』로 일역), 『조선후기 경제사연구』(2002), 『소쇄원 사람들』(2007), 『대기근, 조선을 뒤덮다』(2008, 2008 우수출판기획안 공모전 당선작), 『초등 역사교육의 이해』(2009), 『소쇄원 사람들』 2(2011), 『세상을 바꾼 기후』(2013, 2014 환경부 우수환경도서), 『손에 잡히는 강진역사』(2015), 『전쟁과 전라도 지역사』(2018) 등이 있다.

그동안 광주교대 역사문화교육연구소 소장, 광주교육청 역사문화교육위원회 위원장, 무등역사연구회 회장, 전라남도 문화재전문위원, 전라도천년사 편찬위원, 지역문화콘텐츠연구소 소장, 한국학호남진흥원 기획연구부장, 호남고문서연구회 회장, 호남사학회 총무이사 등을 역임했다. 그간의 경험은 이 책의 탄생에 큰 도움이 되었다.

그리고 『광주·전남의 역사』, 『남도문화』, 『인물로 본 전라도 역사』, 『전라도 역사 이야기』는 물론이고, 『강진군지』, 『곡성군사』, 『광산구사』, 『광양시지』, 『광주시사』, 『나주시지』, 『보성군사』, 『순천시사』, 『여수시사』, 『영광군사』, 『전라남도지』, 『진도군지』, 『화순군지』 등 전라도의 지역사 서술에도 참여해 왔다. 이러한 경험도 이 책의 집필에 큰 자산이 되었다.